吸纳与控制：
农民合作社嵌入式自治研究

赵祥云 / 著

陕西新华出版
陕西人民出版社

图书在版编目(CIP)数据

吸纳与控制：农民合作社嵌入式自治研究／赵祥云著．—西安：陕西人民出版社，2023.11
ISBN 978-7-224-15150-3

Ⅰ.①吸… Ⅱ.①赵… Ⅲ.①农业合作社—管理—研究—中国 Ⅳ.①F321.42

中国国家版本馆CIP数据核字(2023)第212417号

责任编辑：杨金娥　弥　鲲
封面设计：姚肖朋

吸纳与控制：农民合作社嵌入式自治研究
XINA YU KONGZHI：NONGMIN HEZUOSHE QIANRUSHI ZIZHI YANJIU

作　　者	赵祥云
出版发行	陕西人民出版社
	（西安市北大街147号　邮编：710003）
印　　刷	西安市建明工贸有限责任公司
开　　本	787毫米×1092毫米　1/16
印　　张	14.75
字　　数	240千字
版　　次	2023年11月第1版
印　　次	2023年11月第1次印刷
书　　号	ISBN 978-7-224-15150-3
定　　价	56.00元

"乡村学系列教材与导读丛书"编委

编写委员会主任

吴普特　西北农林科技大学校长/乡村振兴战略研究院院长
杨改河　乡村振兴战略研究院执行院长

委　员

段渊古　乡村振兴战略研究院副院长
冯永忠　乡村振兴战略研究院副院长/乡村振兴学院院长
刘天军　乡村振兴战略研究院副院长
胡笑涛　乡村振兴战略研究院副院长
朱宏斌　乡村振兴战略研究院副院长
韩新辉　乡村振兴战略研究院副院长
赵晓峰　乡村振兴战略研究院乡村治理中心主任
王得祥　乡村生态村庄建设研究中心主任
刘　京　数字乡村技术研究与应用中心主任
王　雄　乡村人力资源开发培训研究中心主任
赵　凯　乡村振兴政策研究中心主任
张鸿鸣　乡村数据资源管理与智慧服务研究中心主任

秘　书

冯永忠　乡村振兴战略研究院副院长/乡村振兴学院院长

"乡村学系列教材与导读丛书"
序

民族要复兴，乡村必振兴。乡村是我国食物生产的重要保障基地，是几千年来中华民族从事农业生产、居家生活和文化传承的重要载体，是人类生产系统、生态系统和文化系统交汇的地理单元。党的十九大报告提出了乡村振兴的伟大战略，擘画了乡村振兴的战略目标，提出乡村振兴的二十字总要求，从产业振兴、人才振兴、生态振兴、文化振兴和组织振兴五个维度提出实现乡村振兴战略的路径；2022年中共二十大报告提出了全面推进乡村振兴战略的重要指示，乡村振兴成为我国建设农业强国的重要战略举措。如何高质量、科学推动乡村全面振兴，夯实粮食安全基础，建设美丽宜居乡村和实现共同富裕，是全党和全国人民面临的共同使命。

乡村是一个复杂的自然、社会和经济系统，长期以来，国内外关于乡村的研究分散在不同的学科之中，如与乡村生产相关的主要是作物学、农业经济等学科，与乡村住宅相关的主要是城乡规划学科、风景园林规划等学科，与乡村社会相关的研究主要是乡村社会学等学科。乡村作为一个集农业生产、农民生活、文化传承于一体的综合地理空间，纵观国内外，并没有将乡村作为一个系统的研究对象，也没有专门将乡村作为一个独立的学科进行系统建设，而是分散在不同的学科领域。如何解决好我国乡村人民日益增长的美好生活需要和不平衡不充分的发展之间的矛盾？解决乡村发展过程中的产业发展、村庄规划、生态保护、文化传承、社区治理问题，需要集合规划学、作物学、社会学、农林经济管理、农业资源与环境等学科的理论与方法，构建新的知识体系、研究方向和研究方法，这需要在理论上突破、在实践上引领。

农林高校具有人才优势、学科优势和地缘优势，长期扎根"三农"一线，是服务乡村振兴战略的排头兵、先遣队。西北农林科技大学长期以来扎根乡村办大学，是我国布局在干旱半干旱地区的唯一所农林类综合性大学，践行服务"三农"的重要使命。乡村振兴战略以来，学校把助力乡村振兴标杆建设作为学校服务国家战略，践行使命担当的重要战略任务，为此，开展了西北乡村大调查，撰写了调查报告，在此基础上，结合乡村振兴战略的需求和自身学科优势，充分借助世界学科交叉融合的发展趋势，汇聚农、林、水、工、信息和经管的学科优势，结合服务国家乡村振兴战略的使命担当和助力学校乡村振兴标杆建立的目标，提出在交叉学科门类下设立"乡村学"，从学科角度探索系统解决乡村振兴中的复杂问题。2021年乡村学顺利通过教育部备案，成为第一个以乡村为研究对象的学科。

教材是承载学科知识体系的载体，乡村学创立之后，2022年学校适时成立了乡村振兴学院，学院组织专人开展了乡村学科学知识体系、研究方向、人才培养体系和模式的系统研究，把教材作为乡村学学科建设和人才培养的重中之重。乡村振兴战略研究院执行院长杨改河教授根据乡村学学的知识体系、科研方向和乡村振兴各类人才培养知识结构的需求，策划以通识概论类、专业技术类两大类型为主的系列教材和导读丛书；其中通识概论类教材涵盖了以《乡村学概论》《中国乡村变迁》《乡村文化概论》《乡村治理概论》《乡村生态环境概论》《乡村产业概论》《乡村基础设施概论》《乡村公共服务设施概论》《数字乡村概论》《农业农村现代化概论》等十部；《乡村规划学》《乡村环境景观规划设计》《乡村建筑》《乡村绿化》《实用作物生产技术》《实用动物（家畜禽）养殖技术》《蔬菜实用栽培技术》《干杂果经济林栽培》《乡村干部领导力》《中国乡村治理体系的方针与策略》《农业发展与农业文明》《乡村集体经济建设路径与案例》《乡村财务管理与会计》等二十门专业技术类教材。学院成立了以吴普特校长、杨改河教授为主任的教材编写委员会，制订了教材出版计划、聘任行业专家为教材主编，有
组织开展了教材的编写工作，成书一本出版一本。

"尺寸课本、国之大者"。西北农林科技大学编写的乡村学系列教材和导读丛书，从教材编写体系、教材内容和目标来看，充分贯彻了党和国家的意

志、适应了国家乡村振兴战略的需求、服务立德树人教育根本，是学校党委学习和领会习近平总书记给涉农高校书记校长专家回信精神的具体体现，是主动服务国家战略、践行国家使命的重大举措，为高校服务国家乡村振兴战略树立了样板、探索了路径。

2023年7月

第一章 绪 论

第一节 研究背景与问题的提出 \ 003

一、研究背景 \ 003

二、嵌入式自治何以可能？\ 005

第二节 文献综述与本研究研究立场 \ 007

一、个体与组织间关系的研究 \ 008

二、组织与制度环境间关系的研究 \ 011

三、组织的社会结构分析 \ 015

四、有关合作的研究 \ 018

五、本研究研究立场 \ 022

第三节 研究设计 \ 023

一、基本假设 \ 023

二、理论框架 \ 028

三、研究方法 \ 032

四、案例简介 \ 034

五、研究结构 \ 036

第二章　吸纳与控制Ⅰ：农民合作社与村庄社会之间的关系

第一节　农民合作社对村庄社会的吸纳机制 \ 041

一、农民合作社嵌入于村庄社会 \ 042

二、农民合作社通过关系网络吸纳农民 \ 063

三、农民合作社通过资源利益吸纳社员 \ 070

第二节　农民合作社与村庄社会之间的双向控制 \ 082

一、村庄社会对农民合作社的控制关系 \ 082

二、农民合作社对村庄社会的反控制 \ 087

第三章　吸纳与控制Ⅱ：农民合作社与地方政府之间的关系

第一节　农民合作社对地方政府的吸纳机制 \ 097

一、农民合作社嵌入于制度环境中 \ 098

二、农民合作社吸纳多种政治资源 \ 104

三、农民合作社吸纳政治资源的机制 \ 110

第二节　农民合作社与地方政府的双向控制 \ 118

一、地方政府对农民合作社的控制关系 \ 119

二、农民合作社对地方政府的反控制 \ 124

第四章　组织内部的自我控制

第一节　能人的自我控制 \ 135

一、建立规则约束能人 \ 136

二、建构制度理性弱化能人的影响 \ 141

三、社员共治的实现 \ 152

第二节　组织的自我控制 \ 157

一、确定与政府互动的边界 \ 158

二、确定合作业务的边界 \ 166

第三节　农民合作社的嵌入式自治 \ 175

一、能人领办型合作社：有自治无嵌入 \ 175

二、政府主导型合作社：有嵌入无自治 \ 176

三、嵌入式自治合作社：嵌入与自治并存 \ 176

第五章 结论与讨论

第一节 总体性结论 \ 181

第二节 研究价值与意义 \ 184

第三节 扩展性研究 \ 186

参考文献 \ 189

附　录 \ 217

第一章

绪 论

第一节 研究背景与问题的提出

一、研究背景

家庭联产承包责任制实施后,农业生产主体的积极性得到激发,中国农村的经济活力得到有效释放。但与此同时,农村的生产经营主体也转变为单家独户的小农,在社会化大发展的背景下,这些分散的小农越来越难以与大市场对接。此外,随着国家治理由"总体性支配"向"技术治理"转变(渠敬东等,2009),国家对地方的支配能力大大提升,农村村民自治委员会的行政化趋势也越来越明显。在这种治理环境中,农民越来越趋向于直接面对国家治理,其与国家之间的缓冲空间越来越小。因此,无论从增强农民的市场谈判能力来看,还是从提升农民在乡村治理中维护其利益的能力考虑,都需要增强农民的组织性,这不仅是一个经济问题,也是一个社会问题。

很多学者都对这一现实问题进行了思考,黄宗智(2012)认为农民家庭经营仍是中国农业当前主要的生产模式,因此,"理想前景应该是一条通过市场化的农民合作组织来实现的"。也就是说,通过农民合作组织解决当前农民组织性不足,"抵御市场失灵"(Cook,1995)的问题。农民合作社可以"改善农民工作条件和市场准入条件"(Oriana. G et al.,2021),"提高我国基层民主化水平"(孙亚范,2005;郑景元,2018)。此外,农民合作社也被认为是"激发农民的内生动力,继而推进乡村振兴战略有效实施的重要组织"(严飞,2020)。事实上,2007年国家正式实施的《中华人民共和国农民专业合作社法》(以下简称《合作社法》)已经承认了农民合作社在农村发展中的有效作用,这一法律的出台也标志着中国农民合作社的发展进入合法化、规范化阶段。自《合作社法》实施以来，农民专业合作社规模持续扩张。据农业农村部消息，截至 2020 年 6 月底，在国家市场监督管理总局注册登记的农民专业合作社已经超过 220 万家，平均每个行政村就有 4.3 家农民专业合作社[①]。

农民专业合作社虽然在数量和规模方面不断激增，被学者们寄予厚望，但是在质量方面却表现得参差不齐。潘劲（2011）发现很多农民合作社并没有真正运转，只是一个"空壳"。造成"空壳社"大量存在的原因包括农民合作社成立的门槛很低（马彦丽、何苏娇，2019），一些农民合作社只为套取政府项目资金而注册（于占海，2019）；农民合作社相关制度不完善（徐旭初、吴彬，2017）；农民合作社成立后缺乏退出机制（"促进农民专业合作社健康发展研究"课题组等，2019）。一些农民合作社只注册不运营；一些农民合作社经营不善，在市场竞争中被淘汰（王忠林，2019），但这些农民合作社停止运营后，却仍然在统计数据中。2019 年在国务院通过的《开展农民专业合作社"空壳社"专项清理工作方案》[②]实施后，这种现象得到了明显改善。

不过本研究在此不对"空壳社"做进一步的讨论，本研究关注的是仍在正常运行的农民合作社，但即便是这类农民合作社，也存在很多问题。这些农民合作社中多数都是"异化"[③]了的农民合作社（应瑞瑶，2002），"名实分离"的农民合作社（熊万胜，2009），是"大农吃小农"的假农民合作社（仝志辉、温铁军，2009；Birchall，2004）。杜吟棠和潘劲（2000）甚至在他们调研到的案

[①] 农业农村部新闻办公室：《上半年农业农村经济运行总体平稳、稳中向好》，http://www.moa.gov.cn/xw/zwdt/202007/t20200718_6348886.htm，2020-07-18。

[②] 中华人民共和国农业农村部，《关于印发〈开展农民专业合作社"空壳社"专项清理工作方案〉的通知》，http://www.moa.gov.cn/nybgb/2019/0201903/201905/t20190525_6315400.htm，2019-03-20。

[③] 此处的"异化"不同于我们通常使用的马克思的"异化"概念。"异化"在马克思那里具有一定的价值取向，是与资本主义生产方式相伴随的。"异化"指人的生产活动及其劳动产品反对人的特殊性质和特殊关系，人遭到了异己力量的奴役，其能动性丧失，进而人的个性的全面发展受到威胁。而农民合作社的"异化"并没有明确的定义，这一说法最早由周环（1994）提出，他在《当代合作社原则的异化及思考》中提出罗虚代尔原则是合作社区别于其他经济组织的标志，但当前农民合作社在运行中表现出"民主管理的削弱""雇工经营的出现""营利倾向的加剧""竞争意识的增强"等偏离罗虚代尔原则的趋势，"存在着对合作社宗旨和原则的异化倾向"。之后，很多学者（应瑞瑶，2002；王曙光，2008）针对农民合作社被个别人或组织控制而采用这一术语。由此可知，学者们采用这一术语时是指农民合作社的运行偏离了合作社的基本理念和基本原则的现象。

例中"没有发现一个符合传统合作社规范的"。学者们讨论的异化的农民合作社主要是指合作社的实践运作偏离了其本质规定性。《合作社法》中对农民专业合作社进行了明确定义:"农民专业合作社是指在农村家庭承包经营基础上,农产品的生产经营者或者农业生产经营服务的提供者、利用者,自愿联合、民主管理的互助性经济组织。"[①]徐旭初(2005)对国际上公认的有关农民合作社原则的文本进行细致梳理,认为虽然农民合作社制度在不断发生变化,但其本质规定性包括:自愿、自治、独立;所有者与惠顾者同一;成员民主控制;资本报酬有限;按惠顾额分配盈余。邓衡山和王文烂(2014)认为所有者和惠顾者同一是农民合作社区别于其他经济组织的根本特征。农民合作社最主要的特征在于其剩余控制权为提供产品的成员所有(Hendrikse & Veerman, 2001),张晓山(1998)进一步强调了农民合作社中成员共同所有和民主控制的特点。通过"一人一票"的民主管理(徐旭初,2017),可以促进其以成员利益为导向,实现互助共赢的组织目标(Kroeker,1995)。

而农民合作社的"异化"则是对以上基本特征和目标的背离。"异化"表现为农民合作社在实践中出现领办者控制,成员难以分享农民合作社的剩余控制权和剩余索取权(王曙光,2008)。有些则表现为被政府主导,甚至是通过行政命令成立的,依赖政府资源生存而偏离农民合作社的自身理念,丧失了"社员"与"合作"(崔宝玉,2014)。也就是说,农民合作社逐步失去了民主管理和追求成员共同获利的自主治理能力。因此,在发展农民合作社的过程中,必然面临着农民合作社异化现象严重,异化趋势明显的组织环境。

二、嵌入式自治何以可能?

针对农民合作社组织异化的形成原因,学者们进行了丰富的、多视角的讨论。徐旭初(2014)从资源禀赋角度出发,认为面对激烈的市场竞争,资本、人才、技术、管理等要素对农民合作社越来越重要,农民合作社的组织结构相应地会趋向于精英管理,也就是能人领办模式。因为,农村阶层结构分化明显,那些规模化经营的大户阶层即"中坚"农民拥有资金、技术等资源禀赋优势(谭银清、陈益芳,2017),普通农户相对来说资源禀赋较差,无力承担

[①] 中华人民共和国中央人民政府:《中华人民共和国农民专业合作社法》,2017-12-28, http://www.gov.cn/xinwen/2017-12/28/content_ 5251064.htm。

农民合作社高昂的组织成本,只能加入"大农"领办的农民合作社(黄祖辉、徐旭初,2006)。这种现象的出现,究其根本是领办者寻求专有性资源回报以弥补组织成本而导致的(谭银清,2019),因此,"成员异质性问题是合作社偏离本质的重要原因"(黄祖辉等,2014)。

还有学者从制度环境的角度给出解释,熊万胜(2009)认为"国家强化了有选择的再分配体系以及法律体系,建立了政府对于企业和能人的非科层性集权关系,这为农民合作经济组织的名实分离提供了自主性空间与合法性"。农民合作社的异化也受到政府对农民合作社的考核标准和扶持政策的影响,"政府将合作社作为承担农业政策的重要主体,合作社则接受相应的项目资金或补贴"(孔祥智,2020)。周应恒和胡凌啸(2016)通过中日合作社发展条件的对比,也发现目前在中国实现"弱者联合"型合作社比较困难,因为制度环境、市场环境和政策环境均不充分。邓衡山等人(2016)则从交易成本的角度出发,认为当前"合作社降低交易成本、获取规模经济的优势难以发挥,而组织成本高昂的劣势却更加突出",这是因为农民合作社面临着市场监管制度不完善,法律法规支持度不够,社员间异质性强。

综合这些研究来看,学者们认为当前村庄内部阶层分化导致的农民合作社成员异质性以及更宏观的制度环境共同助推了农民合作社的"异化",在现实实践中表现为农民合作社被能人控制或被政府控制,丧失了组织的自治性。已有的这些研究虽然对我国新型农民合作社的普遍情况有了总体性认识,却缺乏对坚持自治性的农民合作社的关注。更重要的是,学者们倾向于以批判性思维讨论农民合作社的整体现状,但对农民合作社争取组织自治性的行动关注不足,对如何突破农民合作社面临的发展困境缺乏建设性讨论。

本研究将结合晋西南桑梓合作社[①]的典型个案,讨论农民合作社是如何在实践过程中争取组织自治的。政治经济学家彼得·埃文斯(Peter B. Evans)认为要建成"发展型国家"(The Developmental State),就必须坚持国家的"嵌入式自治"(Embedded Autonomy),也就是国家在处理与社会的关系时,"嵌入性"和"自治性"二者缺一不可(Evans,1995:59)。这有助于"国家在政策制定和执行时既有自治性,又能充分考虑商业部门的需要,从而使国家的各项政策最大限度地达到最好的政策实施和经济社会发展效果"(杨典,2017)。"嵌入

---

① 按照研究伦理规范,本研究中所有的地名和人名都进行了学术化处理。

式自治"对农民合作社的自治性研究具有重要的借鉴意义,也可以很好地解释桑梓合作社的运行情况。基于此,本研究将结合该典型案例分析农民合作社何以实现嵌入式自治。

桑梓合作社经过 20 多年的发展,成长为目前拥有 3800 多户社员,横跨两个乡镇的成熟的农民合作社,社员的生活质量和经济收入得到大幅度提升,由于该农民合作社完全依靠农民自发组织形成,并开展了有效的经济业务和农村社会服务业务,在社会上拥有了很高的知名度和影响力。其独特之处在于能够坚持农民合作社的理念自主发展,其组织目标和发展方式都由自己决定,也就是以社员需求为导向,维护社员的共同利益,具有一定的自治性,而未"异化"为能人领办或政府主导的农民合作社。因此,本研究将结合桑梓合作社的案例,通过对农民合作社主要相关主体即农民合作社、村庄社会、地方政府等之间的关系进行关系结构分析,研究农民合作社何以能够实现这种嵌入式自治?或者说,农民合作社是怎样在一种嵌入性的环境中,即与地方社会和政府的互动中实现组织自治的?

第二节 文献综述与本研究研究立场

农民合作社嵌入式自治的实现是其与相关主体之间互动博弈的结果,这些主体主要包括农村能人、普通社员以及地方政府等。基于这种理解,本研究需要梳理的重要文献包括以下四个方面:个体与组织间的关系和组织与制度环境间的关系,以及相应理论视角下具体的农民合作社研究。同时,嵌入式自治是一种关系结构性分析,也需要考察经济社会学的网络分析学派及相应视角下的农民合作社研究。此外,有关农民合作的研究也必须被检视。通过对这四个方面的理论和经验研究进行批判性回顾,在总结和反思的基础上,本研究认为,为维护社员共同利益,农民合作社形成的是一种嵌入式自治,这是通过吸纳与控制的过程机制实现的。

一、 个体与组织间关系的研究

在组织中很重要的个体就是精英,因此,有关个体与组织间关系的研究离不开精英与组织间关系的研究。"农村能人"是指在农村社会中,"具有经济资源、人力资源、社会资源,具有超前思维和战略性眼光的村庄精英型人物"(陈诗波、李崇光,2008)。他们是"与财富,权威和公共身份有关"的群体,他们对基层社会的整合具有实质性作用(张静,2019:18)。而社会学中的组织分析的理性主义学派和组织经济学的权变理论都对精英与组织间的关系进行了讨论。本小节将对这些学科相关的主要理论研究以及在其指导下的农民合作社研究进行梳理。

马克斯·韦伯(Max Weber)的支配社会学特别探讨了不同的支配类型,展示了精英与组织或社会之间的不同关系。他以支配正当性的来源为标准,划分了三种支配类型,即卡里斯马型、传统型和法理型。在卡里斯马型中,支配者凭借其非日常禀赋,包括"个人身上显示出来的启示、英雄性的气质或事迹或其他的领袖特质"(韦伯,2004a:363),进而形成对组织和群体的支配。在传统型支配中,支配者通过"其所宣称的、同时也为别人所信服的、历代相传的规则及权力的神圣性……他们因袭的身份"(韦伯,2004a:32),形成的对组织和群体的支配。卡里斯马型和传统型都是"纯粹的人治"(顾忠华,2004:166),支配者的权威来自某种特殊的人格特质或者某种神圣传统,其相应的组织或社会中缺乏一种对支配者恣意行为的有效约束。韦伯认为要建立起外在约束机制需要走向理性化,也就是法理型支配。在这种支配类型中,支配者依据合理性的、融贯的法律体系对组织进行统治。与此相对应的是官僚制结构,各职位依照官职层级制原则运行,存在着持续不断受规则约束的行为与正式经营(韦伯,2004a:308-312)。在这种理性化组织中,统治者都是具备专业知识的理性的职业政治家(韦伯,2004b:272)。但组织的理性化也伴随着非人格化(Meyer & Rowan,1977)。最终的结果可能是包括统治者在内都被理性发展的不确定性所控制(李猛,2010),建立在理性化基础上的官僚体制则"反过来使理性化丧失了其正当性的基础"(王俊敏,2011),也就是说理性的精英并不一定产生组织有效的结果。

韦伯的分析特别关注了精英在组织中的重要作用,而社会学家维尔弗雷多·帕累托(Vilfredo Pareto)则看到了精英的动态更替,提出了精英循环理论。

在组织发展过程中，精英是"无限循环"的，"某些人上升了，另一些人则衰落了。新的精英力图取代旧的精英"（帕累托，2003：13-14）。精英的更替也是组织和社会稳定和平衡的基础。莫斯卡也认识到精英的动态更替，但他基于阶级视角看到任何社会中都存在统治阶级和被统治阶级。精英"拥有那些能够带来道德声望、以及知识与经济优势的素质和资源"（莫斯卡，2012：311），也就是说精英在组织中总是具有资源优势。约瑟夫·熊彼特（Joseph Alois Schumpeter）在程序民主之上，提出精英民主理论，他认为"典型的公民一旦进入政治领域，他的精神状态就跌落到较低水平上，他会毫不犹豫地承认，他辩论和分析的方法是幼稚的，局限于他实际利益的范围"（熊彼特，2009：386），而精英则能够在政治领域中发挥作用，它通过公民的选票获得权力，并促进组织或社会的民主化。查尔斯·赖特·米尔斯（Charles Wright Mills）则从冲突论的视角看到精英统治对民主的危害，他认为"权力精英由这样一些人组成——他们的地位可以使他们超越普通人所处的普通环境，他们的地位可以使他们做出具有重要后果的决定"（米尔斯，2004：2）。也就是说精英是在组织中占据特殊地位的人群，精英与普通民众的地位差异决定了组织内部冲突的存在。

组织经济学的权变理论侧重关注领导有效性与外部环境变化之间的关系。弗雷德·菲德勒（Fred E. Fiedler）提出了领导有效性的权变理论。他从领导者性格特征和行为习惯出发，认为领导效果的好坏取决于三个维度上的条件，即领导者与被领导者关系、任务结构以及领导者权力（菲德勒，1989：67-68），这些条件的满足可以形成有效的领导。不同于菲德勒将领导者的风格看成固定不变的，维克多·弗罗姆和菲利普·耶顿（Victor H. Vroom & Phillip W. Yetton, 1973）将领导方式与员工参与决策的程度联系起来，认为领导行为需要根据任务结构的需要而变化，才能有效管理组织。而罗伯特·豪斯（Robert J. House, 1971）进一步将期望理论引入，形成了路径—目标理论，认为某些领导行为之所以对组织有效，乃是因为在该情景中，这种行为有助于下属人员达成其工作期望有关的目标。之后，科曼（A. K., Korman, 1966）提出领导的生命周期理论，保罗·赫西和肯尼斯·布兰查德（(Paul Hersey & Kenneth Blanchard, 1969）进一步将其完善，该理论认为"领导者的行为要与被领导者的成熟度相适应，即随着被领导者的成熟度逐渐提高，领导者的领导方式也应做相应的改变"（刘永芳，2008）。总之，权变理论强调情境性，即领导者的风格与组织条件的匹配度，组织条件发生变化时，与这些条件相匹配的领导者风格才能实现组织有效。

因此，综合来说，社会学中组织分析的理性主义强调了精英的理性化决策，精英相对于其他组织成员具有资源禀赋优势，在组织中具有重要作用。而组织经济学的权变理论强调了领导需要根据组织条件的情境性变化调整领导方式，才能实现组织的有效性。

沿着社会学中组织分析的理性主义视角，一些学者强调了农村能人在农民合作社中的各种优势。农村能人是拥有经济资源、人力资源、社会资源等禀赋优势，具有较高的号召力和凝聚力，能够成为农民合作社的领办者和运营管理者（张晓山，2009；周霞、周玉玺 2018）。农村能人相对于普通村民来说具有更高的影响力和威信（沈费伟、刘祖云，2017），他们的社会经济地位相对高，社会资本丰富，具有较高的个人自主性，且关心公共事务（帅满等，2020）。新成立的农民合作社更容易由农村能人主导（Li, J., & Clegg, J., 2006），而如果让普通农民承担领导角色，则可能导致决策失误和管理困难（John, M. S., 1987）。

一些学者则将关注点落在农村能人对农民合作社的影响上。罗家德等人（2013）强调农村能人是自组织中动员力量的基本来源，对推进自组织健康发展具有重要作用。王景新（2005：130-131）认为通过农村能人的组织作用可以为农民合作社的发展打破有限的农业资源对其发展形成的束缚和限制。帅满（2019）强调能人在社区建立起基于声誉的信任，可以触发组织内部公共性生长。农村能人更容易帮助农民合作社获得上级政府提供的专项补贴等政策支持（何军等，2017）。

除了讨论能人在各类自组织的生成和发展中发挥的正面作用外，很多学者还注意到自组织中存在能人控制的潜在风险。"农村精英对农民合作社发展资金和项目信息的获取、发言权的控制以及对政府扶持资金及项目具有较强的可接近性、可获得性"（张晓山，2014），这种情况下农民合作社容易出现"精英俘获"，形成大户核心化，普通社员边缘化的异化现象（孟飞，2016）。普通农民越来越难以参与到农民合作社的现代化和个性化中（Nicourt, 2013）。而随着合作组织的规模化和常态化发展，能人治理中可能出现投机腐败行为（尹广文、崔月琴，2016），并形成对地方政府的单向度依赖关系，导致农民合作社规范性发展存在严重问题，合作组织名存实亡（杨灿君，2016；吴翔宇、丁云龙，2019)。

组织经济学的权变理论集中分析了农民合作社的治理类型。黄胜忠和徐旭初(2009)认为农村能人凭借他们的资源优势和组织能力长期控制着农民合作社内部的决策权。合作组织的主要发展目标由精英决定，他们垄断着农民合作社内部的控制权(Zhao，2010)。即使农民合作社规模壮大依然没有改变内部的权力结构。而汪和建和段新星(2020)通过对费孝通《江村经济》中"合作工厂"的失败进行重新检视，发现随着合作组织规模扩大，关系网络在其中的作用减弱，单纯依靠关系网络基础上的情感信任，并不能保障合作组织的稳定，因此农民合作社内部需要从关系理性转变到制度理性。赵晓峰(2018)也认为在农民合作社规模壮大后，需要通过规则制度的建构，培养起社员对规则的认同而非对能人的认同。

基于这些研究，我们发现，在能人与农民合作社间关系的研究中，社会学中组织分析的理性主义视角强调了农村能人的理性化和资源禀赋优势容易导致农民合作社陷入能人领办的现实困境，但这忽略了组织内部精英的能动性也受到外部环境的制约。组织经济学的权变理论视角虽然认识到了农村能人需要根据环境因素，做出情境下的行动，但忽视了相对稳定的理念和文化对农村能人的作用。

二、组织与制度环境间关系的研究

农民合作社自治性研究也特别需要注意制度环境的影响，组织社会学的新制度主义学派和经济社会学的新制度学派都对组织与制度环境间的关系进行了讨论。本节将对这两种理论流派的相关研究进行梳理。

组织社会学中的新制度主义研究的核心问题是组织趋同性问题，即组织为什么越来越相似？如果从效率逻辑出发，组织结构应该根据其目标、任务、技术和环境条件不同而异，但是在现实实践中却发现，很多组织的内部结构非常相似(周雪光，2003：68)。这不能被理解为协调活动的理性系统，也不能用交易成本的逻辑来理解。基于此，该学派的基本观点是组织结构受到制度环境的影响，合法性机制在组织结构及与制度环境互动中具有重要作用。也就是说除了追求经济理性，组织还被赋予了价值和意义，形成制度化组织。

菲利普·塞尔兹尼克(Philip Selznick)认为组织嵌入于制度矩阵中，即组织不断地接受和采纳外界公认的形式、做法或"社会事实"，这也是制度化的过程(Selznick,1957)。组织制度化是"从不稳定、组织松散或狭隘的技术活动中出现了有序、稳定和社会整合的模式"(Selznick,1996)。约翰·迈耶和布莱恩·罗恩(John W. Meyer & Brian Rowan,1977)也发现组织结构反映了制度的神话,而不是工作活动的需求,很多组织仪式性地采纳了这些制度化的规则,越是采纳这种结构,组织越能在内部和外部保持信心、满足。这种"理性神话"使得组织之间在形式和组织结构上趋于同形。"而如果组织或个人的行为有悖于这些社会事实,就会出现合法性危机"(周雪光,2003:73)。合法性被视为一种组织命令,这意味着该组织对其生活的文化环境高度敏感(Selznick,1996)。基于此,迪马吉奥和鲍威尔(Paul J. DiMaggio & Walter W. Powell,1983)讨论了组织趋同的发生机制,即强制性、模仿性和规范性。玛丽·道格拉斯(Mary Douglas)则从认知来理解制度的影响。她认为人不能在真空中思维,是制度通过人在思维,神圣性的、自然规律性的制度不仅影响人的行为,而且影响组织的思维和行为(道格拉斯,2013:69)。

这些研究体现了组织社会学的新制度主义学派总体上强调制度对组织的形塑。虽然后来的研究者注意到了组织内部的竞争机制,在对组织规模演变进行研究时将合法性机制与竞争机制结合起来(G. R., Carroll & M. T., Hannan,1989),也认为在不同阶段或不同层面,组织会受合法性机制和效率机制的影响,采取不同的组织结构(James D. Westphal et al., 1997),但仍未改变该理论学派强调制度对组织结构产生重要影响的基本立场。

经济社会学的新制度学派与组织社会学中的新制度主义密切相关,但经济社会学的新制度分析学派将"制度"的内涵扩大,并将制度分析应用于超越科层组织的更高层次上(甄志宏,2006)。该学派将代理和利益等理性因素引入制度分析框架中,同时考虑了国家、政府、市场、经济意识形态等多种制度因素对组织的影响(高柏,2005),这扩展了组织社会学制度分析学派在对组织分析时强调的制度环境的范围。尼尔·弗雷格斯坦(Neil Fligstein)在研究美国企业近百年治理模式演变的过程中,通过揭示反垄断法的变迁对美国企业构建市场控制模式的影响,突出地强调了国家对经济治理的作用(Fligstein,1990)。高柏(2006)通过对比中日两国发展模式,认为其各自所代表的新发展主义与古典发展主义的最大区别在于对待市场的态度以及与之有关的制度性安排上,这显示了经济意识形态以及全球化发展阶段对经济发展模式及其产业政策的影响。倪志伟和郭佩惠(2013)认为中国经济的成功不能单纯强调政府的监管和干预能力,它是一种社会转型,中国经济自下而上动态变化是政治行为体与经济行为体相对力量变化的结果。这是一种研究视角的转换。该学派还将组织的研究范围从科层制扩展到国家,强调制度对这些组织的影响(Dobbin Frank,1994)。

综上,组织社会学中的新制度主义基于制度化组织的立场将制度环境视为最重要的影响因素。而经济社会学的新制度学派则倾向于将组织与行动主体及其制度环境关联起来,并将国家、市场、经济意识形态等纳入对制度与组织变迁的分析。总之,经济社会学的新制度分析理论在研究组织时强调了理性的社会建构和包括认知在内的制度对社会建构的影响,强调了非市场治理机制的作用(高柏,2008)。

而从组织与制度环境的视角对农民合作社的分析,集中于农民合作社与政府之间的关系上,这与社会组织与政府之间关系的研究类似。因为,农民合作社是农民互助合作的自组织(罗家德、李智超,2012),它并不是一个单纯的互助性经济组织,而是具有经济性和互助性双重特征(黄洁,2015),兼具"经济属性和社会属性的复合型组织"(赵晓峰,2018)。这些研究是在"国家—社会"关系的框架下推进的,存在公民社会和法团主义两种视角,公民社会的视角强调的是社会力量的自主性,社会力量与政府力量抗衡。"公民可以在其中向专制主义者施加压力,保护自己免受暴政侵害,并实现民主化"(Spires,Anthony J.,2011)。但学者们(顾昕、王旭,2005)认为中国并不存在公民社会的制度基础,事实上,社会组织面临的是一种法团主义的监督体系。U. Jonathan & A. Chan(1995)在研究中国社会组织时区分了国家法团主义和社会法团主义,他们认为国家法团主义更适合中国社会组织的状态。戴慕真(Jean,C. Oi,1999)对中国乡镇企业进行研究,也发现政府可以与地方社会、企业组织形成法团化的利益共同体。因此,国家法团主义成为研究中国社会组织面临的制度环境的基本立场。

从强调政府居于主导地位的角度出发,学者对组织与政府间的关系进行具体讨论。康晓光和韩恒(2005)认为改革开放后出现了"分类控制体系",国家对社会组织实施什么样的控制策略和控制强度,取决于被控制对象的挑战能力和社会功能。此时社会组织面对的制度环境遵循着"模糊发包"机制,基层政府受风险规避和弱激励的双重影响,往往用一种工具主义的态度来发展和管理社会组织,这进一步弱化了社会组织与社会公众之间的联系,导致社会组织以政府目标而非社会诉求为导向(黄晓春,2015)。在这种制度环境中,民间组织为了争取国家的承认,通过限制组织规模,有意地避开有争议的或敏感的问题,将工作重心放在推动经济发展和解决社会问题上(赵秀梅,2004)。张紧跟和庄文嘉(2008)也发现草根NGO采用了非正式政治的行动策略,在政府为主导的制度环境中获取资源,但这影响了NGO的稳定持续存在。纪莺莺(2017)则进一步讨论这种关系的结果,她通过"双向嵌入"的认知框架,认为"社会组织在资源、合法性、制度支持方面嵌入于国家,而国家的意志与目标却嵌入在社会组织的运作中,这种双向嵌入的结构形成了双向赋权",在此过程中,国家与社会的能动性都得以体现。

另外一些研究则注意到了在特定的制度环境中,组织争取自主性的行动。张紧跟(2014)提出"双向嵌入"的概念,他发现"社会组织一方面嵌入于国家体系中,在追求其合法性的同时获得资源支持;另一方面又扎根于本土社会,通过活动赢得民众的认可和支持,这为组织争取了自主空间"。姚华(2013)基于"制度—生活"的分析框架,发现社会组织一方面通过"做加法"的策略与政府妥协,另一方面坚持"理念与责任""专业化道路",维护组织的自主性成长。黄晓春和嵇欣(2014)通过对政府部门进行细分,则发现"不同党政部门对社会组织的认知取向及组织监管能力不同,这就形成了非协同治理的制度环境,社会组织相应地形成了策略性应对的策略来帮助提升自主性水平"。社会组织积极参与政府购买服务的市场的行动,也推进了政府与社会之间的关系,形成了竞争性的社会组织发展模式(管兵,2016)。

农民合作社与制度环境的关系也主要体现在组织与政府的关系上。一些学者强调了政府支持对农民合作社具有重要意义。自产生开始,农民合作社就受到政府部门的持续关注,政府的影响存在于合作社的各个方面(苑鹏,2001;Deng et al.,2010;Song et al.,2014)。这种影响包括政府支持和行政干预两方面,前者指各级政府对农民合作社的政策优惠和财政补贴,后者指政府直接参与农民合作社的组建以及理事长的选择过程(马太超,邓宏图,2019)。政府的扶持和监管促进了农民合作社的成长(Mojo,2017)。有学者对尼日利亚夸拉州农民合作社进行实证研究后,认为政府和金融机构需要在资金上给予农民合作社支持,以使农民合作社能够扩大生产能力基础(Orebiyi & Fakauode,2005)。政府提供充分和及时的支持可以提高农民合作社的绩效(Matthews et al.,2003)。而稳定的制度环境和法律条件,以及政府资金和技术的支持是农民合作社成功的重要因素(Garnevska et al.,2011)。

但也有学者关注到过度依赖政府将对农民合作社产生不利影响。王吉鹏(2018)认为如果农民合作社长时间被动地接受政府层面的政策供给和资源扶持,而对相关制度认识不足,从长期看会影响农民合作社以后的治理效果和组织建设的规范化。尤其当政府决策代替价格机制时,农民合作社交易成本就取决于外部环境,农民合作社就无法控制自己的发展模式(Chaddad & Iliopoulos,2013)。张益丰和孙运兴(2020)进一步研究认为当前农民合作社发展过程中"空壳社"与"异化社"大量出现,其症结就在于政府对于农民合作社的考核标准以及扶持政策出了问题,导致农民合作社偏离成员所有、成员控制等原则(应瑞瑶,2004;张晓山,2009)。苑鹏(2009)通过梳理国际合作运动的发展历程,认为政府或者国家的作用"应该是为农民合作社的独立自主发展建立公共服务平台,而不是使用行政手段发动运动、下指标,直接干预农民合作社的内部经营"。也就是说在农民合作社的发展体系中,国家的角色应当是完善的法律制度和良好的市场环境等公共品的提供者(Fonte & Cucco,2017)。

结合组织社会学中新制度主义和经济社会学的制度学派的特点,我们在农民合作社的研究中,不仅需要注意到政治制度层面的影响,还要关注与农民合作社相关的行动主体有关合作经济理念的认知产生的影响。

三、组织的社会结构分析

组织的社会结构分析是从社会结构角度分析组织的位置和角色,这对农民合作社的嵌入式自治研究具有启发意义。而组织的社会结构分析与经济社会学的网络分析学派密切相关,该理论认为经济行动受到社会结构的重要影响,这里的经济行动也包括组织的经济行动。马克·格兰诺维特(Mark Granovetter)通过对社会学和经济学中基本假设的分析,批判了"过度社会化"和"低度社会化"的研究取向。"过度社会化"过于强调社会因素对人的行动的影响,人在这里是一个完全的"社会人",在长期的社会化中已经内化了社会道德规范。而"低度社会化"则强调了理性经济人追求利益最大化的作用,社会因素的作用则被忽略。格兰诺维特采用"嵌入性"视角,将人际关系因素引入经济行动分析中,强调经济行动嵌入于关系网络中,并受关系强弱的影响(格兰诺维特,2015:5-12),由此开创了经济社会学的网络分析理论。在更高层次上，经济行动会受到整体结构的影响，形成结构嵌入，即行动者嵌入于其更广泛的社会关系网络，层次更高的社会结构，这种包含更多社会关系和规则的结构为特定的经济行为提供了具体的规则性期望。

在此基础上，学者们讨论了关系网络如何影响经济行动。格兰诺维特在对求职行为进行网络分析时，提出了弱关系假设（Granovetter，1973），在他看来，"强关系是群体内部的关系纽带，由此获得的信息重复性高，而弱关系则是群体之间的纽带，它提供的信息重复性低，可以充当信息桥的角色"。由于弱关系两端的信息具有异质性程度高，弱关系可以为人们提供更有价值的信息，甚至可以提供求职机会。林南等人对弱关系理论做了进一步研究，他将社会看作一个分层结构，不同阶层之间资源相似性低，因此，弱关系为不同阶层间的联通提供了渠道，进而能够使得阶层地位的人获得更多的社会资本（Lin & Dumin，1982）。边燕杰对社会网络的性质进行讨论，认为其也是人情网络，通过人情网络可以获得工作分配部门的照顾，进而，他提出了"强关系假设"（Bian，1997）。因此，组织的经济行动也受到关系网络的影响。

组织的经济活动是在更广泛的社会结构中进行的，因此，除了关系网络还要受到社会结构的影响。哈里森·怀特（Harrison C. White）从社会结构的视角对市场进行了分析。他认为"市场是可以不断再生的社会结构，该结构是由一组特定的公司（生产商）及其他参与者通过观察彼此的行为，演化出各自不同的角色而形成的"（White，1981）。市场中的生产商在选择产量时是基于对其他生产商的可见结果的观察来确定的，并不是基于买方对其行为的假设反应的猜测来指导，而拥有差异化产品的异质生产者可能会找到保持自己稳定的角色的策略（王晓路，2007）。因此组织主要受到其所在的市场形成的社会结构所影响。而在社会结构中，也存在着各生产商为谋求控制和自治而引发的斗争。"处于较低位置的生产者一方面必须服从具有较高位置的生产者的"强硬规则"，但另一方面，它们也有维护其自主性的策略"（White，1993：171-172），例如多建立一些交易伙伴或者同时在几个不同的生产网络中占有自己的位置从而实现"结构性自主"。

罗纳德·伯特（Ronald Burt）的"结构洞"理论深化了组织的社会结构分析。他认为结构洞是指"两个关系人之间的非重复关系，彼此之间存在结构洞的两个关系人向网络贡献的利益是可累加的，而非重叠的"（伯特，2017：18）。结构洞不仅具有格兰诺维特的"弱关系"的信息优势，还具有位置优势。"结构洞产生了信息利益和控制利益，使得某个玩家在关系谈判中占据优势"（伯特，2017：30），因为"信息利益的实质是信息通路、先机和举荐"（伯特，2017：46）。当组织越缺乏结构洞，而对方周边结构洞越多时，组织就处于网络中获取信息利益和控制利益的最佳位置，就是"结构自治者"，其结构自治水平越高（伯特，2017：72）。占据结构洞位置的企业更有地位与声望，它有更多的资源获取路径和讨价还价能力，因此有更多的组织自主性（王旭辉，2007）。伯特的这一理论建立了新的竞争观念，即组织参与竞争不仅取决于资源优势，更取决于关系优势（汪和建，2013：36），也就是更会受到社会结构的影响。

在科层制体系中，组织同样受到社会结构的影响，"组织成员在远离决策时比参与和做出决策时更容易保持自己的独立"（克罗齐埃，2002：251），也就是说在科层制结构中，行动者可以在结构缝隙中获得自主性空间。因为"集权的多层级和多元性可能导致有组织的无序，从而瓦解集权的控制效力，扩大组织的自主性空间"（熊万胜，2010）。具有自主组织能力的人们在解决现实生活中的问题时，可以将多种层面的制度整合为自己的工具，"而缺乏自主组织和自主治理权力的人们则滞留在单一层次上，在既定的边界内选择策略"（奥斯特罗姆，2012：63）。

组织的社会结构分析强调的是关系网络或者社会结构对组织的影响，特别是占据有利的结构位置可以实现结构性自治。学者从村庄结构的影响讨论农民合作社，发现农民合作社的发展受到农村分层结构的影响，这导致成员间收益分配产生差异和农民的进一步分化（何安华等，2012）。而分化的农村社会阶层结构，流动性不断增加的农民，分立的宗族派系势力结构，以及人格化运作的行政力量都对农民合作社的运行产生影响，农民合作社的独立自主空间狭窄（赵晓峰、孔荣，2014）。汪和建和段新星（2020）对江村实验中"合作工厂"进行考察，发现合作工厂受村庄差序格局的影响，而"差序格局性悖论"的存在及其克服限制，导致了合作工厂走向失败，其成功的关键需要克服关系理性的约束，建构制度理性，培育起制度认同。

有学者在此基础上将视域进一步扩大，发现在更广的社会结构中农民合作社自治的可能性。Altaye & Mohammed（2013）对埃塞俄比亚的种子合作社进行研究发现农民合作社与更多的社会团体建立联系，可以建立更丰富的社会网络，这有助于农民合作社的自治性和创新性，因为这具有位置优势（黄晓春、嵇欣，2014）。否则会影响农民合作社自己的规划方向和组织理念，无法抵抗外部压力(Véronique Lucas & Gasselin，2016)。农民合作社要与市场力量、政府力量，以及其他力量打交道，这也为农民合作社的自主性提供了条件。赵晓峰(2017)通过对典型案例的观察发现一些农民合作社利用其所处的结构"汲取和整合各种资源要素，这可以拓展其发展的自主空间"。农民合作社还可以借助专家学者、公众的好评和参与，建立更广泛的关系网络，占据结构洞位置，为组织自主性赢取空间(张紧跟、庄文嘉，2008)。但也有学者认为农民合作社存在制度结构嵌入、资源结构嵌入、市场结构嵌入和文化结构嵌入四重嵌入性，多重嵌入性使得农民合作社的制度环境不确定性增加，农民合作社的行动受到影响(崔宝玉等，2017)。特别是在"公司+合作社+农户"的模式中，农民合作社虽然处于结构洞位置，可以发挥桥接作用，但很容易出现"委托人与代理人的共谋"，导致农民合作社的目标被公司目标所替代，农民合作社的自治性受到影响(田鹏、陈绍军，2016)。如果农民合作社在实践中过度嵌入政治环境，依赖或利用政治资源，则可能影响其自主发展能力(赵晓峰，2019)。

四、有关合作的研究

农民合作社是农民之间的合作行为，合作是指两个人或者两个以上的群体，按照事先约定的、可实施的、具有约束力的协议，争取整体利益和个体利益而开展的活动。它是一种互惠行为，个体通过团队合作可以获得合作效益，包括经济、心理等方面的收益(Emersona & McGoldrick，2016)。Brinkerhoff(2002)强调，合作性关系的一个主要推动力在于任何一个参与者都缺乏所需要的充足资源，因此需要通过合作来发挥各自的比较优势，最终获得共同的利益。由于人们的合作行为复杂多样，很多学科都对合作进行了研究，但经济学的博弈论和政治学的进化论中有关合作的讨论对本研究具有很强的启发性。

经济学的博弈论的关注点集中在非合作博弈上。托马斯·谢林(Thomas C. Schelling)采用通俗的语言，扩大了经济学的博弈论对社会行为的解释力。其理论成果主要体现在《冲突的战略》中，他关注的是在非合作博弈中如何化解冲突，实现和解。他认为传统博弈论中的零和博弈状态要么认为博弈双方之间关系完全友好，要么完全不平衡，但这种假设在现实中存在很大的限制。基于此，他提出"可信承诺在冲突和谈判中的重要作用"(谢林，2006：37)。

行动者在很多时候不需要真正实施，只需要摆出姿态就可以令对手妥协，因为理性的行动者会判断自己采取行为可能的后果。在博弈的合作中"一方只有按照对方的期望行为，并知道对方也将按照自己的期望行为，他自己才有可能取胜。他们必须一起找一个实现双方利益共享的分界线"（谢林，2006：92），但这种合作行为的达成取决于众多因素，"关键在于他们能否在游戏中一起找到某种符号或暗示或理性化条件，并自愿接受这些因素的制约"（谢林，2006：95）。谢林的理论增加了博弈论的解释能力，但其依然是从理性经济人出发的，强调的是个体在追求个人利益时的策略行为，这忽略了文化、制度等方面的作用。

政治学的进化理论也讨论了合作关系。政治学家罗伯特·阿克塞尔德（Robert Axelrod）在《合作的进化》中通过计算机竞赛，以生物进化的原则为基础进行仿真实验找出囚徒困境中的优胜策略，并进一步对合作的起源和进化问题进行考察，讨论了合作的生成机制。他认为形成合作需要两个关键要素，即关系的持续性和基于回报的准则，也就是一报还一报的原则。他认为"合作的基础不是信任，而是关系的持续性"，在单次的博弈中，个体都会选择自己的优势策略，即背叛。从长远来说，"双方建立稳定的合作模式的条件是否成熟比双方是否相互信任更重要"（阿克赛尔德，2016：126）。事实上，埃莉诺·奥斯特罗姆（Elinor Ostrom）也对合作关系进行了讨论，她在公共事务的治理进行分析时，强调"公地悲剧""囚徒困境""集体行动理论"都预设了个体之间沟通困难，或者无沟通。但事实上，个体之间通常是有沟通的。组织内部的沟通互动会使得理性行动者相互监督，形成互惠与合作（奥斯特罗姆，2012：8）

综合这些研究可以发现，经济学博弈论的研究集中在对利益的关注上，将合作看作一种博弈，理性经济人是其假设前提。但个体的认知具有不完全性，个体并不是完全理性的，他在做出判断时还要受到文化、道德、情绪、制度等多方面因素的影响。而政治学进化论的合作研究则认识到合作的达成需要持续的互动，这种视角特别强调了互动关系的作用而忽略了行动个体的利益考量。在对这两种研究检视的基础上，本研究认为在讨论合作关系时需要注意到主体间的博弈关系，特别注意到持续互动以及规范制度的影响，但也需要注意到个体理性的作用。

而要讨论农民合作社还需要注意到其整个发展脉络。合作思想最早源于

16世纪早期的空想社会主义思想。罗伯特·欧文（Robert Owen）被尊称为"合作经济之父"，他提出了"合作公社"的构想，认为"合作社是理想社会的基层组织"（欧文，1981：17）。夏尔·傅立叶（Charles Francis）倡导工农业相结合的合作组织。空想社会主义希望采用合法的手段实现平等、民主、公平的社会组织形式，但由于不符合当时的生产力发展水平，他们的实践活动都以失败告终（牛若峰、夏英，2000：7-8）。而随着合作思想的不断传播，1844年在英国形成了世界上最早的比较规范的合作社，即罗虚代尔公平先锋社，其形成的合作原则被称为"罗虚代尔原则"，为之后全世界合作社的发展提供了规则和制度基础。

我国最早开展合作运动的是以乡村建设学派为代表的知识分子。在军阀割据，乡村凋敝的背景下，一些留学欧美，接触过国外合作思想和合作社的知识分子为改变局面，在乡村社会中开展了合作运动。其中最早将西方合作思想引入的是薛仙舟，他被称为"中国合作运动的导师"，1927年，他制定了《中国合作化方案》，这是中国最早的合作运动纲领。在这一思想的引领下，他创办了我国最早的信用合作社。他秉持着改良的思想，认为合作并不是要与当时的制度决裂，而是要完善乡村制度。他注重合作社的经济改造和社会改造功能，并希望借助国家力量在全国建立起合作社系统。但他的很多合作思想照搬了西方传统的合作思想，具有空想性质，因此并未获得成功（钱益民，2008）。

梁漱溟、晏阳初等作为20世纪20年代的乡村建设学派代表人物，也开展了农民合作实践。梁漱溟认为中国社会的本质是礼俗社会，而当时中国社会面临的根本问题是"文化失调"（2006：23），因此就需要从文化角度来解决问题。中国的基础是乡村，所以梁漱溟在山东邹平开展了乡村建设实验，通过建立"乡农学校"组织农民，用乡约的制度培育现代伦理模式（吴飞，2009），并教授农民文化、卫生、经济等知识，引导农民开展各类经济合作活动。他指出了开展综合性合作的重要性，"生产增加，不单是生产技术一面的事。富力增加，亦不单是经济一面的事，乃与社会各种问题皆有不分离的关系，与生产技术进步最有关系者，是农民合作组织之发达"（梁漱溟，2006：58）。1923年，晏阳初在河北定县建立了中华平民教育促进会，他认为农村面临着"愚、贫、弱、私"的问题（晏阳初，2013：343），针对这些问题他提出"三大方式""四大教育"，即以文化教育治愚，以生计教育治贫，以卫生教育治弱，以公民教育治私，采取学校、家庭、社会三种教育相结合的方式，这些措施又必须采取合作制度才能实现，因此他在农村中建设各类合作组织。

由于当时中国仍是半殖民地半封建的社会，这些改良主义的乡村建设学派很难通过合作运动改变当时乡村贫困落后的面貌。

其实南京国民政府时期，也尤其重视合作运动。为改变村庄破败落后的面貌，各地设立培训机构，派人到国外考察学习合作社的建设。各地方政府根据上级指示出台一系列相关的促进农民互助合作的政策，并设立学校培养合作人才。费孝通在《江村经济》中讨论的"合作工厂"即是在这一背景下形成的。当时江南蚕丝业技术落后，蚕丝质量差，受到西方产品的冲击，为改变这种情况，蚕业学校与地方政府合作在开弦弓村开办合作工厂，但最终也以失败告终。因为当时的条件仍然不成熟，合作工厂所有权属于社员，合作工厂最高权力机构是社员全体大会，但事实上，"整个工作都是在改革者的指导下进行的，人们对开办工厂没有足够的知识，文盲率高"（费孝通，2007：169）。当时的合作运动整体上面临着相同的情况，虽然，农业技术有所提高，但完全依靠政府发展合作社，农民的积极性并未被调动起来，最终依然无法对农村产生实质影响。

新中国成立后，我国根据当时社会的需要开展了农业合作运动，其组织结构和发展阶段从互助组，到初级社，再到高级社，最终形成了人民公社。合作运动越来越丧失自由度，合作制度缺乏退出机制，市场因素的作用被挤压到最小。而在当时的经济发展水平上走集体化道路，不符合客观发展规律，最终这些合作实践也以失败告终。

改革开放后，我国经济快速发展，城乡差距逐步扩大，家庭联产承包责任制的弊端越来越明显，村庄中"动员失效"（吴理财等，2018）的问题逐步突显。在这一背景下，农民开始了自发的合作行为。2007年《中华人民共和国农民合作社法》实施后，农民合作社进入井喷式发展。但与之伴随的是农民合作社异化的讨论。这种讨论集中在比照经典的合作规则，对合作社的真假问题进行判断，而缺乏对现实的嵌入式自治的农民合作社的分析。这就需要根据经验案例的现实实践，分析如何才能维护社员的共同利益，坚持农民合作社的嵌入式自治性。

五、本研究研究立场

以上，本研究从四个方面梳理了与农民合作社嵌入式自治相关的研究。在个体与组织间关系的研究中，社会学中的组织分析的理性主义强调精英理性化决策的作用，精英相对于其他组织成员具有资源禀赋优势，在组织中具有重要影响。但这一研究忽视了组织内部精英的能动性也要受到外部环境的制约。组织经济学的权变理论强调了领导需要根据组织条件的情境性变化调整领导方式，这虽然强调了情境性的作用，但忽视了相对稳定的理念和文化的影响。因此，在农民合作社中讨论个体与组织间关系时，需要考虑精英的能动性，但也要注意制度环境以及村庄文化对精英行为的影响。

组织与制度环境间关系的研究主要涉及组织社会学中的新制度主义和经济社会学的新制度学派。组织社会中的新制度主义基于制度化组织的立场将制度环境视为最重要的影响因素，而经济社会学的新制度学派则倾向于将组织与其行动主体及其制度环境关联起来，并将市场、经济意识形态等纳入对制度与组织变迁的分析中。因此，在分析农民合作社时，我们不仅要注意政治制度层面的影响，还要关注行动主体有关合作经济理念的认知对组织的影响。

经济社会学的网络分析学派有关组织的社会结构分析强调了结构位置对组织自治的重要性，而相对忽视制度环境的影响。因此，在具体的农民合作社研究中，除了关注农民合作社在社会结构中的位置，也需要重视特定制度环境的影响。

经济学中的博弈论将合作看作博弈行为，政治学中的进化论则强调持续性互动对合作的关键性影响。前者强调行动者的理性，但缺少对文化、制度等因素的关注，后者强调互动但忽视了个体行动者的能动性。两种视角对本研究研究合作行为都有启发性意义，即将农民合作社中的合作行为视为博弈关系，同时也注意其所在的文化、制度环境对博弈行为的影响。

综上所述，本研究主张农民合作社存在着自治性，同时强调这种自治性是嵌入式的，即自治性受其制度环境、文化规范、主体间的位置结构以及行动主体之合作经济理念和认知的影响。

第三节 研究设计

一、基本假设

已有研究从成员异质性和制度环境视角解释农民合作社本质规定性的偏离,而未注意到农民合作社作为行动主体为争取自治性会采取策略行动。本研究认为农民合作社通过吸纳与控制的机制可以实现嵌入式自治。农民合作社作为一个市场主体,必然希望能够按照其组织目标发展,而不受其他主体的制约和干预。同时作为社员共同所有的组织必然希望能够坚持合作原则基础上的自治性,而非被个别能人主导,影响利益分配。因此为实现其组织目标的自治性,农民合作社需要吸纳资源,这是建立在嵌入于社会环境基础上的。而在嵌入性的情况下,农民合作社会受到其他主体的制约和控制,这种控制关系是必然存在的。但农民合作社为争取自治,会进一步采取反控制的策略。

因此,基于理论文献和经验研究的回顾和检视,本研究提出的基本假设是,嵌入式自治是通过组织与外部的吸纳与控制过程机制实现的。为了使读者能够更好地理解本研究的观点,在此对核心概念进行详细界定。

(一) 嵌入式自治

"嵌入性"概念最早由卡尔·波兰尼提出,他认为人类经济是嵌入在经济和非经济制度之中,并受其约束的(波兰尼,2007:13-14)。格兰诺维特的"嵌入性"概念则特别强调了社会关系的作用,他通过对"过度社会化"和"低度社会化"的分析,认为"两者都是一种原子化的个人实现决策和行动的观点,无法说明真实的社会关系对经济行动的影响"。他认为经济行动是嵌入于社会结构中,并受社会关系的影响的(格兰诺维特,2015:5-12)。政治经济学家彼得·埃文斯(Peter Evans)在其著作《嵌入式自治:国家与工业转型》中将格兰诺维特的"嵌入性"概念加以拓展,提出了"嵌入式自治"(embedded autonomy)用以描述国家与社会之间的互动关系。他通过区分掠夺型国家和发展型国家这两种理想类型展开其分析。掠夺型国家是以牺牲社会为代价的,而发展型国家则促进了工业发展。发展型国家的特点表现为其拥有嵌入在一系列具体的社会纽带中的自主权,这些纽带将国家与社会捆绑在一起,并提供了制度化的渠道,用于持续谈判和重新确定谈判目标和政策(Evans,1995:59)。发展型国家必须同时拥有嵌入性和自治性(Evans,1995:12)。当一个国家只有自治权时就会缺乏情报来源,也会缺乏依靠分散化的私人执行的能力。而当国家只有嵌入性时,紧密连接的网络将使国家无法解决"集体行动"问题,出现超级卡特尔,国家就无法超越其私人对手的个人利益(Evans,1995:57)。自治性可以补充嵌入性,保护国家免遭俘获,这将破坏国家自身的凝聚力,并最终破坏其社会对话者的凝聚力(Evans,1995:248)。

埃文斯还通过讨论政府与公民的互补性丰富了这一研究。他认为政府适合提供某些种类的集体产品,"包括从大坝等有形产品到法治、技术改进等重要无形资产",这些都是靠个人无法获取的公共物品(Evans,1997:180)。而公民则贡献当地知识和经验,对于社区以外的人来说获得这些资源的成本非常高。而政府则嵌入到社会中,参与公民的具体生活,获得社区成员的信任,进而获得社会资源(Evans,1997:204)。互补性和嵌入性是政府与社会之间协同性的共同特征(Evans,1997:182),强大的公共结构和有组织的社区相结合是国家经济发展的有力工具。

琳达·维斯(Linda Weiss)和约翰·霍布森(John M. Hobson)则以"镶嵌的自主性"和"孤立自主性"两个概念来区分强国和弱国。他们认为强国是国家与社会合作协调的状态,在两者关系中,国家通过与社会的互动获得发展主动性。而他们所说的弱国通常是强调绝对控制权的,但由于缺乏与社会的沟通,最终反而削弱了自身的社会基础。强国不仅仅是指在国家军事和经济方面具有优势,更重要的是能够获得有效的社会支持,这是需要依靠国家与社会之间建立起有效的沟通机制,能够和社会基层力量建立起合作互惠的关系,这才能够支持更稳定和更持续的国家力量(Linda, Weiss & John M. Hobson, 1955:20)。

这些研究虽然强调了同时具备高嵌入和高自治的重要性,但企业与政府过于密切的关系,很容易形成财阀,这些财阀可以将其经济力量转化为政治力量,对政府权威形成威胁,因为现实生活中"很难在国家嵌入社会与国家被寻租的利益集团俘获之间划清界限"(张丙宣,2013),1997年韩国遭遇到的亚洲金融危机就与此密切相关(朱天飚,2005)。而且国家与社会的嵌入性具有偶然性,它取决于体现这些具体角色定位的政治家和官僚群体(曹海军、韩冬雪,2012)。还需要注意的一点是埃文斯忽视了个体官员对资源的掠夺和社会整体资源缺乏选择的错置。事实上,最重要的是国家要具备对内强制力来避免个人官员产生的风险(彭勃、杨志军,2013)。而埃文斯对于如何实现国家与社会之间的自治和嵌入,没有做进一步的讨论(徐林、吴咨桦,2015)。

通过以上这些研究可以发现,在埃文斯那里"嵌入式自治"中"嵌入性"和"自治性"是两个并列的概念,用来分析国家与社会之间的关系,强调国家要推进工业的有效发展需要同时具备嵌入性和自治性。因此,这个概念虽然具有一定解释力,但却弱化了国家在两者关系中的能动性,也就引起了学者们对埃文斯研究中社会俘获国家的可能性的思考。而本研究使用"嵌入式自治"是为了强调农民合作社争取自治性的能动性,嵌入性只是农民合作社为争取自治性的环境和条件,也就是说本研究认为农民合作社的自治是嵌入式的,因此本研究的"嵌入式自治"区别于埃文斯意义上的"嵌入式自治"。农民合作社基于嵌入到村庄社会和制度环境的事实,而吸纳资源以争取自治。但在嵌入过程中,由于对所嵌入环境的资源有需求而形成对环境的依赖关系,进而受到其他主体的控制,自治就会受到削弱,此时具备能动性的农民合作社采取行动进行反控制。因此,本研究在认识到农民合作社的自治性是嵌入式的同时,也发现嵌入式自治是通过吸纳与控制的机制与过程实现的。

(二)吸纳

"吸纳"这一概念被许多学者大量使用,但却没有形成明确统一的定义。匈牙利经济学家亚诺什·科尔内(Janos Kornai)在分析短缺现象时使用了这一概念。他认为吸纳是指"持续抽取劳动力、物资、土地和其他资源的各种因素的有机结合及其功能"。在传统社会主义经济体制中,企业的吸纳机制强化并再生产了短缺现象。而吸纳机制的基础是预算约束软化,也就是说预算虽然可能遭到打破,但不会产生严重后果。国家对国营企业的"父爱主义"造成了预算约束软化,并促生了吸纳机制,进而造成短缺(陶一桃,2000)。

吸纳在政治学意义上的使用非常普遍,主要是指国家权威吸收和引导社会力量进入公共权力系统,在交流、沟通与协商的政治过程中,实现分享与承担政治权力和政治责任的过程(陶建钟,2013)。它指的是国家与社会之间的关系,"尤指政治行政体系通过各种形式把社会中的个体吸纳到体制内部的行动过程",其目的在于把一个异己的东西据为己有、为我所用,乃至消化、同化、融为一体(刘伟,2017)。金耀基(1997:21-45)最早在研究香港时提出了"行政吸纳政治",他认为这一概念是"指政府把社会中精英或精英集团所代表的政治力量,吸收进行政决策结构,因而获致某一层次的'精英整合',这赋予了统治权力以合法性,从而一个松弛的、但整合的政治社会得以建立起来"。康晓光等人(2008)利用行政吸纳模式分析中国大陆的政治稳定,认为政府通过控制和功能替代吸纳社会组织,限制社会组织挑战政府权威,满足社会需求。于水(2008)在此基础上提出"体制吸纳",即在基层治理过程中基层政府将市场力量吸引到村庄经济体系中,也就是"基层行政权在行政作为过程中引导组织进入行政权视野"的行动。因此,通过这些研究可以发现,政治学上的"吸纳"是国家建设的手段和过程。

学者们进一步深化了吸纳机制的影响研究,郎兴友(2009)认为"吸纳本质上属于一种控制"或者说是对控制模式的一种延续。但袁明旭(2015)认为这种控制不同于传统的控制模式,因为传统的控制是以某种资源性工具迫使其他对象在既定框架或活动范围内体现自身的意图,控制主体与控制对象是以此方与彼方的关系存在,双方的界限分明且不容混淆。而吸纳则是把原本异己的力量吸收转化为自身的过程,实现了从彼到此的转换。因此,田毅鹏和苗延义(2020)认为吸纳概念具有资源整合与控制支配两种特征。这也就形成了吸纳体制研究的两种视角:一是排斥视角,强调吸纳体制的控制与替代功能;二是互促视角,强调吸纳体制的支持与配合功能,可以促进国家与社会的融合。

从以上研究来看,学者们基于不同学科视角对"吸纳"进行理解,经济学的吸纳机制强调了企业从理性视角出发对资源的吸收和整合。而政治学的吸纳则强调国家在吸纳社会力量基础上的政权建设能力和过程,这一过程中存在排斥和互促两种视角。本研究对农民合作社嵌入式自治的研究是基于对农民合作社、农村能人、村庄社会以及地方政府之间的互动关系进行考察的。本研究强调了农民合作社在特定环境中争取自治性的主动性,为了争取自治性,组织需要从外界吸纳其所需的资源。因此这里的"吸纳"不是一种权力关系,而是资源转移的过程,强调农民合作社为争取自治性而吸收其所需要的资源。此外,这里的"吸纳"也不完全等同于经济学意义上理性视角下的资源吸纳,因为资源吸纳的过程是一种社会行动,受社会因素的影响,是在嵌入社会环境的背景下实现的。

(三)控制

"控制"一般体现的是权力地位关系,即在互动过程中,因为互动双方权力地位不对等而形成的一方对另一方的约束关系。尤其是在政治控制关系中,国家权力中心为维护既定的秩序而采取强力行为并形成了一种权力结构。它是国家权力和各种社会力量相互作用,相互制约的结果,主要表现为集权、强制、垄断等行政行为(沈建、史永展,2007)。而农民合作社作为市场主体,为争取自治性,并不会与其他主体形成这种权力控制关系。但在嵌入过程中,农民合作社也会因为资源拥有量或者资源拥有性质上的差异,与其他主体产生交换等行为。

科尔曼在其理性选择理论中也提出了"控制"的概念。他认为行动系统中包括行动者、资源和利益三个要素,行动者是经济学意义上的"理性人",其以追求自身利益为目标而进行经济活动。行动者为满足自身利益获取资源,但他们"对使其利益获得满足的各种活动并不能实现完全控制,他们发现部分使其获利的活动处于其他行动者的控制之下"(科尔曼,2008:29)。这种控制关系导致个体行动者需要在整体的资源结构中与他人进行交易,而交易的形式是多样的。"某人对某些能使他人获利的事件有特殊的控制,一旦这种结构出现,在事件中有切身利益的人总要给实际的控制者以某种地位保证"(科尔曼,2008:121),这种地位差别决定了处于较高地位的人在关系结构中拥有更多话语权和决策权。也就是说行动者为获取所需的资源会与其他行动主体进行交易。行动系统中的资源有很多种类,包括"私人物品、某些事件、某些特长、对某些事件具有关键的影响或具有部分决定性作用的部分",而且这些资源具有"可分割性、可转让性、可保留性、即时交付性以及无外在性"(科尔曼,2008:32-33)。资源的这些性质为行动者的交易行为提供了条件,"行动者为了最大限度地实现个人利益,而交换对于事件的控制(或控制权);在特定情况下,他们还会单方转让控制(或控制权)"(科尔曼,2008:36)。也就是说,伴随着行动者之间的交易行为而产生了控制关系。

因此,从其论述中可以发现科尔曼提出的"控制"概念并不体现为权力结构，而体现为资源结构。也就是说，行动者，即不同资源的拥有者为了获得自己所需，但被其他主体控制的资源，而交换资源的控制权。农民合作社为争取自治性，需要社员的信任和参与、地方政府的认可等各种资源，这些对农民合作社来说是稀缺资源。为获取这些稀缺资源，在嵌入社会环境和政治制度时，农民合作社会对后两者产生依赖关系。也就是说，在与其他主体进行交易过程中，出现了其他主体对农民合作社的控制，但控制关系并不是因为权力悬殊造成的，而是由于资源结构上的差异，导致了交易关系中形成了一方对另一方的影响。

二、 理论框架

基于本研究的基本假设，我们提出了一个嵌入式自治的实现机制与过程，即吸纳与控制过程的理论框架(图1)。

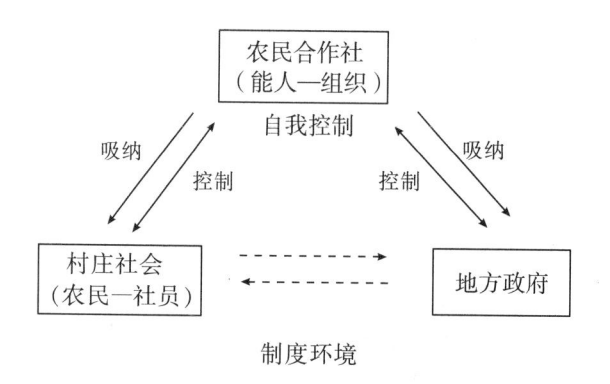

图1 嵌入式自治：吸纳与控制过程

在此对该理论框架进行基本意涵的解读：本研究旨在研究农民合作社的嵌入式自治的实现机制，我们的研究策略是深入与农民合作社相关的多个主体间的互动关系实践，提炼出嵌入式自治的实现机制。图1中"农民合作社""村庄社会""地方政府"显示的是农民合作社运行中相关的三个重要主体，不同主体间的线条体现的是主体间的关系，主要存在"吸纳"和"控制"两种关系。实线表示的是这一关系对农民合作社的自治性具有重要作用，是本研究需要分析的重要关系；虚线表示虽然两者间也存在互动，但对农民合作社的嵌入式自治不发生关键影响，因此，本研究不做详细分析。线条上箭头的方向表示的是关系的指向。"制度环境"是指这些主体及其相互间的关系互动都是在具体的制度环境中展开的。

首先，为了维护组织利益，争取自治，农民合作社向其嵌入的环境吸纳资源。所以如图1中，农民合作社分别与村庄社会和地方政府存在吸纳关系，箭头分别指向村庄社会和地方政府表示农民合作社从这两个主体中吸纳资源。而由于嵌入于村庄社会和地方政府中，农民合作社必然受到两者的控制，因此，村庄社会和地方政府又分别对农民合作社产生控制关系。图1中从村庄社会和地方政府出发有两条控制关系的线条指向了农民合作社。然而农民合作社是具有能动性的，为了争取自治，它会对这种控制关系进行反控制，因此，从农民合作社出发又分别有两条控制关系的线条指向了村庄社会和地方政府。最终形成了图1中两条双箭头的控制关系，代表了双向控制关系。当然，这些控制关系是存在强弱之别的，在下文中会对此做具体说明和分析。

另外，我们还需要注意几个情况。首先，农民合作社中很重要的主体是能人，能人通常承担了农民合作社发展过程中的组织成本，农民合作社与其他主体的互动也经常以能人的行动表现出来。但能人作为一个理性人，其利益与农民合作社所有成员的共同利益并不完全一致，因此，在具体分析时需要将农民合作社划分为能人与组织两类主体。因此，图1上方的括号内的"能人—组织"结构代表农民合作社，说明农民合作社内部存在利益有所区分的能人和组织两个主体。在下文的具体分析中也会根据案例的现实情况，分别讨论能人和组织两个主体与村庄社会和地方政府之间的关系。

其次，农民合作社的成员即社员基本上来源于村庄社会，但并不是所有的村庄社会中的农民都是社员，或者一开始就是社员。农民合作社需要采取各种策略动员农民转变为社员。而农民转变为社员后，并不一定能够在利益、观念、认知上与农民合作社完全一致，此时农民合作社仍然需要面临与社员之间的互动。因此，需要将村庄社会划分为农民和社员两类主体进行具体分析。图1中左下方括号内"农民—社员"表示村庄社会内部是存在变化的，农民合作社需要与之进行长期互动。

最后，由于能人具有资源和结构优势，在代表组织进行行动过程中可能会吸纳的资源进行控制，形成能人领办型合作社。因此为追求社员的共同利益，需要形成能人的自我控制。另外，农民合作社虽然会采取策略对村庄社会和地方政府的控制关系进行反控制，但这种策略不一定完全有效，尤其是相对于地方政府对农民合作社的控制。因此，为了降低政府的控制，减少农民合作社对政府的依赖，农民合作社也会采取组织自我控制的策略。图1中"能人—组织"下方的"自我控制"即表明了这两种策略行为的存在。

在农民合作社的发展过程中，村庄社会与地方政府也存在一定的关联，但在农民合作社的嵌入式自治研究中，这种关系并不产生明显影响，因此以虚线表示两者间的关系。而农民合作社、村庄社会、地方政府之间的关系是农民合作社嵌入式自治中最基本的关系，因此以实线表示这些关系，箭头的方向表明了这些关系的指向。

基于此，结合上文提出的基本假设，形成以下三个具体假设。

（一）吸纳—自治假设

根据资源依赖理论，所有社会单元包括各类社会组织都要与其他主体发生关系，以获取组织生存和发展所需的资源。而农民合作社作为农民组织，自身所拥有的资源更加有限，因此为争取自治就需要同外部环境交易，吸纳所需的资源。首先，作为一个组织，需要吸纳社员参与其中，这就促使农民合作社采取各种措施，将农民转变为社员，获得社员的信任。其次，农民合作社需要在现实的制度环境中争取自治，就必须获得政治合法性，因而就会出现合作社为了获得政府的认可，吸纳政府资源的行动。基于此，提出假设1。

假设1：农民合作社为获得资源，进而争取自治，需要对村庄社会和地方政府进行资源吸纳。

（二）嵌入—控制假设

事实上，农民合作社吸纳资源是通过嵌入性实现的。为吸纳社员参与，农民合作社需要利用其嵌入于村庄社会的事实，借助关系网络等争取农民的信任。嵌入性虽然有利于农民合作社吸纳资源，但也形成了控制关系，导致农民合作社受到村庄社会的制约。农民合作社与地方政府的互动也存在类似关系。为了吸纳政府的相关资源，农民合作社需要利用其对制度环境的嵌入性而采取行动。这种嵌入性有利于农民合作社获得政府资源，但也导致农民合作社受到地方政府的控制。需要注意的是这两种控制关系存在着强度上的差异。因为地方政府具有不可替代性，地方政府的政治资源对农民合作社的自治来说更重要，地方政府对农民合作社的控制相对来说就更强。而分散的农民在与农民合作社交易时处于不平衡的位置上,即使某个农户不参加农民合作社,农民合作社还可以选择吸纳其他农民参与。因此,相对来说,村庄社会对农民合作社的控制强度较低。

除了受到嵌入环境的控制,在吸纳资源的过程中,还可能产生能人对农民合作社的控制。因为能人具有资源禀赋优势,在个人能力和关系网络等方面比较突出,农民合作社的行为很多时候就需要由能人代表,例如代表农民合作社获得政府资源,获得社会荣誉。而能人作为一个理性人,为追求个人利益,他可能会将这些资源据为己有,借助这些资源控制合作社。基于此,提出假设2。

假设2:农民合作社在嵌入与吸纳村庄社会和地方政府的资源时,既会受到村庄社会和地方政府的控制,也会产生能人对合作组织的控制。

(三)反控制—嵌入自治假设

多元主体对农民合作社形成的控制关系会削弱农民合作社的自治性,但农民合作社本身具有能动性,为维护组织利益,争取自治,农民合作社会采取策略进行反控制。首先,虽然村庄社会对农民合作社的控制关系较弱,但这也影响到组织的稳定,进而对其自治性产生影响,因此,农民合作社会采取各种策略应对这种控制关系,也就是采取反控制行为。其次,如果农民合作社受到地方政府的控制,而不采取行动,就可能产生政府主导型合作社,这直接影响农民合作社和社员的利益,威胁农民合作社的自治性。因此,农民合作社也会采取相应的反控制策略,将这种控制降到最弱。但这种对地方政府的反控制并不一定完全有效,所以合作社同时还需要实施组织的自我控制,采取策略行为弱化与政府间的关系,减少对政府的依赖。最后,由于在互动过程中,存在能人对农民合作社控制的情况,也就是可能产生能人领办型合作社,这对合作组织来说影响其社员的共同利益,从长远来看,影响农民合作社的自治性,因而农民合作社也会采取相应的策略。这些策略推动了农民合作社的自治性。这些反控制关系是建立在嵌入性基础上的。基于此,提出假设3。

假设3:为应对嵌入性基础上形成的村庄社会和地方政府的控制,农民合作社采取反控制。同时也会形成能人与组织的自我控制,弱化农民合作社对能人和地方政府的依赖,在此基础上形成农民合作社的嵌入式自治。

三、研究方法

(一) 个案研究法

本研究采取个案研究方法对位于晋西南的桑梓合作社的嵌入式自治的实现机制进行分析。个案研究法是指对特定个体、单位、现象或主题的研究，这种研究可以上升到对一类现象的认识。费孝通(2007：19)认为对于一个小的社会单位进行深入研究而得出的结论虽然不一定适用于其他单位，但其结论却可以用作假设，也可以作为其他地方进行调查时的比较材料，这是获得真正科学结论的最好方法。个案研究的目的是通过解剖"麻雀"，即"对具有典型意义的个案进行研究，形成对某一类共性(或现象)的较为深入、详细和全面的认识，这有助于我们对某一类别现象进行定性认识"(王宁，2015)。本研究选取的晋西南的桑梓合作社就具有代表性和典型性。一方面，它代表的是能够处理好与地方社会包括村庄社会和地方政府之间的关系的一类合作社，另一方面，它在这类农民合作社中又具有典型性，它的发展历程充分显示了与地方社会的互动和博弈。

(二) 文献法

本研究还采用了文献研究的方法。文献研究法是指研究者根据研究目的收集与研究对象相关的文字等其他已有资料。本研究以分析桑梓合作社的嵌入式自治为主题，收集桑梓合作社的相关资料，包括从学术论文、期刊、网站获得相关信息，也收集微信、抖音、Bilibili 等新媒体上已有的新闻采访稿、调研报告、有关桑梓合作社的活动通知、业务介绍、宣传资料等。这些信息，丰富了笔者对桑梓合作社的发展历程、组织结构、业务活动、产品生产销售情况、政府媒体参观活动的认识，也加深了笔者对桑梓合作社嵌入式自治的实现机制的理解。

(三) 非结构式访谈

非结构式访谈是一种深度访谈方法。在具体访谈中，研究者不依赖于事前设计好的问卷和访谈提纲，而是根据研究课题，确定大致的访谈主题和范围，由研究者与被访者围绕访谈主题进行开放式的交谈。在具体的田野调查中，笔者随机地与桑梓合作社的理事长、核心社员(合作社工作团队成员)、普通社员、村民、个别村干部等进行访谈。对于桑梓合作社工作人员，访谈的内容包括其对桑梓合作社的认识，在桑梓合作社中的职责，个人的工作内容，参加了该合作社哪些业务活动，合作社对社员有哪些要求，参加合作社后的变化等。对于村干部的访谈，访谈内容包括其对桑梓合作社的认识，怎么处理与合作社的关系，对桑梓合作社开展的业务的态度等。对于桑梓合作社的核心社员，特别是理事长等重要人物，访谈内容包括桑梓合作社的发展历程，组织架构，业务内容、如何与村庄社会内部相处，如何与地方政府打交道，特别是对其中的关键故事和事件进行了解。基于这些访谈内容，笔者了解桑梓合作社的发展历程，组织架构，日常业务，经营模式，社员之间的关系，桑梓合作社与村庄之间的关系等。

（四）参与式观察

在具体的田野调查中，笔者采用参与式观察的方法，获得有关桑梓合作社的更丰富生动的信息和感受。参与式观察是指研究者深入研究对象的生活中，不暴露自己的真正身份和目的，在实际参与研究对象的日常社会生活的过程中进行观察。由于桑梓合作社的业务范围广，涉及的社员规模大，为了能够更直观，更真实地了解桑梓合作社的运行，笔者也采取了参与式观察的方法。在调研期间，笔者与桑梓合作社的年轻工作人员共同吃住，跟随他们的工作节奏开展，并与桑梓合作社的工作人员一起进入田间地头，走访社员，帮助工作人员收集社员的果园病虫害问题，观察工作人员如何与社员互动，了解桑梓合作社如何获得社员的各类信息，以及社员对桑梓合作社的态度等情况。还跟随社长到小组长家配送农资，为社员发放二次返还的生活用品，观察桑梓合作社的农资统购如何运行，内部如何进行利益分配，其组织架构的具体体现等内容。此外，笔者还参加了合作社工作团队每天的晨会和晚上的小组会议，观察桑梓合作社工作团队的治理结构、合作社如何规划发展方向、当前的主要工作和各业务的进展等内容。通过这些信息，对桑梓合作社有了更全面立体的了解，有助于本研究的推进。

（五）选取理由

本研究选择桑梓合作社作为分析个案是存在多个原因的。第一个原因是，该农民合作社完全是由当地村民发起的，且其发展历程长达20多年，组织的整个生长过程也是一波三折，跌宕起伏，经历了多个阶段。为处理好与社员以及村庄社会的关系、与地方政府的关系，以及坚持规范发展合作社，桑梓合作社不断调整组织架构和业务活动范围。因此，将该合作社确定为田野点将会展示一个生动精彩的农民合作社嵌入式自治的实现过程。

第二个原因是，桑梓合作社具有非常强的典型性，在学界和社会上知名度很高。桑梓合作社最突出的特点在于其无论面对怎样的外部环境和内部结构，都始终坚持农民合作社自身的自治性，维护社员的共同利益，而不是像其他很多合作社出现领办人"一言堂"的情况，也没有完全按照地方政府的规划进行发展。桑梓合作社的这种发展历程的完整性和发展路径的纯粹性在当前中国的新型农民合作社中都是非常典型的，这也为笔者研究农民合作社的嵌入式自治提供了鲜活的案例。而且也因为其具有典型性，已经有越来越多的专家和学者关注到了该合作社，并对其进行研究，这些研究可以为本研究提供很好的参考。

第三个原因是，笔者在硕士研究生阶段对该合作社已经有所了解，甚至本人的一些师友也从不同角度对桑梓合作社进行了部分研究，他们对桑梓合作社非常熟悉。正是通过师友们的关系，笔者可以顺利地进入该田野点，甚至获得了在桑梓合作社面临困境，谢绝外部考察时进行调研的机会。

四、案例简介

桑梓合作社是一个根据社员需求和外部环境不断调整发展的农民合作社。在其发展过程中，组织业务不仅涉及农业的生产和经营，也涉及农村互助养老、村庄垃圾清理等公共服务，类似杨团（2014）提到的在日韩及中国台湾地区非常普遍的"综合农协"。而且该组织根据业务内容、活动范围，以及法律规定进行了多次更名。但无论其名称为何，其工作团队、社员范围、工作方法、组织目标基本上都没有发生变化，更名也是它适应环境的一种策略。因此，为方便读者阅读，并方便论述，本研究将该组织统称为"桑梓合作社"，只在论述到更名，以及需要明确其具体名称时，根据情况进行说明。另外，由于桑梓合作社发展时间较长，经历过多次起伏波动，其组织业务也进行了多次调整，所以笔者有必要在此先简要介绍一下其基本情况，以方便读者对后文论述的理解。

桑梓合作社位于山西省西南部的坂渠市，当地土壤肥沃，适合多种水果蔬菜的生长。桑梓合作社所在的永兴村地理位置优越，紧邻省道，距离河东镇4千米，距离坂渠市15千米。其发起人张翠贤，在发起桑梓合作社之前是河东小学教师。1998年其丈夫开了一家农资店,张翠贤在课余时间帮忙时,发现农民缺乏农资知识。为了提高农民的农业技术知识,她请来老师为农民开展农业技术培训,之后她从小学辞职,专门开展农业技术培训。由于农民的参与积极性高,2000年,她开始带动农民养鸡和种芦笋,2001年市场价格走低,养鸡和种芦笋都失败,社员欠的化肥钱无法归还,张翠贤遭到化肥厂起诉。

偶然的机会使张翠贤开始带动了村内妇女跳舞,2003年舞蹈队范围扩大到周围两个乡镇,43个村,这些人成为后来桑梓合作社的社员,而跳舞过程中也产生了一些积极分子,这些人后来成为桑梓合作社的骨干力量。在此过程中,张翠贤等人还组织妇女做手工、办辩论赛,动员周边村庄农民参加活动,成立了"妇女协会"。在调动起农民的积极性后,张翠贤与妇女协会中的活跃分子们又一起动员村民参与长期困扰大家的问题,例如清理村庄垃圾、硬化村庄道路。活动非常成功,在当地产生了轰动效应,她们获得了市委书记等领导的重视和赞赏。后来随着男性村民的加入,2004年注册了河东镇"农民协会"。借助这些文娱活动,该组织形成了稳定的组织基础。2004年注册不久的农民协会的主要成员在接触经济合作和生态农业理念后,2005年,协会开始形成农资购销合作社、涂料厂、手工蒸馍合作社、妇女活动中心,并将成员的土地集中起来开展千亩生态园,这些业务由之前跳舞中形成的骨干力量负责。2006年"农民协会"在政府的建议下更名为"果品协会"。2007年由于管理不善、缺乏市场经验,这些合作业务都失败了,很多人都受到信心上的打击,但主要的骨干力量还是对组织农民抱有热情。

2008年,骨干团队开始反思,认为不能单纯只在农业经济方面开展合作,仍然需要同时开展村庄的公共服务。2009年,他们在所涉及的43个自然村成立了28个农民专业合作社,分别由原来的骨干成员负责,不过这些合作社有些没有注册。为了方便管理和对外联系,在这些专业合作社基础上成立了"桑梓专业合作社联合社",并在工商局注册,也就是大家所称的桑梓合作社,与此同时也开展着各类文化活动的合作,其社员合计3865户社员。2009年,桑梓合作社与富平小额贷款公司合作,在社员中间开展小额贷款业务,2012年停止合作,独立成立了信用合作部,为社员提供小额贷款业务。同时从2009年开始,合作社在其内部逐步开展了儿童教育、农村互助养老等服务。2011年与香港迈思公司合作发展有机农业、2012年开展日用品统购。由于桑梓合作社业务繁多，业务种类不同，因此只能根据不同业务在不同部门注册。其中不倒翁互助养老、手工艺传承、儿童教育，这三项业务是在民政局注册。农资统购、生态种植、日用品统购、资金合作以及城乡消费合作，这些业务是以桑梓专业合作社联合社为载体，在工商局注册。

2017年，地方政府在当地农村推进"幸福院"建设，由村委会解决农村养老问题，因此桑梓合作社就停止了互助养老业务。2017年年中，由于信用合作的初始资金提供者福爱基金会经济方面出现问题，桑梓合作社也受到调查。虽然最后证明桑梓没有问题，但这让地方政府感到存在风险，因此，地方政府希望桑梓合作社停止信用合作业务，并对其工作进行干扰。此时，合作社内部工作团队随之也出现问题。因此，2017年10月，桑梓合作社停止了资金互助和社区服务类业务，合作社团队也遭受重大打击。之后桑梓合作社重新整顿团队，重建与社员之间的联系，目前开展的合作业务包括生态农业业务、农资统购、日用品统购。

桑梓合作社的发展虽然几经波折，但一直以来都以社员的共同利益为目标，且坚持不依靠政府，自力更生发展，并逐步建立起完善的制度避免被能人主导。这一组织的发展过程显示出了农民合作社为实现嵌入式自治采取的各种策略。研究该组织的嵌入式自主对于思考农民合作社的发展以及基层社会的民主性都具有重要意义。

由于桑梓合作社的典型性，特别是其显示出的农民自组织的力量，2004年开始它就被各类媒体关注。受到《农家女》杂志、中央电视台《半边天》节目、人民网、《南风窗》《南方周末》《澎湃新闻》《河南日报》等众多媒体的持续跟踪报道，得到了社会的极大关注。同时，还受到了中国社会科学院、中国人民大学、中国农业大学、西北农林科技大学等全国多所高校的众多专家和学者们的关注。桑梓合作社的发起人张翠贤和其他工作人员也经常在农民合作社、生态农业、农民组织、社区支持农业、乡村振兴等相关的各类学术会议和培训学习会上做汇报，分享桑梓合作社的成功经验。除此之外，桑梓合作社还吸引很多社会组织、农业爱好者以及研究生、本科生的各类调研、中外学者的参观访问，其发展经验也被很多人总结学习。

五、研究结构

本研究的第一章的主要工作是问题的提出，文献回顾，以及基本假设和理论框架的提出。同时也对本研究的案例进行了简要介绍，方便读者对后文的理解。第二章讨论了农民合作社与村庄社会之间的关系，也就是理论框架中左侧的关系结构。基于案例分析，发现农民合作社为了实现自治，需要从村庄社会中吸纳农民成为社员。这种吸纳关系主要是利用能人的关系网络和组织可以提供的利益诱惑实现的。农民合作社吸纳资源是建立在其嵌入性基础上的，那么为了获得这些资源，必然要受到村庄社会的控制。这里的控制主要是因为社员的退出权对合作社组织稳定存在威胁。而合作社为了争取自治会对此进行反控制。由此，形成了合作社与村庄社会之间的吸纳与控制关系。需要注意的是，合作社在吸纳资源时，作为合作社的代理人，能人可能利用组织资源争取自己的利益，最终形成能人领办型合作社。第三章讨论的是农民合作社与地方政府间的关系，也就是理论框架中的右侧部分。农民合作社会利用能人的私人关系，配合政府工作等策略吸纳政府资源。在嵌入于政治环境，吸纳政府资源的同时，也会产生政府对农民合作社的控制关系。同样，农民合作社为了争取自治，也会对这种控制关系进行反控制。最终形成两者间的吸纳与控制关系。第四章讨论的是组织的自我控制，即理论框架上方的结构。农民合作社在吸纳资源过程中，能人可能借助其位置优势，垄断资源信息，形成能人领办型合作社。而农民合作社为了追求组织利益，会采取措施，在农民合作社内部形成能人的自我控制。此外，在现实实践中，农民合作社对地方政府的反控制并不一定完全发挥作用，此时，农民合作社还会采取组织的自我控制的策略，减少对政府的依赖。第五章，基于前文的分析，文章形成了三个命题，即"吸纳—自治"命题；"嵌入—控制"命题；"反控制—嵌入"自治命题。本章还提出了本研究的研究价值和意义，在理论分析和经验研究的基础上，概括本研究做出的理论贡献和实践意义。最后，提出了扩展性研究，基于本研究研究的结果，明确以后研究的方向。

第二章

DI-ERZHANG

**吸纳与控制Ⅰ：
农民合作社与村庄社会之间的关系**

第二章　吸纳与控制Ⅰ：农民合作社与村庄社会之间的关系

基于农民合作社嵌入式自治实现机制过程的分析框架，本章的主要内容是对农民合作社与村庄社会之间的关系进行分析。农民合作社的建立需要有充分的社员基础，因此农民合作社需要吸纳农民成为社员，在这种情况下就形成了农民合作社对村庄社会的吸纳机制。而农民合作社对村庄社会的吸纳是建立在嵌入性基础上的。也就是说农民合作社基于嵌入于村庄社会的事实，利用能人的关系网络等吸纳农民，因此必然会对村庄社会产生依赖，进而形成村庄社会对农民合作社的控制关系。虽然这种控制关系对农民合作社的约束作用并不强，但依然可能影响农民合作社的业务开展等活动，进而威胁到合作组织的稳定。而农民合作社有自己的组织利益和能动性，为了维护组织的自治，农民合作社采取各种策略行动对这种控制关系进行反控制。如此形成了双向控制关系。基于此，本章的任务包括分析农民合作社对村庄社会的吸纳机制和农民合作社与村庄社会之间的双向控制关系。

第一节　农民合作社对村庄社会的吸纳机制

农民合作社作为一个自愿联合，民主管理的互助性经济组织，是以农民为主体的。因此要建立农民合作社，不能单纯依靠农村能人，更重要的是将农民动员起来，吸纳其参与到农民合作社中，成为农民合作社的社员，此时社员对于农民合作社来说就是一种重要的资源。而要能够吸纳社员，需要利用嵌入村庄社会的事实，采取不同策略对社员进行吸纳。所以本节首先讨论农民合作社嵌入于村庄社会的机制，再讨论农民合作社通过何种方式对村庄社会形成吸纳关系的。

一、农民合作社嵌入于村庄社会

农民合作社吸纳农民成为社员是建立在嵌入村庄社会的基础上的。"嵌入性"最早由波兰尼提出，他认为在早期社会中经济行为是嵌入在非经济制度中，并受其影响的。格兰诺维特也提出了嵌入性，但他强调更多的是一种关系嵌入，即人际关系网络对经济行为的影响。祖可和迪马吉奥（Zukin & DiMaggio, 1990）进一步将研究细化，根据影响因素，将嵌入性划分为"认知嵌入、文化嵌入、结构嵌入和政治嵌入"。刘世定（1999）将关系嵌入与治理合同结合起来，认为不能单纯地强调关系网络或者说社会资本的有效性，需要注意"约前关系、多元关系属性、对多元关系的有效控制"的影响。孟庆国等人（2021）进一步注意到嵌入性组织通常嵌入于多元关系中，这可以为多方合作提供正当性，并降低交易成本。基于此，本研究讨论的嵌入性不是指单纯的关系嵌入，而是指合作社嵌入于整体的村庄社会中，受到村庄社会多方面的影响。

（一）农民认知水平的影响

农民合作社在嵌入村庄社会的过程中，必然受到村庄社会已有的各方面因素的影响。作为一种新生事物，农民的认知水平直接影响农民合作社被接纳和认可的程度，这也进一步会影响农民合作社的建立和发展。因此，需要考虑农民认知水平的影响。但村庄社会中存在阶层分化，农民具有异质性，这进而导致农民在对新生的农民合作社上存在认知差异。本研究在这里将农民划分为农村能人和普通农民，考察两类农民的不同认识对农民合作社产生的影响。

1. 农村能人的认知对农民合作社的影响

农村能人是村庄中在文化、经济、技能等方面表现突出的农民。通常情况下，农村能人对于新生事物的接纳能力比较强，对事物的认知水平比较高，并具有一定的号召能力和实践能力。

桑梓合作社的发起人张翠贤就是村庄里的文化能人。张翠贤是一位善于观察和反思，有极强的管理能力和行动能力的人。1985年，张翠贤开始在河东小学做民办教师，作为一名小学教师，其文化水平和对事物的认知相对来说高于普通村民。张翠贤的父亲以前是供销社主任，工作能力强，社会威望高，受父亲和家庭环境的影响，张翠贤的眼界和见识自然比一般的农民更加开阔。桑梓合作社的形成与张翠贤密切相关。

桑梓合作社的所在地永兴村紧邻黄河，河流冲击面积大，村民们除了责任田，基本上每户都还在黄河滩有10多亩承包地，用于种植芦笋等经济作物。由于依靠这些经济作物，村民们可以有不错的收入（目前农民家里每亩经济作物一年有近1万元的纯收入），所以农民们一直以来就非常重视对土地的投资，对于农药化肥的需求量投入很大。1998年张翠贤的爱人许峰振选择在黄河滩边开了一家农资店，张翠贤在工作之余会到农资店帮忙。当时一位村民到农资店买化肥，张翠贤发现2亩半的地，村民居然要买800元的化肥，而事实上最多300元的化肥就够了。出于善意，张翠贤对村民进行劝阻，但这反而引起了村民的不满，"我有现钱，我不会赊你的账的"，村民说完就把800元现金扔到了桌子上[1]。这件事让张翠贤非常生气，也引起了她的反思。她发现农民种田完全是依靠经验和感觉的，种植技术依靠经验习得，缺乏科学性和有效性，对化肥、农药盲目依赖，对真假产品也没有鉴别能力。因此她认为需要开办一个提高农业技术和知识的培训课。正是张翠贤的这种认识开启了各类农民合作活动，也最终促进了桑梓合作社的形成。

张翠贤在一次到武汉走亲戚时，无意之中看到城市妇女们每天空闲时间就在一起跳舞娱乐，而农村妇女们的空闲时间则几乎都在打麻将或是家长里短地聊闲话，这两种状态形成了鲜明对比，使张翠贤萌发了组织大家跳舞，丰富农民业余生活的想法。之后，面对村庄长期存在的环境卫生恶劣，村庄道路不便等问题，她发现农民对改善这些村庄基础条件都有需求，而当时村两委处于瘫痪状态，缺乏组织能力和行动能力，无法满足农民的需求。那么就只能靠农民自己组织起来，由农民自己解决村庄基础设施问题。这样，依靠前面几次活动中培养出的骨干力量与村庄中有公心的男性共同成立了"村建委员会"，张翠贤组织农民合作起来清理了村庄垃圾，并硬化道路，改善了村庄交通条件。

事实上，张翠贤在举办农业技术培训课、带领妇女跳舞等活动初期，并

---

[1]《郑冰 探索农民主位的致富路》，《绿色中国》文摘，2014-5-12，http://www.greenchina.tv/news-8570.xhtml。

没有明确的组织意识。她只是处在想提高农民的农业知识技术，不让农民盲目购买农药化肥而浪费钱财，以及为农村妇女增加娱乐活动等比较朴素的认知水平上。但这种认知也为农民的组织化以及农民合作社的形成提供了条件。自发的组织通常需要一个在认识、知识、技术等方面突出的发起人，来承担组织建立的成本。自1998年开始，通过长期与农民互动，张翠贤等其他骨干看到了农民的需求，也发现农民组织起来的必要性和可行性。她们通过将农民组织起来，短短几天之内就把村庄里堆积了十多年的垃圾堆清理掉了；通过发动村民出义务工，修建自家门口的道路，仅花费3万多元就完成了长期以来困扰村民的村庄道路的硬化，而别的村由村委会请人硬化村庄道路，居然花了14万。这让张翠贤等人发现村庄里的问题都可以依靠农民组织起来进行解决。2005年之后，由于张翠贤组织的几次活动影响力很大，她被坂渠市妇联推荐到北京学习，而也是通过这次学习，张翠贤有了对合作社的认知，之后继续听专家老师的课程，到全国各地去参观学习农民合作社开展的有效经验，这使得张翠贤对合作社运作以及合作理念的认知更加深刻。

张翠贤在组织农民活动时有自己独特的认知，这也直接影响到桑梓合作社的发展方向和治理结构。首先，她坚持认为农民合作社需要自主发展，不希望无缘无故地接受政府的资金支持。这种认识塑造了桑梓合作社不依附于政府，独立发展的特性。2007年《中华人民共和国农民专业合作社》正式实施，政府鼓励成立农民专业合作社带动农村发展，而为了促进农民专业合作社的发展，政府出台了多种配套政策，甚至规定成立一个农民合作社可以补助几万元，这个政策落到地方时，扶持政策更加诱人。桑梓合作社内部的十多家合作社就受到了地方政府的关注，甚至有工作人员通知张翠贤等人可以去申请资金补助。但张翠贤坚持认为农民合作社作为农民自己的合作组织，必须能够自主运行，才能具有市场竞争力。而一旦接受政府资金，就很容易形成对政府的依赖，从长远来看，不利于农民合作社的独立发展。

> 想拿政府的钱是很容易的，当时只要拿五个农民的身份证去注册，再交个手续费就可以申请了，但我认为我们需要先把农民合作社发展好，不能有依赖的心理。我们当时根本就没做什么，没做好，我们是不能要政府的钱的。但当时我们有几个理事长在这个问题上存在分歧，她们认为是政府主动给的，又不是走歪门邪道偷抢来的，

为什么不要？不要不就是傻吗？最后我们得出的结论是谁想要政府的补助，就分开，以后跟我们桑梓合作社就没有关系了，最后那6位理事长就离开了。(ZCX—202012)①

当时张老师的判断还是很明智的，国家的钱也不是随随便便拿的，政府虽然给补贴，但补贴不是一直有，是越来越少的。而且拨下来的钱真正到手上就没有那么多了，这到最后就没办法给社员交代。所以那几个去要政府钱的，他们的农民合作社最后都倒闭了。（WAQ—202006）

其次，张翠贤认为社员需要有基本的道德素养，这对农民合作社的稳定和长远发展以及对村庄风气都有很大影响，所以桑梓合作社的社员必须是尊老爱幼，守信用讲道理的，在开展资金互助等业务时也会排除那些在村庄口碑不好，信誉度低的人。

我们会把那些喜欢赌博，不孝顺父母，家里不收拾的人排除在外，我们不贷给他们钱。你能去赌博打麻将都不会去把家里收拾干净，那怎么说明你这个人值得信任？你连自己父母都不孝顺，我们为什么要贷钱给你去帮你。（ZCX—202012）

因此，农民合作社为了吸纳村庄资源而嵌入村庄社会中，就会受到农民的认知水平的影响，特别是农村能人的认知对农民合作社的影响更为重要。农村能人的认知不仅为农民合作社的建立提供了条件，也直接影响农民合作社的制度规范。

2. 普通农民的认知对农民合作社的影响

受知识水平，社会资本等资源禀赋的限制，普通农民性格相对保守，对事物的认知水平有限，在集体行动中容易表现出从众的逻辑，同时无法在扩大的关系中建立起合作关系。

---

① 本研究对访谈资料进行了编码，访谈编号由访谈对象和访谈时间组成，以编号"ZCX—202012"为例，"ZCX"是访谈对象的姓名代码，"202012"是访谈时间，"ZCX—202012"表示该访谈材料是通过在2020年12月对ZCX的访谈得到的。全文的访谈资料编码皆遵循此标准。

在张翠贤开展各种组织活动之前，永兴村的农民们基本上都是依靠跟随长辈一起劳作，耳濡目染习得种田技能，或是与农村种田能手交流，请教管理农业的技术，也有很多农民从农资销售商和亲戚朋友处获得关于农药化肥的信息。他们没有获得先进技术和科学知识的途径，对于组织起来，并通过合作组织获益的方式，他们更没有有效的认知。

虽然传统农村中也存在着"帮工"的现象，即在农忙时节，单个农民家庭无法在短时间内完成农业工作，通常会与亲戚邻居，多数情况下是与亲戚形成相互帮忙的团体。大家集中到一起，先帮一家完成农业抢收或抢种，然后再转到下一家。"帮工"的现象说明传统村庄社会中已经存在合作文化，"事实上，只要农业生产中最基本的特点，即生产的生物性、地域的分散性以及规模的不均匀性存在，农民的合作就有存在的必然性"（黄祖辉，2000）。而且"经营规模小、生产范围集中的地区的农民与其他农民合作的可能性更大，这与农民的集体观念和认识有关"（Wardhana et al.，2020），所以传统社会的生产条件和认知影响了农民的互助合作。但传统社会中的"帮工"现象或者说互助合作并没有形成一个稳定的组织，而且最主要的是这种活动局限于血缘关系网络内，从属于家族范围，规模有限。在资源禀赋不足的情况下，"帮工"的模式难以进行更多方面的合作，也无法进行更高水平的合作。

张翠贤号召农民参加农业技术培训，参与舞蹈队等文娱活动，进行垃圾清理以及村庄道路硬化。刚开始时普通农民对于这些活动的态度是消极的，因为这与他们已有的认知不同。在组织妇女闲暇时间跳舞初期，很多农民对跳舞都是冷嘲热讽的态度，认为张翠贤带领这些农村妇女不务正业，"不正经"，是"女流氓"。普通农民对新事物缺乏认知，这导致合作活动在初期总是受到农民的排斥。正是因为多数农民都处于这种认知水平，本来想参加跳舞的很多妇女也开始犹豫了，有人甚至称这个活动是邪教组织，这严重影响了组织发展的基础。但由于张翠贤等人的坚持，以及坂渠市妇联的帮助，舞蹈队顶住了各种压力，终于在农民保守落后的认知中坚持下来。对于桑梓合作社之后开展的垃圾清理、生态农业，以及资金互助等业务，普通农民在初期也都保持犹豫、怀疑甚至排斥的态度，这种认知对桑梓合作社的发展形成很大的阻力。

虽然普通农民对新事物认知不足，倾向于采取保守谨慎的态度，但其认识是可能发生变化的。在参与活动过程中，普通农民对不同组织活动的认知也逐渐产生变化,他们逐渐认识到农民也可以有丰富的文化娱乐活动。农民合作进行的垃圾清理工作也体现出普通农户认知的逐渐变化。在张翠贤等人提议进行垃圾清理时,很多农民对其必要性认识不足,认为一直以来垃圾都是倒在巷道边的垃圾堆里的,特别是住在远离垃圾堆的农民,他们认为垃圾倒在哪里与自己没有关系。除此之外,农民对由桑梓合作社收取垃圾清理费用不满,不愿意为清理垃圾支付费用。张翠贤开始联合一些骨干们到各家各户宣传,并主动帮助不愿意清理垃圾的人清理。村民们在日益整洁的村庄环境中感受到垃圾清理的重要性,其认知逐渐发生变化,对农民合作社的认识也逐渐转变。

> 我是负责垃圾清理工作的,刚开始做这工作真是太难了,天天得跟人沟通,那一年多我嗓子都一直是哑的。我们倡导大家把几个垃圾堆清理掉后,就让大家每月交2块钱,因为垃圾清理需要找垃圾车,也需要找人,所以就需要收费,这也是让村民有参与意识,这样大家才能自觉维护村里的环境卫生。当时给每家一个垃圾桶,他们的垃圾放到桶里后就给他们拉走。但有的人他就习惯把垃圾倒到巷道边上了,他就不想交2块钱,收2块钱也非常费劲,要反复多次说。有一次,一个人把垃圾扔到巷道边就回家了,我在村里面转的时候发现了,有人就给我使了使眼色,说是她扔的。她已经偷偷扔过很多次了,之前让交钱帮她拉走她不愿意。我就去问她"你家最近没扔垃圾啊",她说"没啊,我家没垃圾",我说"那我咋看巷道那垃圾像是你家的",她说"你咋说是我家的,我家垃圾咋还不一样吗"。我就跟她说"我就知道是你家的。你以后再不敢往那扔了,你看咱娃都寻(找)不下媳妇,外村人都嫌咱村脏,咱把卫生搞好了,咱娃寻(找)媳妇就好寻(找)了"。我这一说,后来她就把钱交了。(YZC—202105)

事实上,认知是随着互动的增加而逐渐改变的。普通农民的原有认知在不同方面影响组织的发展,但他们的认知也随着组织活动的开展而逐渐发生变化。通过参与桑梓合作社的各类业务,与农村能人打交道,普通农民现实生活状况和农业生产经营发生变化,通过这种"情景化体验"(赵晓峰、赵祥云，2016b），其对农民合作社的认知逐渐改变，合作意识逐步加深。当然并不是所有农民都能够在与农民合作社的互动中加深合作理念，一些农民出于各种原因无法认同农民合作社，或者无法参与到农民合作社中。但这对农民合作社来说也是明确社员与普通农户界限，强化组织认同，增强组织凝聚力的过程。

村庄社会中农民的认知对组织的萌芽和成长具有非常重要的影响，因为只有农民对农民合作社的理解越来越深入，认同度越来越高，农民转变为社员，农民合作社才有稳定的根基。而我们需要注意的是，社员对农民合作社的认知是存在"差序格局"的。如果将社员的认知视作一个圈层结构，处于中心位置的即是农村能人，处于外围位置的则是普通农民，对合作组织和合作理念的认知从中心向外围逐渐减弱，这就形成了一种合作认识上的"差序格局"。而且处于中心位置的农村能人的认知对合作社的影响最大，处于组织边缘位置的社员的认知对农民合作社生长的影响最小。

此外，这种认知的圈层结构存在动态上升性。因为农民的传统认知水平无法打破资源约束的瓶颈，也就很难合作起来。而农村能人具有的禀赋优势为组织形成提供了条件，其较高的合作认知可以将其资源优势转化到组织建构中。农村能人还会将其认知和理念融入活动中去，普通农民则在参与这些活动的过程中，习得这些认知和理念。这些认知能够增加农民的组织性和行动能力，改善其当前状态。通过农民合作社中"共同的组织生活，原本漠不关心的、分散的、原子化的村民个人，逐步拉近距离，增强互信，形成了合作共进的公共精神"（张静，2019：157）。所以，在长期参与农民合作社的过程中，普通社员与农民合作社的关联度增加，处于最外围的普通社员对农民合作社的认知和理念的认同会逐步提高，农民合作社的组织基础也越来越稳固。与此同时，农村能人也通过各种途径，对组织的认知进一步提高。组织成员的整个认知圈层在原有基础上动态上升，组织凝聚力和向心力不断增加，自主性也逐步增强。

（二）村庄文化的形塑

农民组织的研究必须重视村庄社会中的社会学因素（熊春文，2017），其中一个重要的因素是文化的作用。村庄中共同的价值观、组织精神、面临的共同问题等社会因素会对农民合作社治理产生作用（Hakelius，1999；Nilsson，

1996)。作为成长于村庄社会中的组织，必然受到村庄文化的影响，而在组织开展的各种活动中，村庄的文化也在潜移默化中发生变化。在桑梓合作社的发展过程中，文化有两种作用，首先是，村庄社会中文化对组织合作业务发展的影响；其次，村庄文化对社员行为的影响。

1. 村庄文化对合作业务发展的影响

桑梓合作社在发展过程中开展了多样化的合作业务，即在多个领域进行了农民合作，涉及文化娱乐、公共服务、农业经营，资金互助等，具体包括农业技术培训、舞蹈队、垃圾清理、农村互助养老、农资统购、资金互助、生态农业等。这些合作业务涉及村庄生活的方方面面，而这些合作业务的确定与村庄文化和农民需求是密切相关的。

在动员大家参与舞蹈队之前，当地村庄内部的文化娱乐活动贫乏，农民的生活空间集中于家庭和农地。由于生活单调无趣，农民的关注点集中在家长里短、鸡毛蒜皮的小事上，家庭内部矛盾频发，婆媳之间以及夫妻之间关系紧张，邻里争端较多。正是因为观察到农民长期受到这种问题的困扰，张翠贤希望农村妇女能够有更丰富的娱乐生活，生活内容更加多元化，并将关注点从家庭内部转移到家庭之外，这样就可以减少因为家庭琐事而争吵的情况。通过各种策略打消村民们对跳舞的偏见，动员妇女们参加到舞蹈队后，农民们的家庭关系的确发生了重大变化，因为闲暇时间妇女们都忙于排练，精神生活充盈了，夫妻矛盾和婆媳矛盾自然就减少。

> 2002年张老师从武汉回来，说人家城里妇女空闲时间都在跳舞，就问大家想不想跳舞，那时候地里活都忙完了嘛。我们几个就说咋不学，只要能找来人教，肯定学。但是也有人觉得农村人没法跟城里人比，张老师就很生气，说农村人咋就比不上城里人了。后来她真找来老师了，刚开始大家扭扭捏捏不敢跳，村里面说闲话的很多。张老师让我们坚持跳，就在前面原来的空地上，时间长了，就没人说闲话了。那时候可热闹了，大家吃完饭就赶紧收拾碗筷，想着早点赶过去跳舞。后来我们人多得都站不下，就按照巷道分成小组跳，大家都专心跳舞了，吵架的就少。合作社没组织跳舞的时候，村里打麻将赌博的，骂仗的多着哩。人家姑娘一打听是永兴村的都不敢往我村嫁，说我村婆媳关系都不好，婆媳骂仗打仗的太多，风气

不好。(RSL—202105)

事实上，20世纪90年代末，由于城乡二元结构的存在，农村中形成了很多社会问题。当时农业税还未取消，农民负担沉重，在生活中的表现就是各种矛盾尖锐。而张翠贤等人能看到的就是乡村文化的衰败，因此她们就思考如何改变这种现象。舞蹈队虽然产生了一定作用，但村庄风气和文化是难以在短时间内改变的。舞蹈队的组织也凸显了更多问题。虽然舞蹈队只是一个松散的兴趣团体，但参与跳舞的妇女们对此却非常认真，经常因为小事情发生争吵。

> 有一次我们几个小组比赛，几个人就开始吵起来，其实就是很小的问题。因为人都想积极表现嘛，都想站个好位置，就是抢位置发生了争吵。还有人嫌别人跳得不好，不想跟人家一个小组的。(WAQ—202006)

对此，张翠贤与舞蹈队的几个主力进行讨论后，一致认为舞蹈队的功能不能局限于娱乐休闲，还必须让妇女们明辨是非，提升妇女的素质。2003年，恰逢电视上热播大学生的"大专辩论赛"，辩论赛设定主题，针对特定的主题进行辩论。张翠贤与其他骨干力量从中产生灵感，很快就有了明确的想法，希望借助辩论赛来让农民把道理辩论清楚，在这个过程中改变农村文化。

基于这个问题的考虑，张翠贤等人就从农村生活出发设定辩论赛主题，包括婆媳关系、夫妻关系、养老、儿童教育等人们在生活中面临的各类问题。甚至她们还组织大家通过辩论会和戏曲小品的形式来让社员们处理好家庭关系。例如为了宣扬孝道，社员组织起来到不孝顺的家庭门口表演小品，或者把其不孝顺的行为编排成小品和戏曲的形式表演出来。这些形式可以在村庄中形成明显的舆论效应，进而利用村庄内部的评价机制对村民的行为进行约束。

辩论赛举办初期，由于经验不足，规则意识不强，辩论赛几乎变成了"吵架赛"，所有人一开口就是比嗓门大小，乱说一气，没有重点。电视上的辩手们在比赛中侃侃而谈，口若悬河，而村民在辩论的时候总是无法用语言把自己想说的表达出来。这是知识水平有限导致的。于是，张翠贤以及其他骨干分子又开始思考如何提高大家的知识水平，思考的结果是学习。虽然已经多年没有上学了，但大家都认为学习是必须的。通过讨论，将学习内容集中到家庭教育、农业生产技术、国家农业的政策法规等方面，学习的形式也比较多样化，通常是在晚上吃完饭，或者农闲时间聚到一起学习交流。

> 我们利用辩论会的形式就是要纠正原来的风气，农村里面就是这样，很多人道理都没想清楚，就跟着风走，都没活明白。那只要你做些工作，把方向掌握住，立马就能把方向扭转过来。理越辩越明，辩论会也让大家在沟通中把道理讲清楚了，就可以纠正原来不好的现象。（ZCX—202005）

> 辩论也是培养大家的行为习惯，以前大家总是一窝蜂吵得不可开交，辩论就是让大家培养起好习惯，就是在别人说话的时候，不能抢话，要认真听有序发言，这样就形成大家合作讨论的氛围。①

桑梓合作社的不倒翁学堂，也就是村庄互助养老，也是因为村庄中养老问题严重而形成的。2013年桑梓合作社发现很多村民一方面需要照顾老人，另一方面又需要外出打工，这种两难抉择影响家庭的稳定和亲密关系，而且即使有人照顾，一些老人也因为生活不能自理，或是其他原因而孤独闭塞。桑梓合作社就尝试在附近村庄找一些愿意有偿护理老人的农民，由这些老人的子女支付费用互助养老，桑梓合作社只是发挥链接的桥梁作用，不收取任何费用。而除了这些生活不能自理的老人，还有一些身体健康的老人，他们有的怕子女嫌自己多事，有的不想来回走动，生活方面非常简单节俭，文化娱乐活动几乎没有。因此如果能够将这些老人集中起来，为他们统一提供餐食，那么这些老人的生活质量就会有很大改善，也可以让子女抽出身来专心工作。张翠贤和其他几个人商量后决定先在永兴村做试点。首先将村子里闲置的房屋承租过来，打扫干净后，就可以提供一个干净整齐的场地，让老人在这里吃饭娱乐。然后，张翠贤等人在村里找来了两个比较清闲，又活跃健康的老人做饭，每月300元的补助。参与这种养老形式的老年人，每人每月交200元，不倒翁学堂只负责伙食，老人晚上要回自己家睡觉。这不仅解决

---

① 张强：《永济农协探访散记》，2008-04-18，https://www.docin.com/p-2010015222.html。

了老人的吃饭问题，还给他们提供空间去交流娱乐。

> 做农村互助养老是因为有一次跳舞时候，我发现一个女的愁眉苦脸，心事重重的。我就去问她咋回事，才知道她公公瘫了，她婆婆身体不好，都需要有人照顾，这就没办法出去打工了，可她还得养家养孩子。我就顺口说"这有啥了，我帮你寻个人照顾，你不是就可以继续出去打工了"。就这样我就开始打听帮她找保姆，后来找到一个。有一天我发现，这个保姆不仅伺候那个瘫痪的老人，还引来周边很多老人坐着一起聊天，老人们都喜欢能在一起。后来我们就在永兴村试验，有的人刚开始不好意思把老人送来，怕别人说他闲话，说他不孝顺，但是老人们都很愿意来，就这样互助养老开展得很好，到 2016 就在周边 10 多个村都建立了不倒翁学堂。（RSL—202105）

桑梓合作社的一个特点就是它能够满足社员的需求，维护社员利益，坚持开展社员需要的业务和服务，而非被能人或政府主导决定合作社的业务。桑梓合作社能够坚持这种自治性，正是因为它嵌入到村庄社会中，根据村庄已有的文化和社员需求开展业务，这也是桑梓合作社的业务涉及广泛的原因。

而对于如何发现社员的需求，桑梓合作社有着非常好的经验。2015 年桑梓合作社设置了辅导员制度，它将涉及的 43 个行政村划分为 12 个片区，配置 18 个辅导员。每个辅导员都有自己负责的工作空间，包括哪个村庄、哪些社员都是很明确的，其工作内容是保持与社员之间的沟通，了解社员的需求和想法，这有助于桑梓合作社充分地了解社员，获取更全面及时的信息。2017 年辅导员制度改为小组长制度，每 7 户选出一名小组长，小组长的工作内容与辅导员工作内容类似。但把每组的户数单位缩小到 7 户，就使得小组长与社员之间的联系更为密切，进而也就能够获得社员更全面的信息。目前桑梓合作社的综合业务部每人负责一个社长，相当于社长的秘书，每天需要汇集各部门的信息，包括小组长传过来的信息，报给社长和理事长，她们再从汇集的信息中发现社员的需求。这种制度就保证了桑梓合作社开展的业务是完全契合农民需求的，也就能够紧密地联系社员，强化社员与桑梓合作社的互动，增强社员对桑梓合作社的认同。

汪和建(2005)认为"道德在初始是通过社会联系而得以建构和实施的,然而随着时间的推移,道德对于社会联系的作用开始显现,即道德通过内化过程,使其成员建立起某种集体精神,以使社会联系及其合作行动成为可能和持续。这或许能更好地解释道德在其社会建构中的作用方式及其力量"。因此,当桑梓合作社通过开展辩论会、小品、业余时间学习等形式提高农民素质和道德水平时,农民之间也逐渐形成了新的集体认识,对合作社的认同也逐步增加,这就增加了农民之间的合作互动。不过这种效果的实现也是建立在农民合作社嵌入于村庄社会的基础上,受村庄文化的影响,开展契合农民需求的业务,而非根据个别能人或政府的指导来确定农民合作社的业务内容。

2. 村庄文化对社员行为的影响

村庄社会作为一个社区共同体,其祖祖辈辈生活在同一个村庄,因此,家家户户之间都是比较熟悉的,而通过多代人的血缘关系、姻亲关系等,村庄就成为费孝通所说的"熟人社会"。熟人社会中具有约定俗成的规则,以及村庄内部的集体记忆。因此,无论是个人还是组织都要受到这些规则、集体记忆的影响。费孝通(2003:438)发现村庄里面"人民日常的、细微的人际关系、交往方式、交往心态以及与之有关的风俗习惯和价值观念",这些"外人看不出、说不清","只能意会,不能言传"的内容,是造成"社会经济发展差异的真正原因",因此,这类隐藏在村民行动中的文化更值得注意。周飞舟(2013)认为乡镇企业在当时制度环境下繁荣发展,是因为其"扎根于乡土社会,高度利用村庄固有的社会结构和维系着私人的道德来降低其监督费用"。桑梓合作社也非常明显地受到村庄文化的影响。

2009年桑梓合作社与富平小额信贷公司合作在合作社内部开展了小额信贷业务。有资金需求的社员从富平小额信贷公司借款,借款无须抵押物,但申请贷款时需要父母或者配偶共同签字同意,并需要在还款期前还清借款,否则之后不予借款。小额贷款公司为农民提供的借款额从每笔五千元到三万元不等。借款发出后,小额信贷公司的工作人员,会不定时地到借款农户家查看资金使用情况,并通过其邻居、朋友等人了解贷款人的情况。由于生活在熟人社会中,社员的关系网络多数仍在村庄中,其日常行为会受到村庄评价机制的约束。如果缺乏诚信、故意不还款,就会影响其在亲戚、朋友以及村庄社会中的评价地位,这形成了对社员们的监督机制,影响着社员们的还款行为。因此,富平小额信贷公司的本金从刚开始的40万,涨到2012年的

3000万，3年累计贷款1.45亿。而这么大的资金规模，竟然没有一笔坏账[①]。2012年9月桑梓合作社开展自己的信用合作业务，截至2014年年底，桑梓合作社累计贷款3000多笔，贷款总额3280万元，所有借贷关系中只出现了几例未如期还款的情况。这几个案例中，其中一户在后来有钱后立刻还款，其他几户都因特殊原因，如夫妻双方出车祸身亡等意外事故无法归还借款。

桑梓合作社开展资金互助业务，并不需要担保，却能够在数额巨大的借贷规模中，保持极低的坏账率，正是受到了村庄规范的约束。生活在村庄中的社员，其家庭生活和社会关系都处于村庄内部，其长远预期也在村庄中，因此其行为受到村庄文化的规范和约束，在参与桑梓合作社的业务时，社员必然考虑村庄的评价机制，注意维护自己的声誉和信用。

（三）村庄结构的约束

农民合作社存在于特定的社会中，而具体的社会都存在不同主体之间的固定关系，也就是拥有相对稳定的社会结构。组织的形成和生长必然需要与所在社会中的各类主体进行互动，因此也必然嵌入于社会结构中，受社会结构的影响。徐旭初（2012）认为"农民合作社发展的村社嵌入特征非常明显，合作社在发展中受到分化的阶层结构、林立的派系势力等村社因素的影响"。结合桑梓合作社的具体实践，本研究认为村庄结构对农民合作社的影响，具体表现为受到村庄治理结构的影响和受到村庄关系结构的影响。

1. 受到村庄治理结构的影响

（1）村两委治理结构失灵为农民合作社发展提供空间

随着国家整体治理能力的提高和治理体系的现代化，国家持续向村庄大量转移资源，国家行政力量不断向下渗透。在这种制度背景下，村民自治委员会作为由村民选举形成的群众性自治组织，也逐渐附带了行政色彩。事实上，从税费改革，以及基层财政制度的改革以来，村庄治理结构就发生变化。村民委员会转变为依赖上级政府的转移支付运行，村集体的办公经费也由政府拨付，村庄公共品建设依靠项目制，村干部逐渐专职化，并由国家财政支付工资。农村的这些综合性改革虽然大大减轻了农民负担，但随之产生的是村干部由原来以村庄内部事务为行动导向转变为当前的以完成自上而下派发

[①] 王峰、马永涛：《当乡村精英遭遇经济学家：两家明星农村机构的互斥性分手》，《21世纪经济报道》，2013-12-30，http://www.p5w.net/news/gncj/201312/t20131230_434268.htm。

的行政任务为行动导向。村干部以及村庄与农民之间的关系变得越来越松散，村干部的动员能力，以及村庄社会的组织能力和行动能力大大降低。在资源条件有限的村庄，如果村干部"跑项目"能力有限，村庄公共事务的处理以及基础设施的提供就存在很大问题。这些情况也导致当前村庄治理存在大量问题。

村庄治理中最普遍的问题是公共品供给不足，存在结构性不匹配等情况。但农民又对公共品有强烈需求，此时要么调动起村两委的积极性，发挥其组织能力，为农民提供有效的村庄公共品；要么在村庄社会中形成农民组织来解决这一问题。李熠煜（2004）就认为"当前农村社会中普遍存在着公共品供给不足的问题，不过这也为农村民间组织发展提供了空间"。赵泉民和井世洁（2016）从当前村庄阶层分化的角度出发，发现目前村庄利益诉求已经变得多样化，因而村庄治理主体也需要多元化，此时"农民合作社等农民组织也需要参与到村庄治理结构中，一些农民合作社通过'利益诱导'机制，在村庄治理中发挥'有限主导'，即村两委负责村庄公共事务，农民合作社则在经济领域发挥主导作用"。桑梓合作社能够持续发展，也与永兴村村两委的治理结构瘫痪，治理能力不足有关，这为桑梓合作社发展提供了空间。

永兴村由3个自然村组成，村庄规模不算太大，是典型的农业村庄，村民们以种地为生，但由于当地紧邻黄河，灌溉方便，土壤肥沃，非常适合芦笋、柿子等经济作物的生长，这些经济作物也为农民带来了较高的经济收入。为拥有更多土地，获得更多经济收入，村民们选择承包黄河滩地，每年可观的滩地承包费就成为村集体的重要收入来源，这也成为村委斗争的原因。由于当地派系观念明显，在村委的确定上就存在激烈的派系斗争，村委主任长期难以选出，村支书为独揽大权更不希望选出村委主任，因此在村庄内部也不断采取措施影响村委选举。这种复杂的情况导致永兴村村两委长期处于瘫痪状态，村庄公共品供给问题难以得到解决。

以前我们村里派系斗争激烈，那些参选村主任的，各派谁都不服气谁，而村党支部在这里面的关系也很复杂，所以干脆就一直没有村主任。村里面的事情就没人管，以前村里面的环境卫生差得很，我们那巷道就叫"猪圈巷"，意思是就跟猪圈一样脏，特别是到下雨天，学生上学都没法出门，全是泥。（YZC—202105）

永兴村村集体长期无法为村民提供有效的公共品，这就为桑梓合作社的发展提供了空间。桑梓合作社在前期开展的活动主要集中在村庄公共品的提供上，包括农业技术培训、舞蹈队、村庄垃圾清理以及村庄道路硬化等。这些业务活动丰富了村庄文化娱乐活动、提高了村庄环境卫生水平，改善了村庄交通条件，满足了村民们多年以来的需求。因而，这些活动的成功促使民对桑梓合作社逐渐产生信任。

（2）村两委治理结构完整对合作社形成约束

村两委的长期瘫痪虽然为桑梓合作社的发展提供了空间，但当村两委稳定下来后，就面临着合作社与村两委关系的处理问题。2006年张翠贤的爱人许峰振当选为村主任，许峰振上任后希望能够重新建立起村两委的权威，并为村民提供有效的公共品。当时国家已经出台了大量政策以支持乡村发展，包括新农村建设等，许峰振认为这是个很好的机会，就积极申请项目希望通过国家资金解决农村公共品供给问题。此外，许峰振认为村庄公共品的提供，包括环境卫生、道路修建、文化活动的提供都应该是村委会的责任和权力，桑梓合作社之前成立的"村建委员会"不具有合法性，不应该涉及村两委的"权力"范围内。在这种情况下，许峰振解散了村建委员会，并让张翠贤等人暂停提供村庄公共品的活动。不过虽然村建委员会及村庄公共服务被要求停止，但张翠贤等人当时还运营着其他几个经济合作社，而且在其他村的公共服务仍在运行，因此桑梓合作社并没有受到特别明显的冲击。

在许峰振申请到新农村建设的项目后，就开始利用项目资金管理村庄环境卫生，雇佣保洁员维护村庄卫生，并清理每户村民门口的垃圾。利用项目保持村庄环境卫生在初期还具有可行性，但随着项目提供的资金逐年下降，这种方法越来越难以维系，甚至利用项目资金支付村庄保洁员的工资都成了问题。到2011年，依赖项目资金的做法已经完全坚持不下去了。一方面用项目资金治理村庄环境后，村民们形成了这些事务都应该是"公家"责任的意识，就会出现集体行动的困境，搭便车现象越来越普遍，随地扔垃圾非常明显。而桑梓合作社在此之前在村庄中培育起的自觉维护村庄卫生，不乱扔垃圾的习惯和观念受到破坏，村庄内又出现了乱倒垃圾的现象，村庄环境卫生越来越差，而此时资金不足问题也越来越明显；另一方面，由于承接项目以来，村容村貌越来越差，甚至不如承接项目之前的状况，政府在明察暗访中发现很多问题,对永兴村村两委的治理能力非常不满。最终许峰振不得不放弃依赖项目的想法,又重新请桑梓合作社来维护村庄环境卫生。

但村民们此时也已经形成由村里负责打扫卫生,村庄环境卫生与自己无关的想法,重新回到依靠自觉和义务去维护的做法是不可能的,除非向农民支付费用,他才会愿意保持卫生。因此,张翠贤等几个骨干商量后决定根据每家每户一元钱的标准收取垃圾清理费,收取的费用是为了支付桑梓合作社每周清理一次垃圾的成本费用。事实上,这些钱远远不够支付费用,然而从农民手中收钱是很难的,但张翠贤等人认为必须从农民手中收钱,这才能让农民们形成对保护村庄环境卫生的参与感,建立起村民们的主动性和主体性。

> 哪怕问农民要一毛钱,他都不一定给你,因为他已经形成了依赖国家,依赖政府的思想了。在刚开始时的确遇到了各种困难,有些村民不愿意交钱,有些村民认为既然让我交钱,那你们就应该把我家里的卫生也打扫了。(ZCX—2020012)。

永兴村共204户人家,桑梓合作社花了两个多月的时间,通过耐心的解释沟通,最后有60%的农民交费。在之后的时间里,桑梓合作社通过给农民们解释保持村容整洁的重要性,并具体计算垃圾清理的成本已经远远超过村民们交纳的1元钱,桑梓合作社已经做出很多补贴的事实,让村民们了解真实情况。通过多种多样的方式,张翠贤等人终于打动了村民,村民们也看到张翠贤等人在这些公共事务中的付出,很多人又开始自觉地把垃圾都倒在门口的垃圾桶里,而那些之前没有交钱的村民经过一段时间的观望也开始交1元的垃圾清理费。这样,通过桑梓合作社的组织,在花费较低成本的前提下,村民们反而形成了自觉维护村庄环境卫生的意识,这种效果远远好于村两委依靠政府项目资金保护村庄环境卫生的效果。

> 当时工作确实不好做,那就是多沟通嘛,不过也得掌握工作方法。有一位老党员非常不配合工作,每次见到我过来他就故意把垃圾扔巷道里,不交钱还追着车让我把垃圾给他带走。我反复多次软硬兼施做工作,他就是不配合。有一次村里开党员会,镇上书记也来了,我就跑到会议上说"书记你好",书记就问我是谁,想干啥。

我就说"我是咱村上合作社负责垃圾清理的，我想问下垃圾清理是好事吗？咱党员需要配合我们工作吗"？书记说当然是好事了，党员肯定要配合。然后我就说"可我村有的党员就是不愿意，我怎么做工作，他都不配合，还一直把垃圾扔到巷道上"。书记立马就让村支书好好查下是谁，让他写检讨。支书其实就知道说的是谁，那位老党员当场也没敢说话，后面他就配合了。（YZC—202105）

2012年，桑梓合作社发现其他村庄也有相同的需求，因为维护村容整洁、进行新农村建设是国家进行新农村建设的一个方面，国家希望通过资源输入解决当前面临的"三农"问题。因此，村两委就承担了从国家到地方所有政策最终落实的任务，但村两委要完成大量繁杂琐碎的工作，包括各类台账，留痕工程等，它没有能力和精力去做类似垃圾清理这么细微的事情。面对这种情况，很多村庄申请下来资金后，还是无法落地，难以解决乡村治理面临的问题。因此，桑梓合作社决定将在永兴村垃圾清理的经验推广到其他村庄，而由于到外村清理垃圾距离更远，成本更高，因此对外村村民的收费标准是每户两元钱。但有些村委觉得这种挨家挨户收钱的做法太费事，不如村里直接给桑梓合作社一定的经费，由桑梓合作社直接负责拉垃圾就行了。但张翠贤认为这种思路依然不能解决问题，因为不让农民出一部分资金，他就没有参与感，就根本不会对这个事情重视起来，最终维护村庄环境卫生的问题依然得不到解决。到2014年，桑梓合作社已经把这种做法推广到了周边的33个村庄，每个村庄由一人主要负责。不过2014年之后政府又开始大力整治村庄环境卫生，村两委又需要重新做这个事情，张翠贤等人认为桑梓合作社作为自组织是生活在村庄里面的，"不能与村委抢风头，要配合村委工作"（ZCX—202012），因此，桑梓合作社又主动地把环境卫生保护的工作交给各村的村委会负责了。

从桑梓合作社的整个发展过程来看，它都是积极参与到村庄治理中的。桑梓合作社涉及村庄的多种业务，包括村庄公共事务，这"既不是行政化的集体经济组织道路，也不是打着集体牌子的私有化道路，而是以人为本、社区合作、自治经营的第三条道路，这是在公社集体制和公司制或股份合作制之外，激发村庄活力和形成经济社会良性循环的第三条路"（杨团，2018）。在当前村庄社会中，除了农民合作社这类组织，村庄社会中传统的权威组织，如宗族组织，在当前社会中，仍具有号召力，可以进行集体行动，但其具有的非正式地位以及与国家的纵向联系薄弱，导致其集体行动成功率有限。而"半自治的农民组织，在保持高度自治的同时，也与政府保持密切联系，一旦其开展集体行动，由于其合法性及与政府的纵向联系，可以促成其行动的成功"（Lu，Yao，& Tao，R.，2017）。这也说明了农民合作社参与乡村治理成功的可能性。张翠贤等人发起的桑梓合作社在萌芽期的工作重心放在村庄公共事务和文化活动上，通过不同工作方式增加农民的参与性，并没有依靠村两委也就是行政化的力量做这些事情，一定程度上增强了农民的组织性和积极性，激发了村庄活力。

有学者分析了农民合作社与村两委的关系，他们把农民合作社视为"权利拓展型参与者"，将村两委视为"权力垄断型参与者"，两者间存在着利益分化。"合作社需要拓展自身的权利体系，不断扩增自主活动的空间；村两委则需要让渡部分权力，尤其是组织经济活动的权力，因此两者间需要建构起有机的民主协商机制"（赵晓峰、刘成良，2013）。但张翠贤等人在发展桑梓合作社时并没有表现出"权力拓展型参与者"的形象，反而尊重村两委的态度，并对村庄社会的政治争斗极力避开。但由于在农村发展农民合作社必然要与村两委打交道，而且村庄社会政治关系复杂，必须了解清楚村庄内部的派系关系，所以桑梓合作社选择的策略是不参与村庄政治。

> 我们合作社决定，每次选举，我们都不站队，因为那个时候各种拉帮结派的就出来了，他们也怕你合作社想干啥，你处理不好就给自己惹事。但我们要跟进选举的情况和结果，否则我们得罪了谁都不知道。（ZCX—202012）

从农民合作社的实践来看，"农民合作社嵌入于农村社会结构和村庄派系势力结构"（赵晓峰、孔荣，2014）。因为当地派系关系复杂，每次村两委选举都是乡镇领导最头疼的事情，派系之间，家族之间的关系都非常微妙，各种贿选、攻击、斗争的事情都有可能出现。张翠贤刚开始组织大家搞活动时，例如跳舞、清理村庄垃圾、修路，都让村两委非常警惕，但对此张翠贤并没有意识到，后来发现必须处理好与村两委的关系，否则在村里面开展活动会遇到各种阻挠。

因此在村两委治理结构完整的情况下，其会对农民合作社形成约束甚至排斥，避免农民合作社对其工作的涉足，继而形成对其权力和权威的冲突。然而，村两委并不能有效地为农民提供各类社会服务，因为行为导向不同，村两委在一些公共服务中的行动能力有限，组织成本高，此时应当让农民合作社发挥其组织优势，为农民提供有效的服务。

2. 受到村庄关系结构的影响

费孝通在对比开弦弓村的合作工厂与都市营业丝厂后，发现合作工厂具有"经济伸缩力"。一方面，合作工厂的生活与原有的家庭社会生活没有脱节，工友即邻里，社会信用度高，凝聚力强；另一方面，合作工厂的目的是维持每个工人的日常生计，而不是股东的利益回报。也就是说合作工厂"使经济生活融合于整个生活之中，使我们能以生活程度的伸缩力求和资本主义的谋利主义相竞争"（费孝通，2009：120-121）。费老在这里看到"合作工厂与原有的家庭社会生活没有脱节"，也就是说其内部的社员关系与村庄内部的村民关系是同构的。因此这一组织的社员关系以及组织的业务活动的开展都受到村庄内部社会关系结构的影响。

(1) 农民合作社的社员关系受村庄关系结构的影响

桑梓合作社的社员由农民构成，这些社员在合作社成立以前已经生活在一定的关系结构中，血缘关系、地缘关系、业缘关系等形成了一定的关系结构，那么桑梓合作社的建立必然是在这种关系结构基础上，受这些关系结构影响的。即使农民参与到农民合作社中，转变为社员，他在村庄场域中的关系网络也会被带入农民合作社的场域中，也就是说社员关系受村庄内部已有的关系结构的影响。

张翠贤在动员农村妇女跳舞时，由于跳舞对农民来说是新事物，短期内无法让农民接受，很多妇女都碍于面子不敢尝试。张翠贤和几位骨干商量后就决定依靠几位骨干的社会关系网络，先把自己的亲戚邻居动员起来一起跳舞，之后再让这些人找自己的亲戚朋友，关系网络一步步扩大，也就有更多的农民可以参与进来了。

2007年这个团队成立的手工艺合作社，蒸馍合作社，涂料厂，千亩生态园都因为经营不善、管理能力不足、市场经验不够等问题相继倒闭。张翠贤等人认识到合作社内部缺乏年轻力量，尤其是管理团队人员知识水平有限，管理能力和见识有限，一些开拓性的新业务难以有效推进，因此决定动员年轻人参与其中。然而，由于城乡在各方面差距明显，很少有年轻人自愿加入。此时，桑梓合作社的工作团队又利用关系网络，首先动员自己的子女、亲戚、同学等加入。

> 那时候蒸馍合作社是我负责的，搞经济合作利益不好协调，只要一涉及到利益大家就开始斗嘴。再一个问题是人员浪费，本来自己在家蒸，两个人就可以完成的量，现在要四个人完成，那其实大家都没有做足工。再加上大家还跟在自己家蒸馍一样，不保证馒头的质量，口感和样子都不注意，后来因为没有市场竞争力，就不干了。(RSL—202006)

> 我是我家邻居跟我说这边合作社做得挺好，她是这里的老社员了。我以前在外面打工，孩子就在家由老人看，有一年过年，我回来家发现孩子跟我不亲，我就很伤心，觉得我不能再出去打工了，邻居跟我说了这里后，我就来这里上班了。(LXL—202012)

这些在桑梓合作社工作的年轻人很多是老社员的孩子、亲戚、邻居，一些是张翠贤之前教过的学生。血缘、姻缘和地缘关系形成的网络结构影响农民合作社内部之间的关系结构。当然由于桑梓合作社在县级层面注册，其社员范围跨越了乡村边界，合作社内部是扩大了的血缘、姻缘等形成的关系网络。这种结构背后是信任的存在。而信任一方面可以降低农民合作社与农户之间的交易成本，使得农民能够获得更多关于农民合作社方面的信息，进而在亲朋好友的影响下更容易加入合作社，也更容易对农民合作社理念和合作文化形成认同。另一方面，信任也增加了社员违约成本，进而形成一种约束机制，减少社员在与农民合作社交易过程中不遵守农民合作社或者随意退出的行为，影响农民合作社的稳定性。

(2) 农民合作社的业务开展受村庄关系结构的影响

我们可以将农民合作社看成是由社员和合作业务构成的组织，那么不仅社员是内生于村庄社会的，合作业务也嵌入于村庄社会。由于社员不仅是农民合作社的所有者，还是农民合作社的交易对象和惠顾者，因此，不仅农民合作社的社员关系结构受村庄关系结构的影响，农民合作社的活动和业务也受到村庄关系结构的影响。

"乡土社会的各种社会关系、伦理关系乃至隐藏于其下的社会结构共同构成的传统，对农民组织来说非常重要"（徐宗阳，2016）。桑梓合作社在组织形成初期面临的主要任务是吸纳农民们积极参加各类组织活动。但是由于农民受到传统观念束缚，且对这些活动也缺乏了解，动员农民参与就比较困难。此时只能依靠村庄内部已有的资源将活动和农民合作社的信息传递给农民。而农村中最重要也便于利用的就是人情关系网络，以及呈现为差序格局的信任关系。一方面，张翠贤是村庄里面的文化精英；另一方面，张翠贤等其他骨干是村庄里面的活跃分子，与很多村民关系不错，关系网络相对较广。这有助于借助其关系网络，运用关系治理，将农民吸纳到组织活动和合作社中。而随着不同活动的成功举办，张翠贤等人的组织能力进一步得到提升，对桑梓合作社的认识逐步深化，桑梓合作社开始向组织制度化阶段发展，关系治理逐步向契约治理转变。

> 我负责垃圾清理那时候，我亲家公不支持我的工作，他把柴火堆到巷道里，这就很不整洁嘛，我就让他把放到后院，那亲家公就说等他有时间了就弄。说了好几回，那堆柴火还在那。后来刚好碰上他姐姐不在（去世）了，我儿媳妇就回来了，我就跟她说"你爸爸把柴火堆到巷道里，影响村庄环境，人家村干部都直接找的我，我跟他说了好多次了，让他挪到后院，可就是一直不见挪"，我儿媳妇就跑去跟她爸说"我妈就是做这工作的，你都不配合她，她工作咋做"。后来他很快就把那堆柴火收拾走了。（YZC—202105）

桑梓合作社成长期增加的业务主要是经济类的，包括农资和生活物资统购，以及信用合作等经济类业务。经济类业务的风险相对较高，交易成本也更高，关系网络在其中发挥了重要作用。

在桑梓合作社计划做生态农业时，由于农户对有机农业本身以及其发展前景缺乏了解，大多数社员都不敢尝试。张翠贤等骨干力量借助关系网络让自己的亲朋好友先尝试，当然也从小规模开始，当看到可行性和有利可图后，其他社员自然会主动尝试。信用合作也是同样的情况，首先是从骨干力量及其关系亲密的社员开始的，在看到的确借钱方便，存钱有保障，并可有所获益后，普通社员才敢于参与。社员的参与顺序形成的这种从核心社员向最外围的普通社员辐射的差序结构也是受到关系结构的影响。事实上，农民参加合作社的行为不仅与其个人需求有关，更与同伴群体的影响密切相关（Twumasi et al.，2021）。桑梓合作社的业务根据社员的需求不断调整，但不同社员参与新业务是存在先后顺序的，业务的开展或者说被接纳的过程受到村庄社会内部关系结构的影响，表现为以核心社员为中心，沿着其关系网络逐渐辐射开来。

农民合作社并不是简单地带动农民解决具体问题，增加农民对农业技术和农药化肥的认识程度和甄别能力，或者找到一个具体的生产经营产品，增加农民收入，其最重要的作用是促进农民组织性的增强。正如费孝通对开弦弓村合作工厂的思考，蚕丝品的改进不简单"是一个技术改进的问题，而且也是一个社会再组织的问题"（费孝通，2007：236）。通过嵌入于村庄社会中，农民合作社在村庄已有的文化规范约束下逐渐改变社员的认识和行为，在长期互动和参与合作社业务过程中，激发其行动能力，进而促进农民的组织化，这为维护农民的利益，表达农民的意愿提供了一个有效途径。

二、农民合作社通过关系网络吸纳农民

随着市场经济的发展，我国城乡之间的交往互动大大增加，大量农村劳动力转移到城市，城镇化、城市化水平随之提升，在此背景下，很多人开始担心是否可能出现"村庄的终结"，村庄中原有的文化规范是否会失效。事实上，限于当前社会发展水平，以及社会结构的完整性，短时间内村庄社会仍是一种重要的聚集类型。梁启超曾将中国社会比喻为"一盘散沙"，缺乏"合群之德"，中国农民也被认为具有"善分不善合"的特点，缺乏组织性。但也有学者认为"从社会内在构成来看，农村社会并不是如散沙一般的个体化、原子化，相反具有超强的自组织性，这就是以血缘和地缘关系为纽带的村落社会"（徐勇、赵建德，2014）。即使当前城乡交流频繁，但由于村庄社会中生活环境和工作环境统一，其关系网络依然密集。这些关系网络承载着村庄的风俗习惯、价值观念。而"对合作经济制度影响最深的就是风俗习惯、价值观念和意识形态"（诺思，2008：50-53）。因此关系网络可以促进合作经济制度的发展。此外，关系网络背后隐藏着村庄内部的激励和约束机制，这些机制形塑和约束着农民的行为和认知。因此，农民合作社可以借用关系网络吸纳社员。在吸纳社员上包括两个方面，分别是吸纳农民参与农民合作社业务和吸纳农

民参加农民合作社的工作团队。下面将分别对这两方面进行分析。

(一)吸纳农民参与农民合作社业务

社员是构成农民合作社的基础,但作为一个新生事物,农民无法获得关于合作社的有效信息,信息不对称现象明显。而农民合作社通常是由发起人组织,合作社的理念和发展方向通常由发起人及一些核心社员展示出来,这些核心社员基本上都是农村能人。因此,采取关系网络吸纳农民成为社员的过程,就表现为农村能人利用其关系网络动员农民参与到合作社中的过程。

从1998年开始,张翠贤与其他农村能人开展了一系列农民组织活动,在动员农民加入时,他们利用的最重要的资源就是关系网络。最早开展的是农业技术培训,由于在销售农资过程中,发现农民存在滥用化肥农药,过于依赖化肥农药的现象,张翠贤决定请老师到村里给农民开展一次农业技术和农资方面的培训。基于张翠贤家的农资店的关系,张翠贤可以通过与农资店合作的化肥厂联系到讲课老师。但还需要考虑的问题是农村里面以前从未开展过类似活动,张翠贤无法确定农民是否愿意参加,到底会有多少人参加,为了避免老师过来讲课时冷场的尴尬局面,张翠贤决定主动去联系农民。1998年10月份开始,张翠贤利用两个月的时间,通过自己的亲戚、朋友等关系网络在周边10多个村庄联系到80多个愿意听课,增加农业技术的农民。到当年的12月份开始讲课时,发现竟然来了400多个农民,由于农民的热情高涨,培训课比原定的时间延长很多,大家在黄河边的寒风中从上午9点听到下午5点。[1]

张翠贤作为村庄的文化精英,对事物的理解和观察强于普通农民,同时由于家庭关系,张翠贤拥有更丰富的关系网络。1998年以前,张翠贤已经在河东小学工作了十多年,周围村庄很多人都是她的学生,或是她学生的家长,这就拓展了其关系网络。张翠贤的父亲以前是供销社主任,社会威望高,拥有广阔的人脉关系,张翠贤的哥哥是运城市城建局局长。张翠贤的公公,下岗前在铁路系统工作,张翠贤的爱人社会阅历也很丰富,做过很多小生意,喜爱摄影。这些都为张翠贤提供了广阔的关系网络,有助于她动员农民参与到各类活动中。

2002年张翠贤在偶然情况下,组织了舞蹈队,继而成立妇女协会。在刚

---

[1]《永济蒲韩乡村社区资料汇编》(内部资料),2013年7月。

开始时由于村民们观念比较保守，难以接受这一娱乐形式，一些村民甚至嘲讽辱骂参加跳舞的妇女，一些人因受不了这种舆论压力而选择退出。此时，张翠贤就让其他几个关系比较好的去发动自己的亲戚朋友，每个人找6个自己的亲戚朋友来参加。这几个表现积极的妇女，通过自己的关系网络不断找其他妇女做工作，说服她们参加。一个月后，全村居然有80%的妇女参加。后来其他村庄的妇女看到后也希望学，张翠贤等人就找出永兴村跳得比较好的几个人到外村去教。最后基于地缘关系和亲缘关系，舞蹈队的影响扩大到周边十多个村庄，在此基础上成立了妇女协会。到2002年，在坂渠市妇联的支持下，妇女协会还组织了500多名妇女到市里跳舞；2003年，在市文化局和市妇联的帮助下，她们又组织了35个村的上千名妇女到市区参加闹元宵表演，跳千人秧歌。千人秧歌震动了坂渠市委副书记，书记对她们表示赞赏（中国合作经济编辑部，2014）。

  我家就在张老师家旁边，她从刚开始办技术培训课的时候就叫我了。我本身就是一个喜欢热闹的人，我也算是有公心吧。我以前特别爱做衣服，周边邻居谁过来跟我说给他们家谁做件衣服，我都做，从来就没说收过钱。我性格也开朗，跟谁都能说到一起，所以我人缘一直都很好。张老师组织大家跳舞时候我也参加了，当时很多人不敢跳，张老师就让我们几个跟她关系好的人再去找6个亲戚朋友一起来跳（RSL—202006）。

2012年桑梓合作社正式成立信用合作部时，同样利用关系网络吸纳农民参与。由于农民的风险规避意识较强，很多人不愿意冒险先参与信用合作，而当看到身边有人参与后，其行动的可能性才会增加。桑梓合作社正是利用关系网络，让核心社员先带头加入，核心社员再发动自己关系网络中的农民，逐步吸纳更多的社员参与。此外，关系网络也在一定程度上保持了信用合作的稳定性，控制了资金风险。因为这些借贷关系都是通过关系网络发生的，如果故意逾期不还，处于关系网络中的农民就要受到村庄内部人情面子方面的惩罚，在村里的名誉和声望就会降低。因此，桑梓合作社充分借助关系网络的这种作用，吸纳社员参与信用合作，并将资金风险控制到最低。此外，通过密集的关系网络吸纳农民参与合作社，特别是通过长期互动，使得农民转变为社员，社员与农民合作社的联系更加密集，这有助于保持组织的稳定性，特别是在遭遇风险时，可以保证组织能够重新建立。

> 2017年的风波，虽然当时一些人离开了，特别是辅导员离开造成我们跟社员的直接联系中断，但我们毕竟已经开展20多年了，我们在每个村都有熟人了，都是熟透透的人，很快就能重新整合起来，后来我们就考虑设置小组长，联系社员与合作社。（ZCX—202105）

李雪等人（2019）通过经验调查发现，社员对合作组织缺乏了解，对组织运营能力和利益分配机制缺乏理解，是阻碍农民加入合作社的关键因素。这种现象的确是农民合作社一直以来面临的普遍问题。但村庄社会存在的关系网络在一定程度上可以帮助这个问题的解决（赵祥云，2020）。因为血缘和地缘关系不仅仅是指涉关系网络的性质，更重要的是这种亲密的关系网络附带着信任的要素，这对于弱化信息不对称现象有明显的作用，有关农民合作社的信息可以通过关系网络传递到其他农民处。当处于村庄社会中密集的关系网络上一个结点位置的人选择参与农民合作社的活动，并加深了对农民合作社的了解，那么这个关系网络上处于其他结点的农民很快也会获得这一信息。同时关系网络具有一定的示范作用，当周围农民都参与合作社业务时，处于关系网络中的其他农民也会选择参与到农民组织的各种业务活动中，即使是抱着尝试的心理，但这对合作社吸纳社员资源来说也具有积极意义。

（二）吸纳农民加入农民合作社的工作团队

1. 通过关系网络吸纳年轻人加入农民合作社的工作团队

自2005年张翠贤等人成立几个农民合作社后，由于缺乏知识和经验，各种事务的推进都不顺利。2007年张翠贤以及其他几个骨干考虑到不能单纯凭借他们这些农村中年人，需要吸引些年轻的力量。年轻人更具有活力，有想法，见识广，脑子活，研究发现在合作组织中年轻人在服务、营销等方面更具优势，特别是在自媒体时代，年轻人更懂得如何用媒体网络推进合作组织的运行（Widhiningsih &Hariadi，2019），因此有这些年轻人的加入才能更好地发展农民合作社。但农村与城市在各方面都存在巨大差距，这导致农民合作社吸引年轻人加入成为难题。最终他们想到的办法是先把自己的子女叫回来。

然而即使是通过血缘关系吸引年轻力量也是非常困难的，年轻人更青睐城市生活，即使在城市工作，生活成本高，竞争压力大，存在各种困难，他们还是更愿意留在城市。此时，农民合作社只能采取一些采取策略，例如，先从那些在城市和村庄摇摆不定的妇女开始，让那些就业困难的年轻人过来尝试一段时间。之后，张翠贤等人又开始动员这些年轻人通过朋友、同学关系再动员村庄里的年轻人进入。

目前桑梓合作社的工作人员之间存在着丰富的关系网络，包括母女关系、夫妻关系、妯娌关系，同学关系等。不过为了吸引更多优秀年轻人加入，2020年底以来，桑梓合作社调整了工资标准，目前这些年轻人每月工资在5000元以上，桑梓合作社为其缴纳五险一金，而坂渠市的平均工资才2000多元，所以这也成为吸引更多年轻人加入的一个因素。以下是几个年轻工作人员的情况。

LQ之前在外地工作，但工作并不如意，在失业后，回到村庄，通过邻居关系进入合作社工作。

> 我们村有个人也在合作社工作，他之前讲过合作社的事情，说这里工作还挺好的，后来又说合作社招年轻人，我就过来试了试，就留下了，我原来在市里纺织厂上班，在那上了十来年吧，后来工厂倒闭了，我没找到合适的工作，就先回来村里休息一阵。工厂都是流水线作业，简单的动作重复无数次，枯燥乏味，村里很明显就很自由，尤其是来合作社工作，比在工厂里有意思多了，而且能学习到很多东西，眼界也开阔不少。在村里上班不用像在市里还得租房买饭，村里花得少，所以我就留在合作社了。（LQ—202005）

CN是为了留在村庄照顾老人和孩子，无法外出打工，后来通过妯娌关系进入了合作社。

> 我生完孩子后就去外地打工了，以前开过饭店。那时候每年过年才回来一次，我发现回家孩子跟我很陌生，我就挺心酸的，毕竟你挣钱也是为了孩子好。所以我就觉得我还是回来陪伴他们吧，回来家也能照顾我爸妈，公婆，他们年龄也都大了嘛。后来听我嫂说

了合作社招人呢，我就来试试，后来就留下了。合作社业务比较多，有儿童活动和不倒翁学堂，我都鼓励我家孩子和老人参与。还有我跟社员们打交道，时间长了就有很多感动的时候，我之前做垃圾清理工作，经常在那边几个村跑，村民跟我都很熟，现在我的工作就在这边办公室了，但碰到以前那些社员，都跟我还很亲，还会让我去家(里)喝口水，我觉得在这里工作很有价值。（CN—202012）

LZC 原来是做销售的，工作很累，最重要的是感觉没有意义。后来听同学说合作社的工作很锻炼人，可以收获很多，就通过同学关系进入合作社工作。

我原来就是做销售的，销售你肯定知道，完全磨嘴皮子，一天下来特别累，压力很大还没有意思。其实我以前还干过很多其他工作，都是感觉没啥意思，没有什么收获。有一天刚好碰到我同学 SC，他已经在合作社工作了，他跟我讲合作社的工作完全不一样，在这里能接触到最基层的农村，还能见识到很多学者和其他有社会地位的人，特别锻炼人，也能有很大收获，我也在做电商嘛，刚好可以过来了解下农村，我就过来了，我也很喜欢农村，我是准备长期干的。（LZC—202105）

这些返乡的年轻人之前从未接触过农民合作社，他们接触到的更多是公司、企业，因此刚开始进入后就完全按照企业的逻辑来看待桑梓合作社，希望能够快速盈利或者希望只做盈利的业务。但农民合作社是一种合作组织，它必须将所有社员的利益考虑在内，需要强化普通社员与合作社的联系，尤其是农民自发形成的组织就需要打好根基，强化制度理性，才能保证之后的经济业务、金融业务稳步发展。因此桑梓合作社要求这些年轻人必须先融入社员中，与社员沟通好，建立起信任关系，了解农民最真实最全面的需求，才能为社员争取利润，这也是合作社有效开展工作的保障。

2. 强化和建构工作人员与农民的关系网络

虽然进入村庄并不难，但新来的工作人员想要争取农民的信任并不容易。首先，农民对合作社了解得并不深。他们只是单纯了解他所参与的农民合作社的某项业务,对于农民合作社的理念和思路更是陌生。农民们只是知道张翠贤、阮水玲、吴社秋等人非常活跃,也组织了很多给村民带来实际便利的活动,包括讲课、跳舞、垃圾清理,以及生态农业等,但活动越多农民们对合作社越感觉迷惑,不明白这些活动有什么联系,农民合作社目的到底是什么。其次,虽然农民合作社的核心社员以及新吸收的工作人员多数都是当地人或附近地区的人,但由于合作社跨越了两个乡镇,社会关系网络相对松散,因此农民对他们并不熟悉,而且即使对于本村人,农民的信任也是存在"差序格局"的,更别说这些有些陌生的工作人员,所以在动员农民加入桑梓合作社这一问题上需要做很多工作。

为了让这些工作人员与农民的关系更紧密,使年轻人尽早地了解社员们的真实信息,包括农资、农技的需求,生活物资的需求,为社员们提供契合度更高的服务。同时,也是为了让农民更了解合作社,动员更多农民参加合作活动,桑梓合作社要求团队工作人员,主要是新加入的年轻人必须通过日常生活中长期重复的互动和交流,融入村庄社会中,强化和建构与农民之间的关系网络,建立起信任关系。针对这一问题,桑梓合作社采取了辅导员制度,即新加入的年轻人作为辅导员,每个人负责一个片区。每个辅导员每个月的大部分时间都需要在村庄里面与社员沟通,了解社员的需求。每个辅导员要保证每月都需要到所负责的农户家里面走访一遍,这种高密度的深入的互动使得这些年轻人逐渐与社员熟悉,建立起更加紧密的关系网络。其实对农民来说信任是存在圈层结构的,处于中心圈层位置的人更容易获得农民的信任,不过这个圈层结构是可以变化的,在长期交往中,如果能够获得越来越多的信任,那么一个人在圈层结构中的位置就会越靠近中心。因此,当合作社通过各种制度与农民形成越来越密集的关系网络时,就更容易吸纳农民参与合作社。

桑梓合作社建立初期首先是通过组织成本低,经营管理风险小的农业技术培训、跳舞等文化活动,一方面利用农村能人的关系网络,吸纳农民。这些活动本身非常契合农民的需求,因此,农民的参与积极性比较高。另一方面在多次长期的活动开展中,农民之间的互动增加,原有的关系网络更加紧密,甚至可以轻而易举地建立起合作社与社员之间的信任关系,这就为之后需要高度信任为基础的合作业务提供了前提。

事实上,能够利用关系网络吸纳社员,是因为关系网络中蕴含着信任机制。由于"农村社区更接近社会学意义上的社区含义,即进行一定的社会活动、具有某种互动关系和共同文化维系力的人类群体及其活动区域"(杨团、石远成,2014),农民长期共同生活于农村社区中,就会形成思想与行为的共同体,这种共同体最重要的是具有信任机制。基于共同体而产生的这种信任并不是受到契约的约束和规范,而是"发生于对一种行为的规矩熟悉到不假思索时的可靠性"(付伟,2020),进而使得交往过程具有费孝通(2003)所说的"意会"的意涵。这种自然而然,持续强化的信任关系,对农民合作社吸纳农民参与合作社具有重要作用。

通过关系网络中的信任,普通农民进入合作社组织的各种活动中,而"多样化的活动更容易产生成员之间的信息共享"(袁月兴等,2012),因为多样化的活动增加了社员与农民合作社之间的互动频率,使得社员对农民合作社的认识更加全面,这就降低了农民合作社组织化所需要的信息搜寻成本。同时,辅导员制度也使得农民与组织的交易程度增加,这种交往互动形式使得"组织表现出更高水平的集体效能、社会网络互动和交换"(Browning et al.,2017),在此基础上,农民对合作社的认同感逐渐增强,在满足个人需求和维护自身利益的驱动下,这些普通农民逐渐被吸纳进入农民合作社中。

农民合作社通过关系网络一方面可以吸纳更多表现突出的农民成为农村能人群体,逐渐成为农民合作社的核心社员,负责对农民合作社的运营和管理。另一方面,通过关系网络吸纳对农民合作社存在怀疑、仍抱有尝试心态或者不想承担过多责任,企图搭便车的农民加入合作社中,成为普通社员。当然普通社员和核心社员对农民合作社的组织生长来说都是非常重要的,两者在与农民合作社的交易过程中,对合作社的认识都会更加深化。

三、 农民合作社通过资源利益吸纳社员

曼瑟尔·奥尔森(Mancur Lloyd Olson)认为"除非一个集团中人数很少,或者除非存在强制或其他某些特殊手段以使个人按照他们的共同利益行事,追求个人利益的理性的行动者才能采取集体行动实现他们的共同利益或集体利益"(奥尔森,2011:2),而规模很小的团体则能够主动为整个团体提供公共物品,而不需要外在的强制力量,"这是因为某些小集团中的每个成员,或至少其中的一个成员,会发现他从集体物品获得的个人收益超过了提供一定量集体物品的总成本"(奥尔森,2011:28)。奥尔森的理论讨论了集体的规模与

个人在集体中的行为之间的关系，强调了个人的理性化。

事实上，农民也不完全是一个"过度社会化"的人，他并不只受各种制度规范的约束，他也会考虑自己的成本和收益比，并基于这种判断采取行动。经济学家西奥多·舒尔茨(Theodore W. Schultz)在对传统农业的特征以及农民配置生产要素的行为进行研究时指出，"在传统农业中，生产要素配置效率低下的情况是比较少见的"(舒尔茨，2006：33)，"农民在配置他们当前拥有的要素时是很有效率的"(舒尔茨，2006：38)。波普金(Samuel Popkin，1980)采用政治经济学的研究方法，也认为"农民通过长期或短期的公共和私人的投资来提高他们的生活水平，村庄因此最好被视为公司而非社区"。他认为小农"是使其个人或家庭利益最大化的理性人，他们会对自己行为的可能结果进行主观预测与评估，并根据自身的环境、偏好与价值观做出自认为能够最大化其预期效用的选择"(Samuel Popkin，1980)。舒尔茨和波普金都强调了农民作为一个理性人，在农业生产以及社会行动中会追求利润最大化。从这种视角出发，只有在考虑到参与合作社对自己有利时，农民才会采取行动。因此，要想吸纳农民参与合作社，成为农民合作社的社员，还需要满足农民所需要的资源利益，当然资源利益不是单纯的经济资源和经济利益，而是农民需要，农民合作社又恰好可以提供的各类资源。

(一)农民合作社通过增加经济收益吸纳农民

1. 通过农资统购降低农业生产成本

桑梓合作社的农资店起源于1998年张翠贤家里自己开的农资店。由于张翠贤组织农民开展活动完全是自愿的，并没有外部主体和资金的支持，特别是在前期，完全靠张翠贤个人能力去组织农民，张翠贤经常从自家的农资店拿钱贴补合作社。随着协会的日益壮大，2003年，张翠贤自家的农资店并入农民合作社，成为农民合作社的资产。张翠贤设置了一定的利益优惠吸纳农民成为社员。首先，只要愿意加入合作社，按照50元/亩的标准以土地入股，这些社员就可以在农资店每月享受0.6%~0.7%的固定分红。其次，农资店可以为社民提供统购服务，并保证质量的农药化肥，避免农民在鱼龙混杂的市场上买到假货，而且购买农资后，农民合作社的技术人员会为社员提供技术跟踪服务，这种全面的服务保证了农民在使用农资上的科学性和有效性。再次，在桑梓合作社的农资店统购农资，可以便宜1%。这是因为农民合作社的社员多，农资需求量大，统一购买农资的话，农资店的市场谈判能力增强，可以跨过多级经销商和代理商，直接与品牌化肥厂合作，购买价格大大降低。最后，每年年底，社员可以获取与农资店交易量的1%的利润返还。

> 这么多年，我太了解化肥了，里面浑水摸鱼的很多。化肥里面的猫腻是最大了，化肥的利润率高得你都无法想象，所有品牌不是三年以上的，你就不要买。我们服务站（农资店）首先绝对是保证是真货的，我们是直接跟厂家合作的。其次，我们给社员的价格绝对是市场上最低，你去市场上看，如果发现我们的价格比他们高，高多少钱，我十倍补偿。（ZCX—202105）

农资店合作的化肥厂包括史丹利、心连心、中天化等大品牌，提供的农资包括生物肥和化肥，对于参加土地转化，进行有机农业生产的土地，提供生物肥，没有转化的土地，可以使用化肥。这些年桑梓合作社为社员统购的农资数量巨大，每年统购的有机肥1200吨，冲施肥1500桶，普通化肥2600吨，粮食种子16吨，蔬菜种子1500包，石硫合剂50000多斤，这么大规模的采购量为社员节省了大量生产成本。

桑梓合作社还购买了一些农业机械，包括大马力拖拉机、旋耕机、播种机等，农民如果加入桑梓合作社就可以享受多方面的优惠。一是，农业机械使用费上的优惠。桑梓合作社的农机可以为社员提供翻地、平地、打地、播种、秸秆粉碎等多方面的服务。例如使用旋耕机在当地的市场价格是每亩30元，但桑梓合作社通过规模经济将使用成本降低，而且为了吸引农民加入，规定加入合作社后，社员第一年使用农机的费用是每亩10元，从第二年往后再使用桑梓合作社的农机就是完全是免费服务；二是，有机产品种子上的优惠。桑梓合作社开展生态种植后，提倡种植有机产品，因此要求社员参加合作社后，需要保证自家的土地里至少有一亩进行土壤转化，土壤转化成功后再在该地块上进行有机种植。而桑梓合作社可以为社员提供远低于市场价的有机种子，这些种子都是桑梓合作社技术人员自己培育出来的。有机种子的市场价是每亩40元，而桑梓合作社则以每亩地10元的价格提供给农民。三是，桑梓合作社可以为社员提供免费配套工具，如有机产品专用包等，可以保证社员更好地进行有机产品的种植。

王瑞珍（2012）观察发现，虽然农民自组织"可能开展多种多样的活动，包括社会、经济、文化各领域，但大部分农民入会还是希望通过协会致富"。因此，这种让农民入股就可以享受价格优惠，并参与分红，还能免费获得技术指导，对农民产生了一定的诱惑力。这种制度实行后，一些农民对参加桑梓合作社变得非常积极了。

2. 通过日用品统购降低农民生活成本

2012年，桑梓合作社开展了日用品统购的业务，每月统购一次。日用品统购是指合作社对社员需要的生活用品，包括米面油酱醋茶，甚至牙膏等各类日用品进行统一批发购买，减少中间环节，以低于市场价的价格销售给社员。社员的日用品需求信息与前文讲的辅导员，也就是之后改称的小组长是分不开的，这些小组长每个月要与辖区内所有社员至少沟通一次，在沟通过程中随时记录社员对日用品的需求。小组长统计好信息后，由该片区的合作社社长签字，确认最终的社员需求量，再由桑梓合作社采购部最后统一购买。

> 走访中也要关注社员在日用品方面的需求，比如谁家想要多少卫生纸，多少盐，有没有某个品牌的特殊要求，还有的人可能想买大件，我们的小组长也都会把这些记录清楚，我们去采购时候就根据单子来，因为社员数量多，采购物资时候量也很大，从厂家进还能便宜不少。（XFZ—202012）

统购的产品种类也是在与社员互动中逐渐增加变化的，例如2012年刚开始时只统购了醋，2015年春季统购的日用品包括盐、醋、米、糖、方便面、伊利牛奶。仅2015年一年的食盐统购量就达到了28吨，这甚至让盐业公司领导怀疑有人倒卖食盐。后来盐业公司的人下来调查，林锦如负责接待，向其介绍了桑梓合作社的社员数量和各户的购买情况，以及合作社的运营和日用品采购情况。盐业公司了解清楚情况后打消了疑虑，对桑梓合作社的运行非常佩服，鉴于社员的需求量非常大，公司同意把给桑梓合作社的食盐的价格再降低一些。2016年产品种类已经非常丰富了，2016年年底，桑梓合作社想着过年了大家都有鞭炮需求，那么应该也可以统购鞭炮，就统计了社员的鞭炮需求，当时有2100户需要，而统计的量看起来觉得并不多，等从鞭炮厂拉回来时候发现，居然有五大集装箱。当然这么多鞭炮放到一起也是非常危险的，所以一天内就全部配送到了社员家里。

除了这些小商品外，桑梓合作社还帮社员统一购买家电，2016年帮社员统购空调，一次性购买了17台，每台便宜300元，看到合作统购能有这么大优惠，社员们都非常满意。当年集中采购生活用品，家用电器，交通工具等生活资料将近1500万元。此外，还集中采购了10辆私家车，每辆车都享受了价格优惠。这也让桑梓合作社更有信心做日用品统购，虽然单个社员的日用品需求不多，但桑梓合作社的这么多社员加在一起就是很大的量，可以总体上帮社员优惠不少。

> 社员也可以在其他地方买，不过合作社最主要的是质量绝对有保障，另外价格也能便宜些。现在我们统购的种类已经非常丰富了。这些信息由小组长统计，也非常方便，所以通过合作社买的人也挺多的。（CN—202012）

经过多年的发展，桑梓合作社的日用品统购业务已经发展非常成熟，相关的制度已比较完善，日用品种类也更加丰富。2020年年底，统计2020—2021年社员的生活资料需求时，桑梓合作社已经将生活用品分成了厨房用品、茶点礼品、卫生清洁、交通家电四大类，每大类下面包含30多项物品，甚至还细分有许多小类，充分满足了社员丰富多样的生活资料需求。根据以往的规模，桑梓合作社预计2021年通过农资统购、日用品统购以及生态农业这三个方面可以从获得806万的净利润，按照60%的比例，社员们可以获得483.6万的返还额。

王名（2004：5-10）发现农民不仅"希望通过加入协会来更好地满足自身的需求，同时不希望承担过多的政治、经济风险，如果协会不能提供所承诺的优势服务，无法满足农民的需求，就会丧失持久生命力"。桑梓合作社为社员提供全面细致的服务，使得社员参与合作社后的生产销售风险降到最低，加上上面所说的实实在在的优惠活动，吸纳了更多农民加入桑梓合作社，实际上社员享受到的优惠也是桑梓合作社盈利后对社员的二次返还。

3. 通过信用合作为农民提供资金支持

桑梓合作社除了开展农资统购和日用品统购的经济类业务外，还开展了信用合作业务。因为农民在日常生活和农业生产中有资金方面的需求，但这些需求有的金额比较少，有些时间比较短，如果到银行去贷款，花费的时间和精力很多，而且对于这类资金需求很多银行还不给放贷。在这种情况下，农民只能向亲戚和朋友借款。然而每家的经济水平差不多，且在流动性增加的社会背景下，大家也都担心借出去的钱无法及时收回，农民们面临的这种资金借贷困境使得农民生产效率低的问题更加严重(Ukwuaba et al., 2021)。出于为社员解决资金需求问题的考虑，桑梓合作社开始做信用合作。

2012年10月，桑梓合作社获得了福爱基金会提供的支持，该机构承诺为桑梓合作社提供1000万元的启动资金，合作社支付0.7%的月息。桑梓合作社的社员除了资格股外，还可以入资金股，资金股是1000元为1股，每户最多10股，凭股份获得分红。该慈善机构与桑梓合作社双方合作一直比较稳定，在资金使用上也没有出现问题，2015年该慈善机构将投入资金增加到3500万元，而桑梓合作社社员入股1000万元。他们把贷款利率降到月息1.5%(年息18%)，2014年根据农民的借贷习惯和还款能力，又大幅度降低利率，并对低收入的社员实施阶梯式利率，具体如下：对20000—30000元的贷款，利率继续执行原来的月息1.5%(年息18%)，而10000—20000元贷款的利率下调到月息1.3%(年息15.6%)，5000—10000元的贷款利率调至月息0.8%(年息9.6%)，2000—5000元的贷款利率下调到月息0.5%(年息6%)，除此之外，每年还安排20万元的额度，对2000元以下的贷款免息，由合作社来贴息。而社员的股金分红也从开始的8.1%调整到6%。截至2014年年底，累计贷款3000多笔，贷款总额3280万元，所有借贷行为中只发生了1笔3万元的坏账，原因是贷款夫妇两人不幸遭遇车祸身亡。这么大规模的资金，居然几乎没有坏账，可见信用合作业务开展得非常好。

这与桑梓合作社的信用合作的制度设置密切相关，为降低资金风险，桑梓合作社设立了严格的贷款流程，具体程序包括：(1)非社员填写社员申请，理事会讨论通过后填写资金申请；(2)社员携带身份证、户口本、社员证到信用合作部填写贷款申请；(3)由小组长初审了解社员人品、信誉、然后由干事进行复审；(4)复审后，小组长填写审批意见及合同，复审人员填写复审意见；(5)办理和发放借款；(6)取款时，必须由夫妻双方同时携带各种证件办理取款手续，资金直接打到银行卡里；(7)小组长做好回访计划，一季度一次，如有问题及时汇报；(8)小组长在社员还款到期前一个月通知社员并跟进工作。

这种具有乡土特性的贷款流程，最大限度地降低了借款人与信用合作部之间的信息不对称，可以有效降低坏账率。小组长在其中发挥了重要作用，他们根据社员的实际情况，决定是否给申请的社员发放贷款。每个小组长对辖区内社员的家庭情况都很了解，知道社员为何需要借钱，其性格品德如何，是否会按期还款等信息。为了使信用合作主要服务于社员的农业生产和发展，经过多次调整，桑梓合作社采取了取消替贷，要求贷款必须本人贷，并降低贷款额度，贷款金额不得超过3万元。

而因为降低小额贷款利率的做法，桑梓合作社一年就少收入200多万元，但也正是贷款金额小，利率低的做法成为上级领导同意桑梓合作社开展信用合作的重要原因。合作社还规定每年信用合作盈利的20%用于补贴居家养老和儿童教育等社会服务部门。桑梓合作社的信用合作制度并不是单纯为了追求利益，更多的是为了帮助普通社员发展，这种重义兼利的组织行为为桑梓合作社赢得了广泛的社会声誉，也获得了农民的认可，信用合作制度也具有了社会合法性。

> 我觉得在合作社借款比在银行方便多了，虽然现在国家政策好了，银行也有小额信贷了，但是在银行贷款，因为手续繁琐，而且跟那的人是陌生人，就需要各种审核，最后贷下来咋样也得一个月。在合作社顶多需要一星期，因为合作社里面都是周边这些村里的人，相互之间一打听，很快就可以知道借款人的人品、他借款要做什么、他是不是有还款能力。我就在合作社借过很多次款，都是购买化肥用的，我每次都及时还款，信誉非常好。（HZH—202006）

陈义媛（2017）对多种类型的农民合作社进行调查分析后，发现即使农民合作社已经发展到一定规模，参与其中的小农户依然处于边缘位置，他们所获得的收益基本上就是其所投入劳动力的报酬，而如果把人力算到成本里的话，小农户的农业生产几乎不赚钱，但"小农户的这种边缘地位并不是因为其缺乏合作意愿或是缺乏法治意识，而是因为资源禀赋差异形成的内部合作结构导致的"。而桑梓合作社通过组织优势为农民提供所需要的各类资源，弥补其资源禀赋上的缺陷，增加其收益，农民们自然愿意积极参与组织活动，被吸纳进组织中。事实上，当前，中国大多数农民仍是处于小规模生产的农业水平上，而考虑到"自身在科学知识、农业技术、管理战略上的不足，其策略选择是参与合作组织，改进其市场竞争力"（Pecson et al., 2019）。农民的这种选择也是其规避自然风险和市场风险的策略选择，是其追求帕累托改进的行为。这表明了在资源缺乏状态下，农民加入合作组织的行为，是以利益导向为出发点的，即使不全是这种动机，也占了很大的比例，而组织利用经济方面的资源优势可以吸纳农民参加合作社。

（二）农民合作社通过提供社会服务吸纳农民

1. 开展农业技术培训提高农民技能

张翠贤最早开办农技培训课程即是为了让农民们能够获得有效的种植技术、农资知识，提高甄别真假化肥和农药的能力，而这种资源正是农民非常缺乏的。因为农民普遍缺乏科学的农业技术知识，因此在开展农业技术培训时大家反应都很积极。虽然农民的主要职业是种植农作物，但在传统的农业生产中，农民主要依靠经验的传承和积累获得种植技术。他们往往从儿童时期就接触到农业生产，通过常年观看并长期参与，耳濡目染地习得了父辈们的农业生产技术。但经验性的传统技术无法科学地解决生产中的问题，农民又没有科学有效的知识去提升种植技术，对于农药化肥的选择和辨别，他们更是完全不懂。所以在信息不对称的市场中，农民购买农药化肥时很容易上当受骗，甚至完全依靠农资销售商的推荐做出选择。而农资销售商本身是追逐利益的，哪些农资利润大，他们就会推荐哪种。其实很多农资商对农药化肥也缺乏专业知识，他们只是销售员。此外，因为缺乏知识、技术和信息，农民的农业生产水平基本不变，大多数情况下只能陷入"内卷化"困境中。而即使能够认识到存在这种问题，但普通农民知识水平有限，社会关系网络范围小，缺乏有效的渠道来获得农业技术和农资知识。

目前桑梓合作社每月逢尾号为"1"的日期都会请永济农业局的老师过来到农民的地里面进行讲课，也即每月有3次田间课堂。田间课堂主要由桑梓合作社的植保部负责，桑梓合作社所涉及的所有村庄被划分为6个区域，每个植保员负责一片区域。在每次田间课堂开始前，6位植保员需要确定好这次课堂的位置，提前确定好农户在地里面，同时各片区的社长和小组长会通知社员听课。田间课堂每次都在不同区域进行，以确保不同区域不同种类的农作物问题都被注意到。到达果园后，老师会选取一棵有问题的树，然后针对该树的问题进行现场指导,并指出当前阶段该做哪些预防措施,包括应对自然灾害和病虫害的防护,同时也接受农民的提问,并给出建议。整个过程,老师都采用地方方言和接地气的语言进行,以便于农民能够听懂。

由于授课环境轻松,授课语言易于理解,授课内容针对性强,社员参加田间课堂的积极性非常高。笔者在访谈期间,正好参与了一场田间课堂。通过观察,笔者发现整个课堂农民都听得非常认真,虽然也有私下说话的,但都是在讨论技术。一位老人推着婴儿车来听课,小婴儿在车里睡着了,她就把车子停在树下,自己站在旁边听老师讲。老师讲完桃树的课堂后,转到旁边的杏树地里去讲,由于听得太投入,这位老人竟然忘了婴儿车,也跟着大家簇拥着老师转移到另一块果园了,直到讲课结束她才忽然想起来把婴儿忘到刚才的树下面了。

> 老师讲得非常好,都能听懂。树上有啥问题,老师就针对这问题讲该咋办,该怎么防治,该用哪些药。人家不说药的名字,就说买些治什么病的药,不像那些推销的。我们虽然种了很多年树,但是有些问题还是一直解决不了,这些问题的原因很多,比如土壤,也可能跟树龄有关系,我们都是凭感觉种的,还是人家老师讲得科学。(TLL—202105)

2. 开展文娱活动改善农民生活质量

桑梓合作社开展的文娱活动主要包括跳舞、学习、辩论会等,影响最大的就是舞蹈队。舞蹈队的形成让村民们的精神为之一振。跳舞这个提议是在偶然的情况下产生的,但既然发现农民有这个需求,张翠贤就希望能够做成,在缺乏老师的情况下,张翠贤开始寻求外部的帮助,在朋友的指导下,张翠贤找到了坂渠市妇联,说明了情况。妇联作为官方的妇女组织,拥有一定的资金等资源,但无法深入基层去开展妇女活动,而张翠贤等人的想法刚好也为妇联工作提供了条件。妇联很快为张翠贤等人找来了老师,舞蹈队在张翠贤等人采取的各种措施下终于建立起来,最后,居然扩展了50多个村庄。

舞蹈队的活动内容主要是组织农村妇女跳舞,这不仅丰富了农民的业余生活,增加了他们的生活乐趣,还让农民得到了精神满足。因为到各地演出,被政府官员、媒体和学者等关注,极大提升了普通农民的自豪感和荣誉感。

实际上，农村的生活单一，农民们的精神生活和娱乐活动极度匮乏。通常情况下，农民的闲暇时间都是打牌、打麻将，或是几个人聚到一起家长里短地聊天说闲话。一些农民对此也很有意见，希望能够有充实的娱乐活动去放松自己，改变农村生活。但同样由于农民们知识水平有限，社会阅历不足，关系网络局限于村庄内部的问题，他们没有办法去改变其闲暇时间的生活方式。之后在妇女协会基础上扩大的村建委员会，以及基于同样的人员成立的几家农民合作社，都是从生活中发现农民的需求，为提高农民的生活水平，维护农民利益而开展的。

> 我是最早一批参加跳舞的，我1998年就参加了张老师组织的农业技术培训，我这个人就是比较爱学习，喜欢接触新事物，不喜欢她们那些天天打麻将，说闲话的。张老师组织跳舞的时候我马上就参加了，我们刚开始没人敢跳，到后来几乎全村的妇女都在跳，每天晚上吃完饭，那个广场上都是跳舞的，再后来我们就跳到市里了，越来越多的人来采访我们，我就感觉我越跳越自信，越跳越有劲。（LCR—202006）

桑梓合作社通过提供文娱活动，改变了村民的业务生活方式，增加了农村生活的多样性。事实上，这些是社区公共产品，由于村集体组织涣散，组织能力不足，无法为农民们提供基本的公共品，这些成为农民缺乏的资源。农民合作社作为一个组织，可以将农民组织起来，获取这些资源。事实上，农民合作社"不仅是经济组织，而且也是准社会组织，承担着一定的社会职能"（赵晓峰，2019）。农民合作社的这种性质使得其在不仅能够使农民在经济方面合作，也能在社会服务方面合作。农民为改善当下的生活质量，在组织的资源利益的诱导下，被吸纳进农民合作社中。

3. 开展村庄互助养老解决养老资源不足问题

桑梓合作社在发展过程中发现村庄内部存在着强烈的养老需求。2013年，合作社开始在永兴村进行试点，将老人集中起来在不倒翁学堂统一吃饭娱乐，增加他们的集体活动。农村互助养老是由阮水玲负责的，为丰富老年人的生活，她还组织了很多游戏和活动。由于老人行动缓慢，这些游戏都非常简单，例如拍手操，唱民歌、剪纸、唱戏等活动。这些活动虽然简单，但让老人们集体参与其中，增加他们的交流和互动就可以丰富他们的精神需求。后来桑梓合作社开始在多个村庄开展不倒翁学堂，为增强老人们生活的趣味性，桑梓合作社还在不同村庄之间开展文艺比赛，每月在不同村庄会演。桑梓合作社开展的这些活动不仅丰富了老年人的生活，也解决了家庭养老问题，让下一代得以脱身工作。截至2018年，已有360名老人参与了桑梓合作社30个服务点的养老服务。

老人们参加文艺比赛都很积极，有些老人已经表演完自己的节目了，他就是不下台，还想再表演个，有的老人甚至一连表演三个节目，我去叫他才下来。后来我就规定每个人表演完一个必须下来，要尊重后面表演的人，自己的其他节目可以留到下次表演。很多人这次表演完，回来立马就开始准备下次的节目了。因为要在不同的村里会演，这种形式还帮助老人结交了新朋友，老人们天天都可开心了。（RSL—202006）

不倒翁学堂在运行过程中还缓和了家庭矛盾。因为即使是亲子关系，有些事情也不好说出来，不倒翁学堂每月开一次老人的子女座谈会，老人不参加。座谈会上老人子女可以说些老人的习惯，身体状况，有什么坏毛病，工作人员反馈老人在这里的情况。这个制度使得亲子间不好意思说出来的问题，可以交给不倒翁学堂来做，这就缓解了双方之间的矛盾。

我经常开导老人，说来这里你就不要说闲话，不要说儿子不好，儿媳不好。你能来这，不都是人家给你交的钱嘛，你就在这开开心心就行了。我还让他们多体谅孩子，给他们说，你看孩子们天天要下地干活，回来还得做饭吃饭，你们在家就勤快点，顾不上打扫卫生的，你能扫地的，你就起来给他扫个地。有个人过来跟我说他爸在家喜欢随地吐痰。我就跟那个老人说，我说你随便吐痰，是太不讲卫生了，这也影响别人，你要吐你就走到后院去吐，别在正院吐，后来听他儿子说他在家真的改了。（RSL—202006）

2017年，政府关注到农村养老，开始在各村推广幸福院，不倒翁学堂的业务就停止了。笔者在调研期间看到永兴村的日间照料中心（幸福院）有一些老人住，就与他们聊天，发现这些老人之前都是桑梓合作社互助养老的成员。他们在这里每月交200元，剩下的钱由政府补贴。目前共有15位老人在这里，住在照料中心的是4位残疾或行动不方便的老人，其他老人只在这里吃饭。这里的老人都是80岁以上的高龄，做饭的老人相对来说是最年轻的，但也有74岁了，她每月工资800元，她除了给在这里吃饭的老人做饭，还要负责给村里两个不能动的老人送饭。日间照料中心有活动室，可以看电视，吃完饭也有一些村里的其他老人过来聊天，但与桑梓合作社的不倒翁学堂相比，这里的活动不多。目前这里的运行费用是村里老书记垫上的，因为政府项目资金是每半年一发，但老人每天都要吃饭生活，每天也就都要买菜，这使得他们担忧政府的这种养老模式是否可以持久。

> 我们还是怀念不倒翁学堂，那时候经常有很多活动，有医生为我们体检，她们还会从外面请老师教我们唱歌，我们还有文艺比赛，现在这里就是个吃住的地方，没啥人气。（XCS—202105）

事实上，农民合作社最大的资源优势就是组织性，通过激发农民的组织性，可以解决单个农民无法解决的问题，使得社员们"在组织中的收益大于个人所能获得的收益"（罗大蒙，2012）。因此桑梓合作社凭借农民合作产生的资源利益的作用，通过开展各种与农民的需求契合度很高的活动吸纳农民参与。而且通过经济合作和文化合作方面的相互作用，进一步强化了"内循环基础上的自治性"（乔运鸿、王凌雁，2016）。

基于以上讨论，农民合作社通过关系网络和资源利益吸纳农民，使其参与到合作社中，成为社员。其中关系网络中的信任是促使吸纳机制形成的重要因素，而通过资源利益吸纳社员，则是利用了农民的理性人特征，满足人们的利益追求。

第二节　农民合作社与村庄社会之间的双向控制

在嵌入式自治的农民合作社中，合作社首先需要有稳定的组织基础，也就是有对农民合作社认同的社员，这就需要吸纳农民。而这种吸纳是建立在嵌入性基础上的，即农民合作社利用其嵌入于村庄社会的事实，才能发挥关系网络等村庄资源的资源吸纳社员。在这个过程中，就形成了农民合作社对村庄社会的依赖。反过来，也就形成了村庄社会对农民合作社的控制关系。这里所说的"控制"，不具有政治上或行政权力上的强制性，而是科尔曼的理性选择理论中所讲的，行动者为获取利益，而将某种控制（或控制权）给予其他行动者的行为，也就是资源交换所产生的控制权的转移。而农民合作社又具有能动性，为了争取组织的自治性，就会针对这种控制关系进行反控制。最终形成农民合作社与村庄社会之间的双向控制关系的结构。当然这两种控制关系存在强弱之别，由于农民合作社的资源更为丰富，在选择社员上更具优势。而单个农民力量薄弱，其资源对农民合作社来说作用有限，两者处于不平等的结构位置中，因此，村庄社会对农民合作社的控制关系相对来说程度较弱。

另外，需要注意的一点是，农民合作社中的能人虽然经常代表合作社进行行动，但能人也有其自身利益追求，并不完全与农民合作社目标一致。当能人利用其在组织中的特殊位置而争取个人利益时，就可能产生能人对社员的控制，形成能人领办型合作社，因此在分析农民合作社对村庄社会的反控制关系时，需要将农民合作社区分为能人和组织进行分别讨论。

一、村庄社会对农民合作社的控制关系

组织的社会合法性对于组织的生长至关重要，社会合法性与组织成员的认同密切相关。有学者认为"组织社会合法性是指组织的权威结构所获得的组织成员的承认、支持和服从。当成员对组织越认可，组织内部合法性的基础就越牢固"（赵孟营，2005）。这就说明了组织成员对组织来说的重要性，农

民合作社为了争取自治性，必须嵌入于村庄社会中，形成自己的社会合法性。为了留住社员，农民合作社必然以社员的需求为组织行动指南，以维护社员利益为目标，也就是社员的需求影响到了农民合作社的组织活动。由于农民合作社嵌入于村庄社会中，因此，必然受到村庄社会内部规范的约束。

(一)村庄社会的舆论机制的控制作用

农民合作社的建立与社员对合作社的认同密切相关，而这种认同程度存在着从内而外程度减弱的差序格局。也就是说处于核心位置的社员对农民合作社的认同感是最高的，他们通常对农民合作社的理念和价值导向有深刻的认识。而处在最外围的社员对农民合作社的认同感是最低的，他们对农民合作社的理念和价值取向缺乏认识，他们更多是基于搭便车的心理参与到农民合作社中的。基于对农民合作社的认同程度的差异，不同社员就分布在从核心到外围的结构上。因而一旦农民合作社出现问题，这些较外围的社员首先就会选择离开，并在村庄中对农民合作社进行负面信息的传播，这进一步会对农民合作社形成舆论压力。这种舆论压力在村庄的评价体系中影响非常大，是受到农民认可的共同文化规范的作用，因此，一旦产生舆论压力，就会通过关系网络进一步扩大，影响其他社员对农民合作社的信任(Bareille，2017)，进而对农民合作社的稳定产生不利影响。此时，社员可以凭借自己的退出权而选择离开农民合作社。虽然社员在资源禀赋上与农民合作社存在差异，但合作社是建立在社员参与基础上的(孟飞，2016)，当更多社员受到村庄关系网络的影响时，就会危及农民合作社的组织基础，表现出村庄社会对农民合作社的控制关系。

2017年桑梓合作社面临了成立以来最大的危机。2017年6月份，张翠贤发现有桑梓合作社的工作人员在卖保险，而桑梓合作社禁止工作人员兼职其他工作，所以张翠贤听到这个消息后非常生气。后来她又发现有几个工作人员参与了当时在农村很常见的"电动车免费领"活动，即一个人只要拉够7个人报名参与活动，自己就可以免费得到一辆电动车。张翠贤认为这种活动类似传销，听到桑梓合作社已经有人参与后，张翠贤感到问题的严重性，当她赶到工作人员家里时，发现她已经把电动车推回来了。通过深入调查，张翠贤发现桑梓合作社的工作团队中一共有十多个人参与。7月份，张翠贤立马召开会议，针对这两个问题进行了团队的自我整顿，由于一些人是桑梓合作社的老干事，不可能把她们都开除，所以第一次开除了3个辅导员，但之后又有10多个工作人员也走了。

到2017年9月份的时候，桑梓合作社又碰上了国家规范社会组织的行动，有关部门发现桑梓合作社之前接受过境外资金注入，其实是信用合作部接受的福爱基金会（总部位于香港）提供的有偿原始资金的使用。地方各部门为避免事情扩大影响到地方工作，就以各种名义审查桑梓合作社，希望桑梓合作社停止相关工作，这导致桑梓合作社的正常业务根本无法开展。2017年10月，桑梓合作社暂停了所有业务，虽然最后证明桑梓合作社是清白的，但当时这一连串的事情给桑梓合作社造成了重大危机，影响到桑梓合作社在村庄社会中的评价。

10月份桑梓合作社的工作暂停后，就开始出现大量工作人员离职的现象。有的人一离开桑梓合作社就开始说坏话，而一些村民看到政府对桑梓合作社审查，就开始谣传张翠贤携款外逃，桑梓合作社倒闭了，这个消息引起了很多社员的恐慌，导致桑梓合作社信用合作部出现挤兑浪潮。但当时有很多钱还贷在外面一时无法收回，难以立刻把所有钱都退给社员，这就使得桑梓合作社的形象进一步恶化，谣言传得更加离谱。这种恶性循环把桑梓合作社推入成立以来最大的危机中，最后导致更多团队工作人员离开，到2018年，桑梓合作社原来有113位全职工作人员最后只剩下了10多个，有的人是由于家庭的压力选择其他工作，另一些人是受到其他利益诱导离开。

> 当时合作社暂停很多业务后，农民谣传什么的都有，有人传桑梓合作社早就解散了，有人传张翠贤被抓起来了，有人传张翠贤携款逃走了。后来我去参加一个白事，我在那坐着，旁边有的人就在闲聊，就说听说那个张翠贤早就跑了。我就问那个人说你认识张翠贤不，她说不认识。那次打击也把我们打醒了，我们以前把事情想得太理想了，把人都想得太好了。（ZCX—202105）

这对桑梓合作社的发展形成一次冲击，而张翠贤在得知造谣的人是谁后，为了维护桑梓合作社的声誉，弱化桑梓合作社在村庄舆论中的负面形象，开始对其中几个造谣者进行起诉。

他为什么造谣我们的资金互助组要解散了？其实他是在合作社借了款，一直逾期未还，他在 2015 年的时候从合作社借了 3 万块钱，现在还有 2 万多点没还，我们一直催，他就是没还。刚好他听到这个事情，他就想着这是个机会，想通过造谣给我们压力，这样他就不用还了，这种态度是非常恶劣的。一些人还来找我说情，但是我一定要跟他们打官司，无论是维护我个人声誉还是合作社的声誉，跟他们的官司我肯定是继续打下去的。(ZCX—202012)

从这次危机可以看出，农民合作社嵌入在村庄社会中，很明显地受到村庄社会内部文化因素的影响。村庄舆论体现的是村庄内部的认知，一旦出现负面的舆论，这些舆论就会通过关系网络传递到其他村民处，进一步影响社员对农民合作社的认知。

(二) 村庄社会的人情规范的控制作用

2017 年发生的一系列事情导致关于桑梓合作社的谣言四起，这就使得一些社员产生投机侥幸心理，认为桑梓合作社要倒闭了，那么自己在那里贷的款也可以不用还了，这进而导致桑梓合作社面临收款难的问题。桑梓合作社的信用合作中社员贷款不需要抵押物，社员还款的约束机制是基于村庄内部的道德约束和舆论压力。但这种还款机制的有效性是建立在村庄内部的评价体系能够发挥重要作用的基础上，也就是说村民们有着共同的价值观念和道德规范，其生活预期依然在村庄内部。然而随着村里人外出打工，做生意的增多，城乡流动性增强，村庄原有的共同的价值观念和道德规范受到冲击，原有的村庄内部的评价机制也逐步弱化。这种情况下部分借款人开始故意逾期不还借款，而农民都有跟风的表现，这也是其利益导向的驱使，所以桑梓合作社一下子就面临了严重的金融危机。

我们过去太相信农民了，太信任大家了，这也给了我们深刻反思的机会。我们认为大家都是乡里乡亲的，经过这么多年的合作，信用合作都没出现问题，大家肯定都已经认同信用合作的制度了，但没想到，问题一出来，落井下石的人那么多，这让我们非常寒心。(ZCX—202012)

其实，桑梓合作社面临的这种困境其实是过度嵌入的结果，过度嵌入于村庄社会中，受到人情网络的牵制，而制度性建设不足，缺乏有效的监督机制，特别是缺乏严格的惩罚机制，这就使得一些具有投机性的社员的违约成为可能。在一些人出现违约行为，没有按时还款时，一方面，因为这些人的贷款数额都比较小，基本上都是几千块钱，如果采用打官司，所付出的时间成本和人力、财力、物力成本都非常高。另一方面，由于都是村庄社会中的一员，在他们无论如何不愿意还款时，又无法采取过于极端的手段。桑梓合作社过于注重社会关系的价值，而陷入人情困境中，这直接影响到了它的有效运行。

在村庄社会中，农民的交易行为并不以契约为基础，村庄社会是一个缺乏规则制度的场域。因此，如果寄希望于农民能够完全遵守与农民合作社之间形成的契约，或者说完全遵守农民合作社的规章制度，是不现实的。这就使得农民合作社与农民之间的交易存在违约风险。费孝通在《江村经济》中发现合作工厂发展过程中面临着蚕茧供给不足的情况，因为社员会基于利益比较，将蚕茧卖给了出价更高的商贩，他们并不会重视契约，不会按照与合作工厂提前签订好的协议将蚕茧卖给合作工厂。在交易过程中，"农民天然具有建构性依赖"（Emery & Steven，2015），也就是说他对组织的认同是建构性的，一旦无法满足其需求，这种认同就会发生变化，这也可以解释桑梓合作社面临的一系列危机。

虽然村庄社会的人情面子机制可以约束社员的行为，避免违约行为的发生。但另一方面，农民合作社过度嵌入村庄社会中，也会使得它陷入人情困境中，影响组织行为为利用有效的规则制度和社会法律维护组织利益。

（三）村庄社会的权力结构的控制作用

村庄社会内部存在着明显的权力结构，村两委或者说主要的两委干部是村庄内部的权力中心。他们通常被认为是村庄事务的负责人，为村庄提供公共产品，解决村民之间的矛盾问题。而由于桑梓合作社的业务涉及范围广，不仅包括农业生产方面的合作，还为社员提供互助养老、文化娱乐等公共产品。很多业务，尤其是公共服务在一定程度上架空了农村两委在村庄内部的职能，必然会引起村两委的不满。因为事权也是一种权力，能够为社员提供公共服务就在村庄社会中形成了一种权力，这直接影响到村两委的工作。而且由于桑梓合作社的社员涉及两个乡镇，20多个行政村，这必然需要处理好与村两委的关系。

> 我们做垃圾清理时候，也到其他村做，那肯定要先跟他们村的村干部说，有的村干部很支持，一说就说通了。有的村干部咋说都说服不了，他们会说，那你合作社把这做了，我们村干部做啥呢？他的意思是觉得合作社影响到了他的权力。（WSQ—202006）

针对这种问题，桑梓合作社也采取了策略性手段，嵌入到村庄内部，尊重村庄已有的政治结构或者权力结构，减少村干部对桑梓合作社的警惕和敌视，以便于推进桑梓合作社的工作。

> 我们在其他村做互助养老，很多村干部都很欢迎的，但是确实要在开始之前征询人家村干部的意见，人家同意在人家村上做才能做。我们还要处理好与村干部的关系。合作社在过节的时候会给老人发点礼物，端午节、中秋节、老人节这些传统节日都有。我们就是合作社出钱买东西让村干部去给老人发，让人家发东西，是因为咱们在人家村里，那就让人家村干部做好人嘛，他感觉你尊重他了，有面子了，工作才好做。（RSL—202105）

农民合作社为了吸纳村庄资源，吸纳农民参与农民合作社，就需要首先嵌入于村庄社会中，利用这种嵌入性吸纳资源。但嵌入性也导致在资源交易过程中，出现农民合作社对村庄社会的依赖，也就是村庄社会对农民合作社的控制关系。村庄内部的舆论机制、人情面子以及权力结构都会影响农民合作社的行为，对农民合作社形成控制关系。其实这种控制关系的形成，最本质的还是社员拥有自由的退出权，当农民合作社不受村庄规范约束时，无法让社员满意和认同时，社员就会选择退出，这对农民合作社形成了压力，进而就会形成对农民合作社的控制关系。

二、农民合作社对村庄社会的反控制

村庄社会对农民合作社形成的控制关系在一定程度上削弱了农民合作社

的自治性，影响农民合作社的发展方向和结构制度。因此，为了争取组织的自治，农民合作社会采取反控制策略。这种反控制关系主要是针对生活于村庄社会中的社员，以对社员的控制来体现。

然而，在具体分析这种反控制策略前，我们需要明确的是农民合作社并不是一个有形的主体，其目标和理念的落实需要由有形的主体来实践，这通常是由社员中行动能力更强、资源禀赋优势明显、对农民合作社认同度更高的核心社员，也就是农村能人来承担。然而农村能人不仅是"组织人"，也是"个体人"，作为一个有理性的人来说，他会追求个人利益，而个人利益与组织利益并不一定相同。也就是说可能会出现农村能人为追求个人利益，吸纳村庄社会的资源，而对社员产生控制关系，在现实实践中可能出现能人领办型合作社。所以在具体分析中，我们需要将农民合作社分为组织和能人两类主体，代表两种利益，具体分析两种主体采取的反控制策略，对农村社会形成的控制关系。

（一）组织对社员的控制关系

组织对社员的控制主要表现在通过建立规则制度，约束社员，降低他们通过集体行动对组织形成的控制关系。同时，还通过建构制度理性，增强社员对农民合作社的认同，降低他们退出农民合作社的可能性。

1. 建立规则制度

桑梓合作社在内部形成了自己特殊的规则制度来约束社员的行为。为了保障不同业务的持续发展，约束农民的违约行为，也为了保持组织稳定性，降低社员退出风险，桑梓合作社同时开展了经济业务和社会业务，这些业务涉及农民生活的多个方面，可以满足农民的多方面需求，这就增加农民对合作社的依赖性，降低其退出桑梓合作社的可能性，进而弱化其对桑梓合作社的控制关系。

桑梓合作社的业务种类繁多，包括农资统购、信用合作、有机农业、日用品统购等经济类合作业务，以及互助养老、儿童教育、农技培训、村庄环境卫生治理等公共服务类业务，这些业务有些随着政府的进入而停止，但都还有其他方面的服务，因此，可以满足社员多方面的需求。由于目前我国法律中没有任何一类组织可以承担这么多项业务，所以桑梓合作社采取将不同业务注册登记在不同组织内，但实际上都是桑梓合作社的工作团队在运营，且都是依靠桑梓合作社的社员合作推进的。经济合作社业务具有盈利性，不仅可以为社员带来经济利益，并承担组织运行的成本，还可以为公共服务类业务提供资金补贴。而公共服务类业务则可以满足社员对公共品的需求，它也为经济合作类业务提供稳定的社会基础。这种多种业务相互支撑的制度安排，"类似于社会企业，维持了合作社的稳定"（戴志勇、陈建宇，2013），也促进了农民合作社内部的良性循环（乔运鸿、杜倩，2015）。在这种情况下，也可以稳定地为社员提供多方面服务，使社员可以在农民合作社中获得多方面资源，进而对农民合作社的依赖性增强，降低了其退出农民合作社的可能性，也就弱化了对农民合作社的控制关系。

桑梓合作社另一个制度特色是在不同业务之间形成嵌套性，进一步加强了组织对社员的反控制。业务嵌套性主要表现在，不同业务之间相互交叉捆绑，共同约束社员。例如希望享受桑梓合作社价格优惠的农机服务，并从桑梓合作社农资店购买质优价廉的农药化肥，就需要成为桑梓合作社的社员。而要成为桑梓合作社的社员就需要同意将自己土地中的一小部分参与土壤转化，进行生态种植。社员通过这种嵌套式的合作方式深度参与到桑梓合作社中，不仅可以享受桑梓合作社提供的全方位多样性的服务，更重要的是对桑梓合作社的理解以及对合作理念的认同逐渐加深。而对桑梓合作社来说，通过让社员参与到业务嵌套的关系网络中，既让社员获得了多方面的服务和资源，又推进了符合农民合作社理念的业务的开展，并对社员的行为形成了约束和规范。通过长时间多频次与农民合作社的交易，社员"逐渐失去对合作业务网络和利益关系网络所产生束缚的敏感性，也就是通过业务的连带制衡建构出一套约束机制，增加社员退社的隐性成本，降低社员退社的概率，保持合作社的稳定"（赵晓峰、海莉娟，2020）。这种设计也是桑梓合作社能够保证各项业务规范化运行的重要规则，在这种规则约束中，显示出的是具有普遍主义的成员关系，而非对某个或某些成员的特殊关系，因此，也使得社员对能人的信任逐步转变为对桑梓合作社的信任。

> 你刚才也看到了，我在给那家送夏凉被、生抽、筷子的时候，旁边的妇女就说为啥她家没有，我们是有制度的。参加了合作社就能够享受很多福利，但并不是所有福利都能享受到。你想享受福利，那就要加入我们合作社，参与农资统购；要想用我们的有机种子、

有机肥，那就要参与土壤转化；要想有刚才这些礼品，这是二次返还，那就要与合作社有足够的交易额。我们这里面都是一环环约束的，也是一种对社员的引导，倡导生态种植。（LYF—202006）

2. 培育制度理性

建构制度理性的方式可以增强社员对农民合作社的认同，降低其违背合作行为的可能性，进而实现组织对社员的反控制。而培育制度理性的方式主要是通过增加社员与农民合作社之间的交易行为实现的。桑梓合作社开展了多种合作业务，包括经济方面的合作和文化方面的合作，这些合作业务背后都体现着其合作理念。例如在生态种植方面的合作，社员们更看重的是经济收益，因此，在开始时社员们首先关心的是能够比普通作物多卖多少钱。但桑梓合作社更看重的是生态种植对生态环境和农民自身健康的影响。为了让农民接受这种观念，桑梓合作社先让社员只拿出一块地尝试，后续可自行扩大面积。同时，用嵌套性的业务要求推进社员采取生态种植。在信用合作社中，桑梓合作社要求参与借款的人必须孝顺父母，人品端正。这些合作理念存在于多种业务之中，而社员在长期与合作社交易过程中逐渐习得了这种理念。

通过社会方面的业务合作，社员们可以获得各种农业技术，可以参与到养老合作中，减少在家庭养老中需要花费的精力，也提高老人的生活品质。而通过经济方面的业务合作，可以减少农民品卖难的问题，可以获得资金方面的支持，还可以获得低于市场价的农资农技服务。多方面的业务合作增加了社员对桑梓合作社的依赖，逐渐建构起组织内部的制度理性。这就降低了社员退出的风险，也降低了社员对合作社的控制强度。

我去听过几次课了，老师讲得确实好，我也参加了土壤转化，这两年让做酵素去改良土壤，我都做过。我之前也在合作社贷过款，我都及时还了。我觉得合作社挺好的，她们几个确实很辛苦，就是想让农民发展好，还要保护土地的生态。现在合作社确实很难，但那些贷款没还的，他就不是真正的社员，他就没有遵守合作社的规则嘛，大多数社员还是都很守规矩的，毕竟都参加这么多年了。（QYP—202006）

(二) 能人对社员的控制关系

能人对农民合作社的作用是意义重大的，因为前期将农民合作社的组织优势体现出来，进而动员农民加入合作社，甚至农民合作社吸纳机制的具体实施是需要依靠农村能人的组织能力的，农村能人承担了前期的组织成本（罗家德，2010；Franklin, K et al.，2019）。能人由于在文化、经济、技能或者人格魅力上占有优势，农民合作社的业务推进主要依靠能人。而社员与农民合作社的交易也体现为与能人的交易，特别是在农民合作社形成初期，主要依靠能人的关系网络和资源吸纳农民参加，所以能人对社员的控制关系主要体现为社员对能人的信任。

由于信任的存在，能人做出的决策和提出的想法，社员都会参考。桑梓合作社中最核心的人物就是其发起人张翠贤。张翠贤在组织农民开展社会和经济活动前，已经做了十几年的小学老师，周围村庄很多人都是她的学生，而且她具有很强的实践能力，观察能力和思考能力也很强，且做事专注投入，个人亲和力高，有相当的人格魅力。同时，她有着丰富的社会阅历，由于家庭关系，她的人脉关系广，这些特点使得她在村庄有着很高的社会威望。在组织农民的经济活动、社会活动，建立桑梓合作社时，她依靠采取多种方式一次次地不断说服农民加入进来，同时，她依靠自己的人脉关系为农民提供各种资源，因此，很多农民基于对张翠贤的信任而加入了桑梓合作社。

> 我加入合作社是因为张老师，我们住得很近，她刚开始做技术培训时候就叫我了，我看她真的很辛苦，做的事情都是为了大家好，拿自己的钱往里面贴了很多，我就很佩服张老师，我们刚开始那些年都没有工资，因为都不挣钱，每次都是张老师有点钱了，她就二百、三百地给我们，我们那时候哪好意思要，她自己付出的最多了。（RSL—202105）

> 我来这里非常偶然，我原来是在江苏那边打工了，后来因为结婚有孩子了，就回来老家了，就想着在老家这边找个工作，后来我听说了合作社，没有想到我们这边的农村居然有这么好的地方，能做到这么大规模，这么大影响力，尤其张老师是个传奇人物，我特

别佩服她，我就想留在这跟着她学习。（ZPG—202012）

桑梓合作社的业务部门多，由一个配合良好的团队来负责运行，这些工作人员，特别是老干事和各业务部门的负责人都是经历过锻炼和磨难而成长起来的，她们在某一方面表现突出，所以桑梓合作社内部并不是只有张翠贤一个农村能人。而桑梓合作社的辅导员制度则更明显地体现了农民合作社中能人对社员的影响之大，或者说能人对于农民合作社的作用之大。

桑梓合作社所涉及的村庄和社员被划分成多个片区，每个辅导员负责一个片区。辅导员负责收集社员的信息，包括家庭成员信息，土地面积，种植品种，使用农药化肥等方方面面的信息，同时，辅导员也负责向社员传递桑梓合作社的信息，包括各业务部门的内容，最新的农资信息，农技培训信息，资金借贷信息等。由于桑梓合作社涉及范围包括2个乡镇，43个行政村，3800多户社员，所以张翠贤等发起人和老社员的影响范围有限，而社员最直接接触的是辅导员，所以社员对辅导员的信任度非常高。笔者在调研期间，经常听到社员说到他们的"片长"（辅导员）工作非常认真负责，对辅导员的信任溢于言表。

然而这种对能人对社员的控制关系，或者说社员对能人的信任对农民合作社的发展也可能产生负面影响。从辅导员制度来说，由于辅导员是以农民之间打交道的方式与社员互动的，这就导致在长期互动中辅导员与社员之间建立起了密切的私人关系，也因此，辅导员甚至还成了很多农民矛盾纠纷，家庭问题的调解员。这种情况使得辅导员处于合作社与社员之间的结构洞位置上，一些辅导员可能利用这种结构优势谋求个人利益。2017年的风波中，这种制度的弊端也表现出来，由于社员对辅导员的信任感是最强的，而随着一些辅导员的离开，社员也逐渐流失。笔者在村庄调查时，发现辅导员的离开导致桑梓合作社与社员之间关系断裂，一些社员的身份认同出现问题。

我们的片长（辅导员）都不干了，你说我还算是社员吗？（SCS—202105）

辅导员是跨区域负责，每个人负责4—5个村，180户，辅导员可以通过经常的走访了解社员，但不在一个村的社员就无法监督到辅导员，原来的户都集中在辅导员身上。2017年的风波产生后，一些辅导员离职,我们连移交社员的手续都没有。我们原来对人的考虑过于理想了,我们认为人都是好的,但到利益面前,就都看清楚了。(ZCX—202105)

事实上,关系信任在能人对社员的控制关系中具有重要作用。关系信任是指"个体通过其可以延伸得到的社会网络来获得他人提供的信息、情感和帮助,以达到符合自己期望或满意的结果的那些态度或行为倾向"(翟学伟,2003)。也就是说关系信任局限于关系网络内部,在关系网络内部,组织的交易成本极低,但扩大到关系网络外部就会形成极高的交易成本,这就限制到组织规模的扩大,使组织规模局限于人情圈子内。对于农民合作社来说,社员与能人之间的关系信任会影响农民合作社的制度化和规范化,农民合作社的发展受到人情关系的约束,进而会影响农民合作社理念和制度的建构。因此,农民合作社发展过程中,特别是在扩大规模的过程中,需要实现关系信任到制度信任的转变。否则,极易形成能人借助社员对其的关系信任而谋求个人利益,威胁到农民合作社的组织自治性,出现能人领办型合作社。

DI-SANZHANG
第三章

吸纳与控制 II：
农民合作社与地方政府之间的关系

第三章　吸纳与控制Ⅱ：农民合作社与地方政府之间的关系

前一章讨论了农民合作社与村庄社会之间的吸纳与控制关系。而本章的任务则是讨论理论框架中的另一对吸纳与控制关系，即农民合作社与地方政府之间的吸纳与控制。由于地方政府拥有特殊的政治资源，这对生存于特定的制度环境中争取自治的农民合作社来说至关重要，因此，农民合作社会采取行动吸纳政治资源。但要实现吸纳，需要利用其嵌入性，而嵌入必然产生依赖关系，进而形成地方政府对农民合作社的控制关系。但农民合作社有自己的组织利益，为了争取自治，农民合作社会采取策略行动进行反控制。因此，本章首先讨论农民合作社嵌入制度环境的行动。其次，讨论农民合作社对地方政府的吸纳机制。最后，讨论双向的控制关系。基于这一讨论，明确农民合作社如何在嵌入制度环境的背景下通过吸纳与控制实现嵌入式自治。另外需要注意的是，农民合作社在与地方政府交易过程中是以能人为代表开展具体实践活动的。但能人有个人的利益，并不完全以组织利益为行动目标，所以在具体分析中，需要将农民合作社区分为"能人"和"组织"两个主体，讨论它们与地方政府之间的互动实践。

第一节　农民合作社对地方政府的吸纳机制

农民合作社对地方政府的吸纳是因为地方政府拥有组织缺乏的资源，而这些资源对组织自治具有重要作用。事实上，吸纳机制是建立在农民合作社嵌入于制度环境的基础上的。只有嵌入于制度环境得到政府的认可，才能进一步吸纳地方政府拥有的资源。而嵌入性的实现主要是尊重制度环境中已有的规则秩序，并减少与地方政府之间的信息不对称性，进而得到农民合作社发展所需的政治资源。本研究通过分析桑梓合作社的案例发现，农民合作社采取了多种策略嵌入于制度环境中，具体包括与政府官员建立起有效的私人关系、主动向地方政府汇报工作、将地方政府的利益纳入考虑范围等。因此本节将首先从这三个方面讨论农民合作社嵌入制度环境的策略行动。

农民合作社嵌入于制度环境中，是为了吸纳制度环境中的资源，但这些资源并不是特指经济方面的资源，而是指在具体的制度环境中，组织生存所需要的各类资源。地方政府不仅可以为社会主体提供项目资金、税收优惠、政策补贴，还可以为其提供制度方面的支持，使其获得政治合法性。因此本研究从吸纳政府资源和获得组织的政治合法性两个方面对吸纳机制进行讨论。

一、农民合作社嵌入于制度环境中

前文已经详述过"嵌入性"概念的发展，其中对生存在现实制度中的组织来说，嵌入于制度环境非常重要。祖可与迪马吉奥认为政治嵌入是指经济机构和决策是由有关经济行动者和市场主体的权力斗争塑造的，例如国家法律框架。弗雷格斯坦也强调了经济行动中的政治性，他从"政治—文化"视角对市场的结构进行解释，认为"市场的合法性是国家授予的"（弗雷格斯坦，2008：92），"国家的组织和机构制定并监管着支配某一地域内经济活动过程的规则"（弗雷格斯坦，2008：174）。杨团和李振刚（2008）从组织演化的角度讨论了制度环境的重要性，他们认为"合作社的发展需要内外机制共生共存，不可忽略任何一方。农民合作组织的整个发展历程都需要政策和法律提供支持。而内生的动力机制又需要外在制度和规范持续性的支持，如此才能逐步建立"（杨团、李振刚，2008）。而还有学者"从社会组织参与社会治理角度讨论了制度环境的重要性"（邓泉洋、汪鸿波，2020）。而由于农民合作社具有天然的弱质性和益贫性，实现社员范围内的公平（国鲁来，2001），这很容易导致其在兼顾到社会公平时，影响到自身的效率，内部产生严重的"搭便车"现象，所以"如果没有公共政策支持，合作社将很难自主发展，因此必须得到公共政策的支持"（孔祥智，2007）。通过这些讨论，可以发现制度环境对农民合作社自治性具有重要作用。

农民合作社中虽然存在能人的个人利益和合作社的组织利益，但在争取制度资源方面，能人和组织的目标是一致的，具体的策略行动由能人的行动体现，因此，接下来，结合桑梓合作社的具体案例，分析农民合作社采取何种策略嵌入于政治环境中。

(一) 建立私人关系

制度环境的形成是政府行为的结果，因此嵌入于制度环境中，最主要的就是与政府建立起良性的关系，对于扎根在乡村的农民合作社来说，互动最多的政府主体是地方政府。而地方政府作为一个庞大的官僚结构，其实践行为也必须由具体的个人来体现，即各类政府工作人员，尤其是具有决策权的部门领导。因为"政府行为既包括中央和地方政府各部门的行政决策及执行过程，也包括政府公务人员在执行政府职能过程中实施的个人活动"（赵玉石，2019）。也就是说虽然政府行为需要遵循已有的法律和规章制度，但作为具体的决策和执行者，政府官员通常可以根据自己的理解对法律法规做出操作性解释。因此，政府工作人员的个人行动不仅影响到具体政策的执行，其本身也是制度环境形成的一个部分。所以，要嵌入于制度环境中，必须重视这些政府官员的作用。能人可以通过与政府官员建立起私人关系，增加政府官员对农民合作社的了解，促使农民合作社嵌入于政治环境中。

从1998年开始，张翠贤就在农村组织了大量农民活动，这些活动包括村庄社会服务和经济合作两大类，村庄社会服务类的活动为组织奠定了稳定的基础，有利于经济合作业务的稳定，而经济合作业务又为社会服务类业务提供了资金支持，并增加社员收入。因此，桑梓合作社在当地形成了极大的社会影响力，拥有很高的知名度。而在这个过程中，张翠贤的知名度和影响力也大大增加。依靠其所取得的成绩，张翠贤曾被评为河东镇人民代表、"科技致富带头人"、山西省"省三八红旗手"、山西省"省劳模"等荣誉称号，这为其与政府工作人员建立私人关系提供了条件。此外，张翠贤的家庭成员拥有丰富的社会关系，特别是部分家庭成员在地方政府中任重要职位，这也为张翠贤与政府官员建立私人关系提供了可能。

张翠贤的爱人许峰振的父亲退休前是铁路上的工作人员，因此，受家庭影响，许峰振的阅历丰富，做过很多行业，2006年他凭借着个人能力和社会关系网络，担任了永兴村村委会主任。工作几年后，又凭借在村庄里做出的成绩和个人能力被选为坂渠市人大代表。因为承担着村委工作，也担任政府体制内职务，工作任务比较繁杂，因此许峰振当时并没有承担桑梓合作社内部的事务。但作为张翠贤的丈夫，他又与桑梓合作社关系密切。桑梓合作社的全部发展历程，他都非常熟悉，甚至很多业务，他也做出了很多贡献。

因此，凭借已有的社会关系，以及拥有的公务头衔和荣誉，张翠贤和许峰振与很多政府官员都建立起了私人关系。虽然张翠贤和许峰振后来都不再担任政府公务头衔，但他们与政府官员的私人关系依然存在。他们可以借助这些私人关系，在与政府官员的互动中，增加地方政府对桑梓合作社的目标理念以及业务内容的了解程度。同时，与政府官员的私人关系也方便他们及时充分地获得与农民合作社相关的政策法规的信息，并对地方政府的政治环境，甚至内部信息有所了解。通过私人关系的途径，桑梓合作社与地方政府之间的沟通和互动更加顺畅，这有助于桑梓合作社嵌入到制度环境中。此外，张翠贤也会将桑梓合作社自己种植的土特产送给地方官员，虽然花费不多，但正是通过这些细微的行为桑梓合作社不断维系与建构着与地方官员的关系，并向地方政府表现出了桑梓合作社希望与地方政府建立起友好沟通关系的态度。

> 张老师他们关系很广，跟很多当官的都认识，发展特别好的那几年几乎天天都有领导过来视察，这里就是模范，张老师也拿了很多荣誉，合作社发展得好肯定与这也有关系。（HJS—202012）

嵌入性意味着发生嵌入关系的双方之间的互动关系频繁，嵌入方需要考虑到被嵌入方的规则秩序。能人与政府官员私人关系的建立，则将两者的关系微观化，在私人关系的沟通交流中，地方政府对以能人为代表的农民合作社的认识逐渐清晰，因此，可以做出相应的判断。同时，私人关系的人情机制也会影响到政府官员对农民合作社的态度，这为农民合作社嵌入于政治环境提供了有利条件。

（二）加强沟通交流

因为地方政府更了解基层社会，各项国家政策的落地都需要熟悉基层社会的地方政府来实施，所以，地方政府的态度对合作组织来说就非常重要。事实上，在具体实践中，由于法律制度不健全，政策之间相互打架问题的存在，桑梓合作社的一些业务开展非常受限，特别是信用合作业务就明显受到约束。信用合作业务的开展主要受到法律规则之间不顺畅的影响。"中央一号"文件多次强调了信用合作的重要性，支持有条件的合作社开展信用合作业务，但却没有全面细致的规定。2017年修订通过的《合作社法》对合作社业务进行了调整，却也没有将信用合作包含在内。但这种政策模糊不清的情况也为该项业务的开展留下了一定空间，因为政府的科层制决定了不同规则制度的层面，"中央政府和地方政府分别侧重于立法规制与执行规制；地方政府规制的选择性激励赋予了合作社进行政府俘获的制度操作空间"（崔宝玉，2014），这主要是基层政府在执行政策时具有一定的灵活性，为桑梓合作社的策略行为提供了条件。也就是说，由于地方政府负责政策的具体执行，在政策模糊的领域，地方政府可以根据自己的判断，侧重某方面的发展，形成一定的制度环境。在这种情况下，农民合作社可以通过各种策略手段争取地方政府的支持。

在这种制度环境中，很多开展信用合作业务的农民合作社为了争取运作空间，都会采取策略行动，"加强与地方政府的沟通合作，赢得地方政府的支持，从而获得行政许可"（赵晓峰，2018）。特别是桑梓合作社的业务范围广泛，虽然这些业务都取得了很明显的成效，也受到社员热烈的欢迎，并为地方社会稳定和发展做出贡献，但目前没有一项法律涉及这样一种包含多种类型业务的组织。因此，为获得地方政府的支持，桑梓合作社采取向政府部门汇报的策略，例如向政府主要官员展示合作社，包括桑梓合作社的发展历程，主要业务，财务情况，发展目标，并请政府部门予以监督，进而获得地方政府的信任和支持，尤其是经常向几个主要领导汇报工作。

> 2006年时候，张翠贤组织社员入股自家农资店，改变了当地了金融生态，就被当地农信社以非法集资告状到市政府，当时的地方领导比较开明，也是因为张翠贤他们有汇报工作，对其较为了解，最后轻松化解。①

---

① 王峰、马永涛：《当乡村精英遭遇经济学家：两家明星农村机构的互斥性分手》，《21世纪经济报道》，2013-12-30，http：//www.p5w.net/news/gncj/201312/t20131230_434268.htm。

其实桑梓合作社在其前十多年的发展过程中尽量避免与地方政府有过多接触，即使政府主动找到桑梓合作社希望给予各方面的支持，桑梓合作社也委婉地拒绝。因为桑梓合作社担心接受政府的实质性帮助后，就需要听从政府的安排，影响到其自主性发展。虽然当时很多领导对桑梓合作社都比较包容，但桑梓合作社的这种态度，使得信息不对称问题凸显，地方政府无法清楚地了解桑梓合作社的工作，因而导致一些领导对桑梓合作社的这种做法很有意见。而当地方政府对桑梓合作社的工作和想法不十分清楚时，也就无法准确将桑梓合作社与当前的政策环境联系起来，更无法给桑梓合作社提供有利的制度环境和发展空间。在受到一定的启发后，桑梓合作社改变了原来的策略，开始对政府采取积极的态度。特别是在2017年的风波后，桑梓合作社重新开始思考如何处理与政府之间的这种关系。

> 合作社原来的态度是不理会政府的需要，觉得自己可以做好的，就不与政府沟通，导致那些年与政府的关系存在问题。（LSX—202105）

> 前面二十来年我们把重心放在了探索合作社的可能性上了，从刚开始的农业技术培训、跳舞，到后面的农资化肥统购、生活用品统购、有机农业、资金互助，我们看到了农民组织起来的可能性，看到了农村需求的多样化，看到了农村市场的广阔性，但我们没有特别注意与政府之间关系的处理。我们之前只是觉得我们不花政府一分钱，不去争抢项目，总觉得踏踏实实做好自己的事情就行，我们做的都是好事，所以专心做自己就行，就是没问题的了。但是后面这些事情的发生，让我们认识到我们看问题有些局限了，这都是教训，后面我们会注意处理跟政府间的关系上，多跟政府请示汇报，以前这种意识不是特别强。但是，我们的合作社宗旨仍然是服务社员，仍然是要独立自主，这是底线和原则，这是不会变的（张翠贤—202012）。

桑梓合作社对政府态度的转变说明了嵌入于地方政府的重要性。由于前十年桑梓合作社专注于农民组织性的激活，担心与政府过多的交流沟通可能会在两者中形成一定的关系，进而弱化桑梓合作社追求自我利益的能力。但对地方政府的脱嵌，导致两者间的信息沟通不畅，地方政府对桑梓合作社的认识出现偏差，这直接影响到桑梓合作社所处的政治环境。因而，桑梓合作社及时调整策略，采取积极汇报工作，注重日常沟通的行动，逐渐增加与地方政府的沟通与交流，进而嵌入于地方的政治环境中。

(三) 维护地方政府的利益

由于桑梓合作社的社会知名度和影响力比较高，所以其工作人员经常会被邀请参与到各种社会活动和学术活动中。在这些公共场合，桑梓合作社都注意考虑地方政府的利益，注重为地方政府赢得荣誉。在总结桑梓合作社的成功经验时，工作人员几乎都会提到地方政府的支持和地方官员对桑梓合作社的友好态度。当然，桑梓合作社的成功也的确离不开地方政府提供的较为宽松的政治环境。但在所有场合都特别强调政府的作用，也是为了获得政府的好感，进一步赢得政府的支持，获得更多的发展空间。

桑梓合作社也特别注重将地方政府的利益纳入考虑范围，避免桑梓合作社在开展合作业务过程中给地方政府造成麻烦。例如对社员的入社标准进行规定。桑梓合作社规定成为社员的一个条件是不能上访，这就避免了给地方政府造成困扰，也避免因此导致地方政府对桑梓合作社形成警惕。在开展信用合作业务时，通过辅导员制度的设置，强化与社员之间的联系，了解社员的情况，避免出现财务问题。同时，在信用合作中将借款额度降低，避免出现风险，威胁到地方秩序的问题。这一方面是降低桑梓合作社自身出现金融风险的要求，另一方面也是将该项法律规定不明确的业务对地方政府造成的负面影响降到最低，避免因地方政府不满而直接关停该项业务。

通过这些策略手段，桑梓合作社有效地嵌入到了制度环境中，并与地方政府形成了良好的关系。尤其在信用合作业务上，在资金业务开展顺利时，由于桑梓合作社社员规模庞大，当社员们将资金存放在桑梓合作社的资金互助部，并在此开展借贷关系时，就冲击到了当地农村信用社等金融机构的业务。早期，在农资店开展社员入股分红时，这些机构就在社会上造谣桑梓合作社是非法集资，到政府部门告发桑梓合作社，并恶意中伤张翠贤等人。由于当时并没有明确的法律支持农民合作社开展信用合作业务，而农村信用社是合法的金融机构，其更具有话语权，所以这次事件对桑梓合作社能否继续开展信用合作影响重大。桑梓合作社是否能够继续开展信用合作业务，完全取决于地方政府的态度。而由于桑梓合作社在实践中不断强调政府的作用，并维护地方政府利益，所以地方政府对此事件采取了不表态的态度，不支持也不反对，这反而为桑梓合作社争取自我发展提供了空间。

> 对于合作社采取的让社员在农资店入股，获得分红的情况，坂渠市委书记曾经说他们毕竟为群众办了一些好事，现在这样的事情我们可以先观察一段时间，而不要急于调查。在态度上，我们要积极支持他们的发展①。

事实上，政府与社会组织的"利益契合"影响到地方政府对组织的态度（江华等，2011），也就是说当农民合作社的行为越有利于政府的政策目标时，政府对农民合作社就越有可能采取开放的态度。而且地方政府对农民合作社，尤其是典型合作社的扶持都具有很高的积极性，"这是政府在社会动员不足情况下的一种选择性治理，政府治理困境和治理压力以及合作社内在的发展需求是典型治理的现实动力"（吴理财、方坤，2018）。因此作为能够增强农民的组织性，帮助政府完成一定治理目标，增加政绩的农民合作社，很容易就可以赢得地方政府的支持，在这个过程中嵌入到制度环境中。

组织的政治嵌入性，即嵌入于制度环境的实践对合作社来说也是一种资源，这为桑梓合作社各项业务的开展提供了条件。基于这种政治嵌入性，农民合作社可以有效地吸纳政治资源，为组织自治争取所需的条件。

二、农民合作社吸纳多种政治资源

资源依赖理论指出，组织具有生命力，在其生命历程中生存是其首要使命，组织所拥有资源性质、类别和结构影响了其在社会系统中的地位。但组织内部无法解决其生存和发展所需要的所有资源，唯有通过与环境的互动，采用"竞争、联盟、嵌入等策略来获取所需的资源"（Thompson & McEwen，1958）才能得以生存。在这些外部资源中，政府资源相对于其他资源来说具有一定的特殊性，一方面，有些资源只有政府可以提供；另一方面，虽然也可以从其他主体处获得部分资源，但政府资源相对来说，成本更小，影响更大。

---

① 钱昊：《山西女教师辞职办企业 注册成立综合性农民协会》，《新京报》2005年6月23日。

Giner & Francesco(2019)以地方的水管理系统为例,发现农民合作组织的自主性很大程度上是通过与政府之间的互动实现的,"两者对彼此没有忽视,有时以争夺权力为特征,有时以相互合作为特征",而且在两种互动中,农民合作组织一直都是一个独立的主体。作为独立的主体,需要根据组织自身的理念和目标,吸纳所需要的政府资源。在具体实践中,政府资源表现为多种形式,包括政府具体的支持性资源,如资金、信息、人才等要素、宽松的制度环境和发展空间等。接下来,结合桑梓合作社的情况进行具体论述。

(一)吸纳具体的支持性资源

张翠贤在20世纪90年代末首次组织了农业技术培训,由于农民有提高农业技术方面的迫切需求,这种组织活动就很受大家的欢迎,也就有了持续举办下去的可能和需要。但作为农民,张翠贤等人缺乏有效的信息渠道去找到合适的老师,也没有足够的资金去做这项没有收入的事情。通过个人关系,找到当地农业局和妇联后,妇联的态度非常热情,不仅直接帮助联络讲课老师,还负责支付老师的讲课费用,这大大降低了农民组织运行的成本。在之后的舞蹈队形成中,当地妇联也帮助合作社解决了很多问题,并提供多次外出学习的机会。

桑梓合作社在开展农民合作活动初期,也获得了地方政府的多方面支持。2007年国家通过《合作社法》,由于农民专业合作社是新生事物,作为农民,张翠贤等人对法律规定了解极少,因此对于农民专业合作社的具体组织架构,规章制度,成立条件等问题缺乏认知。此时,当地政府提供的知识、技术为合作社的成立发挥了重要作用。张翠贤等桑梓合作社的骨干力量充分吸纳政府提供的多方面资源,增加了桑梓合作社相关知识,规范了桑梓合作社的运行。

> 我们刚开始对什么是合作社?怎么组织合作社?我们都不清楚。后来我们看到一篇关于合作社的文章,讲得很好,但我们看不懂,恰好这是我们市(县级市)委书记写的。我们几个人就商量看可不可以让市委书记给我们讲个课?我们就壮着胆子打电话给书记说我们看到您写的文章了,我们正在做合作社,但是有很多问题不懂,能不能请书记给大家上堂课?当时我们心里是非常怀疑的,不知道能

不能同意，没想到晚上7点多打，8点左右书记那边就回复说可以。第二天早上9点多，书记那边就打电话通知我们把大家组织起来，他们待会儿就过来①。

桑梓合作社还在其他很多方面，充分吸纳了政府的信息、人才方面的资源。桑梓合作社在涉足生态农业时，仅对生态农业有过大概的了解，也参观了其他地方的生态种养殖，但作为普通农民，他们缺乏相关的具体生产技术。得知坂渠市农业局副局长对生态农业有丰富的研究后，桑梓合作社主动与副局长联系，希望其能够给桑梓合作社的骨干们讲解生态农业的相关技术。局长对她们的要求给予了积极回复，到桑梓合作社进行了参观，并安排农业局的相关人员对其进行持续指导。

事实上，政府部门也有增强农民组织性，为农民提供技术培训，提高农民素质的任务。但由于"上面千条线，下面一根针"情况的存在，基层政府任务繁杂，无法顾及农民的全部需求，也没有精力和能力去组织农民，承担将农民组织起来所需要耗费的巨大成本，这些工作基本上就没有推进。税费改革后，这种情况更加明显。上级政府对基层政府层层下压任务，并严格监管，审核基层政府的财政使用情况和工作完成进度，基层政府治理的弹性空间和灵活性大大受到压缩，基层政府处于"低治理权的结构位置"，基层组织"没有自由调配资源的空间，工作内容和开展过程都是被动接受，并且必须按照要求完成考核验收"（陈家建、赵阳，2019）。而且，由于物理距离和结构距离的存在，地方政府很难了解到农民的真实需求，尤其是难以把工作做细，去满足农民的差异化、多样化、多阶段的需求，这就进一步导致农民的需求与政府公共品供给存在结构性偏差。这种情况下基层政府更难以有效应对农民的新需求，这就为农民合作社这类农民组织的发展提供了空间（黄晓春，2017）。

因为农民组织是从农民中间自发形成的，它完全遵循农民的行动逻辑，也非常清楚农民的需求和偏好，所以可以通过农民易于接受的方法将农民组织起来。基于此，很多地方政府倾向于将自己原来难以有效输入的资源提供给农民组织，借着农民组织将资源输入到农村中，这有助于解决基层政府公共品供给失灵的问题。这种情况的存在为农民合作社利用政府资源提供了有

---

① 《永济蒲韩乡村社区资料汇编》（内部资料），2013年7月。

利条件。桑梓合作社虽然很少承接政府项目，但曾经接受过农业局"新型职业农民培训"项目的支持。当时这个项目给每个村1万元，需要用于为社员提供技术培训。桑梓合作社的社员当时涉及18个村，总共的项目资金有18万元。因为这个项目只要求用于培育新型职业农民，只要求完成一定数量的农民培训，没有其他特别的考核标准，而桑梓合作社进行的农业技术培训与该项目的任务又非常契合，因此合作社刚好可以借助这个项目的资金，为社员提供更好的培训。

除此之外，在之后的发展中，桑梓合作社没有接受过政府的其他项目支持。这不是因为地方政府不愿意支持，而是桑梓合作社秉持接受的政府支持必须符合合作社独立自主发展理念的原则，为避免因为政府项目而影响合作社的发展目标，桑梓合作社选择不去争取政府项目。很多学者强调了农民合作社与政府合作的必要性，"在当前中国强政府的情况下，无论村委还是地方政府，农民组织与他们的关系都应该不是对峙，而是合作"（仵希亮，2009），因为政府不仅掌握着信息、技术、资金等方面的具体资源，其态度直接影响合作社的生存空间。王阳和刘炳辉（2017）也认为"需要利用好国家与社会的资源，形成一个与政府合作的民主基层，才能将民众有效组织起来"。

事实上，在整个发展过程中，桑梓合作社与地方政府并不存在对峙关系，只是桑梓合作社坚持认为农民组织需要坚持自治性，不能完全依赖政府的支持，不能只是为了获得相关的政策资金，这种做法不仅容易导致农民组织性质变异，也会使农民组织的发展前景受限。基于这种理念，他们在争取具体的支持方面并没有特别积极，更多的是寻求与政府建立良好的关系，进而获得组织发展所需的有效的政治环境。

（二）吸纳与政府间的关系性资源

虽然桑梓合作社没有从地方政府吸纳项目资金等具体的特别支持。但它与政府之间的关系本身就是一种资源，这为桑梓合作社发展争取了有效的制度环境。张翠贤在刚开始组织农村妇女跳舞时，由于当时跳舞这种娱乐活动在农村中非常少见，而农民对新生事物的态度比较保守，所以很多农民对此难以接受，而一些内心愿意参与的妇女也碍于面子而犹豫退缩。后来，借助关系网络，通过发动亲戚、朋友、邻居，并反复做工作，跳舞活动才逐渐被大家接受。而由于当时的农村极度缺乏丰富的娱乐活动，因此跳舞这项活动很快就推广到周边村庄。随着规模继续发展壮大，越来越多的妇女参与时，有些人谣传其是"邪教"组织，这对舞蹈队的声誉形成了负面影响，一些已经参与的妇女甚至也开始动摇。此前，因为妇联得知张翠贤等人完全自发地将妇女组织起来，对其非常支持，所以张翠贤等人已经与妇联主席建立了良好的关系。因此，当面对谣言时，桑梓合作社又是借助与政府部门之间的关系性资源，为开展更广泛的农民活动争取了空间。

> 我们组织跳舞时候，刚开始确实难，后来大家都很积极了，前面那块空地上都是人，当时有人看我们都是拉着亲戚朋友去跳舞，而且每个人都非常热情，非常积极，就说我们是在搞"邪教"活动。我们当时就跟妇联说了这个情况，妇联之前就对我们有了解了，就是他们给我们找的老师。当时的妇联主席就给我们出了个证明，就说这是国家倡导的全民冬季健身运动，希望群众都能积极参与，当时国家确实有这个倡议。这个证明一出就很管用，谁再说，我们就把证明拿出来，后来闲话就少多了。（RSL—202105）

2003年底，坂渠市妇联推荐张翠贤到北京参加一个公益组织开展的"农村妇女参与市场经营"的培训，目的在于让农村妇女了解更多的市场信息，并发挥她们在农业转型、农村发展中的作用。而在这次会议上，张翠贤知道了农协这种组织。培训结束后，张翠贤就找到妇联，表达了想注册农协的想法。由于前面几年张翠贤等人组织农民办的活动效果都非常明显，坂渠市政府对此就表示支持。而由于多次打交道，张翠贤已经与妇联的几个领导建立了良好的私人关系。当时刚好民政部下发了《关于加强农村专业经济协会培育发展和登记管理工作的指导意见》，所以妇联就帮助张翠贤等人沟通介绍。她们比较顺利地注册了"河东镇农民协会"，其主管单位是河东镇政府，主要业务包括技术培训、农资服务、村庄环境卫生等。

（三）争取发展所需的政治环境

桑梓合作社发展过程中，地方政府的态度整体上是比较宽容的，这为其发展争取了所需的政治环境。这里的政治环境是指地方政府为农民合作社提供了积极的环境，不会故意阻挠农民合作社的业务开展，在遇到政策模式的问题时，对农民合作社采取宽容开放的态度。事实上，桑梓合作社在2004年所注册的"河东镇农民协会"这个名称起初乡镇领导是不同意的，他们的想法是以后留给乡里注册，但最后乡镇党委书记又转变了态度，"这种组织对维护农民的利益是有积极意义的，具有推广价值"①。政府主动为桑梓合作社的发展考虑而同意其注册乡镇层面的农民合作社。组织名称确定，组织拥有了合法性后，它需要让挂靠的业务主管部门了解其工作。因此，张翠贤等人又积极地与政府部门建立关系资源，以增加政府对农民合作社工作内容和目标理念的了解。与政府部门的关系性资源虽然不像资金、技术等能够直接给农民合作社带来利益，但它对获得政府部门，特别是政府官员的认可，争取组织的策略性发展空间具有重要作用。

除此之外，坂渠市委书记、市长，以及乡镇领导还经常到桑梓合作社参观。桑梓合作社正式成立后，由于开展了多项业务，并涉及农村互助养老、农民技术培训等公共服务，以及生态农业、资金互助、农资统购、日用品统购等经济性合作，这种独具特色并产生一定成效的做法更让一些政府官员感到震惊。而且，当时中央政府号召积极培育农民合作社，桑梓合作社自然成为一个典范和样板。各级政府官员多次带领人员到桑梓合作社进行参观。政府的这种参观行为丰富了人们对桑梓合作社的想象，相当于有了政府背书，也就增强了桑梓合作社的社会声誉。笔者在调研期间恰好碰到乡镇领导来桑梓合作社视察，中午就在桑梓合作社的员工餐厅用餐，这在村民看来，说明桑梓合作社拥有很强的影响力，这也是他们增加对桑梓合作社信任的一个因素。

因为政府这些象征性行为本身是对农民组织的肯定和重视，这对增强社员信心，以及农民合作社参与市场竞争来说也是一种重要资源。政府的参观考察、出席合作社活动，以及对桑梓合作社授予的荣誉，都增强了桑梓合作社的社会声誉和影响力，为桑梓合作社的发展提供了良好的政治空间。张翠贤组织农村妇女一起跳舞，尤其是最终发展到跨越两个乡镇，并可以参与大型社会演出的规模时，已经体现出了农民自发组织的能力。而之后张翠贤等骨干力量发动村民清理本村常年堆积的垃圾，不久之后，又组织村民提供义务性劳动，硬化了给村民长期造成不便的土路。这两个活动产生了巨大的社

---

① 钱昊：《山西女教师辞职办企业 注册成立综合性农民协会》，《新京报》2005年6月23日。

会影响力，作为具有准官方性质，且明显拥有更多资源的村两委都没能解决这些一直困扰村民生活的问题，而没有经费、没有资源的农民组织居然可以做到，甚至还高效且低成本地完成了。基于这些活动，桑梓合作社得到当地政府的关注，并很快具有了社会知名度。

在中国社会中，政府不仅掌握很多稀缺性资源，还具有很强的象征意义，人们对政府也具有非常高的信任感。所以一方面，社员尤其是一些普通社员看到桑梓合作社得到政府的肯定后，基于对官方的信任，对桑梓合作社也更加信任，就相当于桑梓合作社得到了政府背书，这就强化了社员对组织的认同。另一方面，其他社会主体在与桑梓合作社进行交易时，也会认为该组织有政府的肯定，必然具有一定的实力和能力，也就更愿意与桑梓合作社进行交易。

很多学者基于"公民社会"的视角将国家与社会视为二元对立的主体，认为一方力量的兴起总是伴随着另一方力量的衰弱。但事实上，"国家与农民的关系是多层次的、多维度的关系集。不应该单纯地从'支配—反抗'的视角分析"（焦长权，2014）。从国家层面来说，在中国社会中，国家或者说政府虽然是重要的治理主体，掌握着丰富的治理资源，且拥有治理的合法性，但国家的有效治理还需要社会力量的补充。因为国家的行动逻辑与治理对象的行动逻辑存在差异，国家本身对社会尤其是基层社会的信息缺乏及时充分的了解，信息不对称问题严重。而农民组织相对于政府来说与地方社会的关系更密切，信息传递过程中产生的损耗较小，因此国家需要地方社会组织来共同治理社会，这就为农民合作社的成长提供了空间。从社会层面来说，虽然农民合作社距离治理对象更近，甚至其本身也是一种治理对象，但它并不能单纯依靠自身力量就可以维护农民的利益，实现组织的持续发展，它的有效运行需要政府力量的支持。特别是像桑梓合作社这种并不拥有任何资金、技术等稀缺资源，完全由弱势的农民所组成的农民组织，更是如此。在资源有限，组织能力有限的情况下，农民合作社就必须在坚持维护社员共同利益的前提下，嵌入于制度环境中，吸纳政府资源，借助政府的政策红利，信息优势，以及象征意义为农民合作社的自治性争取有效资源。

三、农民合作社吸纳政治资源的机制

桑梓合作社最重要的特殊性在于它由农民自发形成，并坚持组织的独立

自主。但作为一个在具体的制度环境中生存，参与市场竞争和社会发展的主体，就意味着它必然需要得到政府的承认，需要具备参与市场的资格。斯科特认为"组织如果要想在它们的社会环境中生存下来并兴旺发达，除了物质资源和技术信息之外，还需要其他的东西，特别是它们还需要得到社会的认可、接受和信任"（斯科特，2010：67）。组织社会学的新制度主义认为组织得以生存的基础在于适应相应的制度环境，获得合法性，获得这种组织合法性可以使组织提升对制度环境的适应能力。赵晓峰和刘涛（2012）对此也进行了特别强调，"农村组织的发展不仅需要农民的认同，也需要地方政府授权的合法性"，而且他们还发现在"不同阶段，地方政府在农民组织的发展中扮演不同的角色"。这种地方政府授予的合作性，也就是管兵和岳经纶（2014）所讲的"外部合法性"，"即组织获得外部社会主要是国家的承认，外部合法性使得组织可以与外界互动沟通"。

这种政治合法性或外部合法性是政府拥有的独特权力和资源，主要是通过与地方政府的互动中获得的。因此，本小节结合桑梓合作社的现实实践讨论合作组织对政治资源的获取。桑梓合作社吸纳政治资源主要表现为四种策略：通过策略性注册获得合法性、把控业务风险、协调与村两委的关系以及保持与地方政府的适度关系。

（一）策略性注册

由于桑梓合作社业务繁多，涉及经济活动和社会活动两个方面，集中以桑梓合作社的名义注册，并不符合《合作社法》的规定，也没有其他任何性质的组织可以囊括所有这些业务，这就使得正式注册登记一个组织面临困难。为了化解问题，张翠贤等人按照不同组织的相关法律要求，分别注册了多个组织，包括桑梓专业合作社联合社、农民技术学校、农村互助养老等，由不同核心人员负责不同的组织，个别核心社员在不同组织间兼职。这种注册策略一方面完全符合法律规定，可以为这些组织赢得政治合法性，使其以合法的法人身份参与市场；另一方面则维持桑梓合作社不同方面业务的运转，不至于因为合法性问题而影响组织运转。也就是说，从名义上来看，张翠贤等人成立了多个组织，各组织都有完善的组织结构，与桑梓合作社属于平行的组织。而实际上，这些组织都由张翠贤等人组成的团队负责，是一个统一的组织，不同组织的成员都是桑梓合作社的社员，这些组织分别属于桑梓合作社的社会和经济两大部门。

桑梓合作社利用法律规定，采取了这种分开注册的策略，不仅获得了开展不同种类的业务的政治合法性，还坚持了农民合作社的理念，即为社员服务，只要是社员需要的服务，桑梓合作社都会涉及，发动农民参与。这种经济和社会两方面相互支持的结构也促进了桑梓合作社自身的自治性。由于我国目前相关的法律法规仍不健全，对于这种综合性的农民合作社缺乏法律支持，然而在现实实践中，这种同时具备经济业务和社会业务的组织生存性更强，也更符合市场需求，这就导致这类组织在开展活动时，受到限制。而在一定的制度环境中，又必须遵守相关的法律规定，此时，组织一方面为获得政府的认可，另一方面也为了坚持组织的自治性，就会采取策略变通的行为为组织运行争取空间。将不同业务策略性地注册在不同组织内，很好地处理了制度要求与组织要求之间的矛盾，也就是平衡了组织合法性与组织利益之间的关系。

(二) 把控业务风险

桑梓合作社的业务范围中风险最大的就是信用合作业务，由于相关法律比较模糊，地方政府很难对其做出明确的态度，此外，由于桑梓合作社社员规模大，信用合作业务涉及的资金规模大，稍有不慎，就可能出现金融风险，对地方稳定形成威胁。因此，桑梓合作社在信用合作方面也是十分谨慎。

桑梓合作社开展信用合作的契机是，2009年与坂渠市富平小额贷款有限公司的合作。2009年，富平小额贷款公司与桑梓合作社合作在当地开展小额信贷业务，双方合作了3年，截至2012年8月份，富平小额贷款公司累计发放贷款6958笔，贷款金额1.27亿，还款5109笔，还款金额8821万元，贷款余额3879万元[①]。之后由于理念不合，桑梓合作社的工作人员退出富平小额贷款公司，2012年10月，桑梓合作社正式设立信用合作部，开展资金互助业务。信用合作部成立初期的资金来源主要有三种，一是社员的股金，也就是每亩地50元；二是桑梓合作社其他业务的累积资金；第三种是福爱基金会投入的资金。福爱基金会为桑梓合作社提供初始资金，每月向合作社收取0.7%的月息，第一年投入了1000万元，由于社员还款行为良好，几乎没有坏账，

---

① 马永涛：《当乡村精英遭遇经济学家：两家明星农村机构的互斥性分手》，《21世纪经济报道》，2012年12月30日。

2015年，福爱基金会投入的资金增加到3500万元。对于这么大规模的资金，高风险的业务，桑梓合作社采取两种措施，获取政府的认可。

1. 做好风险防控，打消地方政府的疑虑

为了获得政府的认可，需要保证不会对地方稳定产生冲击，最好还能够带来经济效益。桑梓合作社为降低信用合作的金融风险，设置了一系列规则，最重要的是注重日常生活中的频繁互动，及时获得借款者的信息，并利用村庄内部的社会资源减少其违约风险。同时，桑梓合作社一直以社员利益为主，甚至牺牲一部分经济利益，以降低社员贷款的成本，这也让地方政府看到了桑梓合作社对乡村社会的贡献，也会基于情感方面的考虑，而给桑梓合作社一定的发展空间。"我们都看到合作社是维护农民利益的，我们要在态度上支持合作社的发展"。

在与富平小额信贷公司合作期间，桑梓合作社的十多名骨干力量也在该公司兼职信贷员的工作，因为他们是本地人，更因为他们通过合作社业务，已经与社员建立了密集的联系。有了解当地农民需求的合作社骨干力量的协助，并利用村庄内部的关系网络密切关注贷款人的各方面信息，富平小额信贷公司的经营效益非常不错，几乎没有出现坏账。但合作三年后，桑梓合作社发现北京小额信贷公司越来越表现出以经济利益为中心，不断调高贷款利率，而不考虑当地农民的还款能力，这与桑梓合作社的理念越来越相悖。因此，桑梓合作社社员商量后，一致决定中止与北京小额信贷公司的合作，由桑梓合作社自己开展资金互助业务。合作社自己开展信用合作时，考虑到社员的还款能力，让渡一部分利益给社员，将还款利率降低，并对特别小额的贷款实行无息贷。这就表现出桑梓合作社维护内部社员的利益，而非追求更高的利益，导致可能出现金融风险。

桑梓合作社的信用合作业务开展前期，社员的存钱金额有限，福爱基金会的资金占了很大比例。福爱基金会每年会对这笔资金收取一定的利率，但它并不参与，更不干涉桑梓合作社的任何事务，这就降低了外部资本主导可能带来的金融风险。而且，经过多年的发展，桑梓合作社的资金链条一直比较安全，地方政府对于金融风险和威胁社会稳定的疑虑已经逐渐降低。

桑梓合作社虽然获得了资金互助的政治合法性，但这种政治合法性并不是一劳永逸的，可能随着制度的变化发生改变。而且，虽然地方政府刚开始是基于"招商引资"这一想法，支持桑梓合作社开展资金互助业务的。但随着国家对社会组织的政策收紧，地方政府也开始担心出现新的状况可能影响地方稳定。

资金互助业务开展后，桑梓合作社一直希望扩大社员信用合作的规模，减少福爱基金会所占的比例。地方政府则担心这种方案存在金融风险，影响社会稳定，对此就一直没有明确表态，甚至个别地方官员的态度和想法发生了很大变化。地方政府的这种模糊不清的态度影响到了桑梓合作社资金互助业务的政治合法性，对其造成了不利影响。一方面由于没有得到政府的许可，桑梓合作社不便于私自开展，但另一方面又迫切需要扩大社员资金的规模。

2. 利用政策文件，增加政府对合作社的认可

由于《合作社法》中对农民合作社没有明确的资金合作方面的规定，因此，农民合作社开展信用合作就不仅面临着市场风险，还有存在违法违规的风险。为了实现控制风险，获得地方政府的认可的目的，就不仅需要控制市场风险，还需要控制违规的风险。桑梓合作社的策略在于借用对自己有利的政策文件，增加地方政府对自己的认可。由于中央政府负责的是顶层设计和大政方针，其政策文件通常具有"方向性、原则性和指导性"（周业安，2000），其行动逻辑是推动社会发展，虽然它不与社会组织直接交易，但它所制定的政策法规是地方政府依政施策的根据，也是组织行动的标准。所以组织不仅需要获得地方政府承认的政治合法性，还需要符合中央政策的规定。

桑梓合作社内部很强调工作人员对国家政策的学习，特别是与"三农"问题相关，与合作社相关的政策文件。在调研期间，笔者不断听到合作社的工作人员提到国家最新出台的文件，听到每天埋头于农资、化肥的他们能准确地说出最新政策，并说出自己的理解，还是让笔者感到非常吃惊。他们学习这些文件，一方面可以增加自己对"三农"问题的了解，把握桑梓合作社的发展方向，另一方面是以此为依据与地方政府沟通，争取地方政府的认可。由于当地的工业产业发展不充分，财政收入以第一产业为主，另外旅游业的贡献量也占有一定比例，所以地方政府的一个重要任务是招商引资。桑梓合作社就将福爱基金会提供初始资金给合作社的行为解释为一种招商引资行为，通过投入资金，为当地农业发展提供支持。而且桑梓合作社作为扎根在本地的组织，也为福爱基金会支付利息，所以不会存在资金跑路，非法集资的风险，而且还吸引了大量外部资金，这必然对当地经济发展产生积极影响。所

以借助"招商引资"政策，地方政府从中看到了可行性，允许桑梓合作社开展资金互助，桑梓合作社也因此而获得了信用合作的政治合法性。

2014年"中央一号"文件提出："发展新型农村合作金融组织。在管理民主、运行规范、带动能力强的农民合作社和供销合作社基础上，培育发展农村合作金融，不断丰富农村地区金融机构类型。"这一中央级别的政策文件给了桑梓合作社充分的信心开展信用合作业务。同时，这一政策也对社区性农村互助金融提出了具体要求，例如坚持将互助范围限制在社区内部，金融业务不对外开放，降低资金回报率。而中国共产党第十九次全国代表大会的报告中又提出"大力支持小农户与现代农业有机衔接"，这一政策刚好与桑梓合作社一直以来的理念相契合，且桑梓合作社对这一理念已经实践多年。在与政府的沟通中，桑梓合作社不断强调这些契合农民合作社理念的文件，这为其争取地方政府的认可，获得政治合法性提供了支持。

2017年地方政府领导班子重新调整，新任主要领导到中央党校参加学习培训，刚好听到专家对"生产、供销、信用"三位一体综合合作的报告，对合作社有了更深的认识，回到坂渠市后地方领导就让张翠贤等人详细讲解了桑梓合作社的发展理念和目前的业务，发现桑梓合作社非常符合专家所说的规范的农民合作社，这也成为地方政府对桑梓合作社态度转变的重要契机。事实上，"社团的行政合法性在于某一级单位领导以某种方式，如允许、同意、支持或帮助等把自己的行政合法性让渡或传递给社团"（高丙中，2000）。因此，借助政策文件，让政府领导理解农民合作社，重视农民合作社，减少与政策文件的冲突，可以为农民合作社争取政府的认可。

（三）协调与村两委的关系

在讨论具体的政治合法性时，很多时候我们关注的是县级地方政府或乡镇政府对组织的认可和支持。但农民合作社是扎根在农村的，其行为必定也受到村庄政治的影响，也就是除了考虑更高层次政府的态度，也需要考虑到与村两委的关系。而且虽然村两委并不是真正意义上的政府部门，但当前村两委已经成为事实上的乡镇政府的派出机构，负责落实政府政策。因此处理好与村两委的关系，也是其得到政府许可，获得政治合法性的一个方面。邓燕华（2019）提出情景合法性概念，指出"社会组织要在基层社会开展项目，必须同地方权力精英建立和谐互利的关系，获得他们的认可和支持。可以说，地方精英的支持，是社会组织情景合法性的重要来源之一"。村两委成员，通常是农村内部的权力精英，是村庄政治的主要行动者，因此农民合作社要想获得政治合法性，也需要处理好与村两委的关系，否则其业务开展将非常受阻。

桑梓合作社从组织建立初期进行的农业技术培训、跳舞、村庄垃圾清理和道路硬化、互助养老等公共服务，到之后同时进行的农业生产、日用品统购、信用合作等经济方面的业务，涉及的业务范围广，辐射的村庄数量多，联系的社员规模大，必须形成政治合法性才能推进这些业务的良性运转。农民合作社与村两委的关系不同，就会影响其不同的行为逻辑，进而影响农民合作社在村庄中的合作活动（潘劲，2014）。也就是说，农民合作社与村两委之间的关系会影响农民合作社在一定政治环境和权力结构中的政治合法性。由于涉及不同村庄，不同村两委有不同的态度和看法，农民合作社就必须拥有处理与村两委关系的智慧。桑梓合作社采取多种办法处理与村两委的关系。

首先，尊重村两委的态度。桑梓合作社在开展任何业务前，都会征求该村村两委的意见和态度。这些村干部主要有三种类型，第一种类型是非常支持农民合作社工作，认同农民合作社对农民的组织能力，在农民合作社的业务开展中提供了大力支持的村干部。在遇到这类村干部时，农民合作社可以在该村顺利开展所有业务，而几乎不需要做村干部的工作。第二种类型是没有太明确的态度，属于跟风类型的村干部。对于这类村干部，开展业务前都需要征求他们的意见，更重要的是最好在这样的村庄开展能够很快看到成果的业务，在这种情况下，这类村干部的态度很快就会改变。第三类村干部属于非常强势，有自己的主见，对农民合作社存在敌视态度。对于这类村庄，农民合作社通常是选择跳过该村，不在该村开展业务，等待后期变化做出随机的调整。

> 张老师他们很早就来我们村办活动了，我们村算是最早的，最开始就先在我们村讲课了，我们村村干部很支持的，要不然学校（农民培训学校）也不会选在我们村。当时我们的村干部帮了很多忙，有人来参观合作社，村干部还给做饭、介绍。而且这个村委会的办公室还是用的学校的地方，之前村委会不是在这里。（YXQ—202006）

其次，强调村两委的作用，提高村两委的声望，获得村两委的好感。由于村两委是准政府组织，负责村庄治理，尽管农民合作社也可以有效地组织农民，维护社员利益，为社员提供服务，甚至在一些公共服务上能够比村两委做得更好，但仍然需要尊重村两委是村庄治理的合法性主体的事实。所以桑梓合作社一般都会根据这个村庄的需要开展业务，并在不同场合强调村两委的作用，声明这些业务是在村两委的支持下开展的，为村两委赢得很好的声誉。虽然具体的工作是由桑梓合作社来做的，但这种维护村两委声誉的做法，可以为桑梓合作社赢得村两委的好感，争取桑梓合作社行动空间。

> 我们做资金互助时候，打听某个人的信息，都是先从村干部那里打听的。有领导过来视察，我们都说是村干部支持的，我们给社员发礼品，也是让村干部发的，这样社员都感激村干部，他们高兴，我们以后才能更好开展活动。（LQ—202012）

再次，强化与村干部之间已有的私人关系，并与陌生的村干部建构新的社会关系。村干部作为村庄社会中的权力精英，其社会关系网络主要还是在村庄社会内部。而村庄社会是血缘关系、亲缘关系等形成的关系网。通过社员已有的关系，桑梓合作社的主要骨干力量采取多次沟通，长期交往的方式，强化与村干部之间的关系，并建构新的联系。借助这种关系网络，以及人情等社会资本，争取村两委对桑梓合作社的认可，赢得桑梓合作社在村庄内部的政治合法性。

(四)保持与地方政府的适度关系

桑梓合作社获得充分的政治合法性，并与地方政府建立有效的联系，这是桑梓合作社争取自治性的重要基础。参与农民合作社本身就是一种"公共池塘"性质的行动，因此很多农民倾向于做出搭便车的选择，这就影响到农民合作的可持续性。而政府对农民集体行动的支持可以在一定程度上增加农民的参与积极性（Poterie et al., 2018）。也就是说，通过政治合法性，可以增加农民对参与合作社可得利益的计算。同时政治合法性表明政府对农民合作社进行了背书，这就增强了组织活动的可理解性，这可以降低社员与农民合作社之间的信息不对称情况，增加社员的稳定性。这主要是因为"政治合法性在某种程度上反映了制度化的信念和行动系统中的嵌入性"（Suchman，1995）。所以"政府的制度供给、资源输入以及两者关系的理性化"是自组织能够自主治理的基本条件（陈剩勇、马斌，2004）。因此，获得政治合法性，吸纳政府的认可对农民合作社的自治性具有重要作用。

但需要注意的是，虽然组织需要与政府积极互动，获取政府资源和政治合法性，但赵晓峰和海莉娟（2020）通过调研也发现一些地方也出现政府机构信用让渡给农民合作社，使农民合作社获得兴办信用合作业务的合法身份，这直接改变了农民合作社的性质。如果农民合作社与地方政府关系过于紧密，就可能产生两种结果，即"合作社成为地方政府、企业和农村能人联合包装下乡资本和打造政绩的招牌；二是普通社员与农村能人之间的差距进一步拉大，农村社会问题更加突出"（赵晓峰，2017）。因此，农民合作社如何处理与地方政府之间的距离是非常重要的问题，既不能完全疏远，否则这会对农民合作社的合法性以及农民合作社的生存产生威胁，但也不能过度依赖地方政府，逐渐成为政府的工具，而丧失农民合作社的自治性。当然政府也需要规范对农民合作社的支持，强化对农民合作社规范运营方面的监督和引导，而非直接给予资金等支持，因为一般情况下"政府对于合作社太多的物资方面的支持，意义并不太大"（许建明、李文溥，2015），而制度和政策支持，将会为农民合作社的自主发展提供有利的条件和可探索的空间。

第二节　农民合作社与地方政府的双向控制

通过嵌入于制度环境中，农民合作社吸纳了政府资源，这为农民合作社争取自治性提供条件。这些资源一方面为合作业务的开展提供了具体性、实质性的帮助，另一方面可以使地方政府获得关于合作社的更多的信息，对农民合作社的发展理念和业务内容更加了解。这就为农民合作社的自治性争取了具体资源和政治空间，当然这种自治性是嵌入在制度环境中的嵌入式自治。但嵌入于制度环境中后，由于对地方政府的各类资源有需求，就会对地方政府形成依赖，进而形成地方政府对农民合作社的控制，这种控制是在资源交易过程中形成的。而农民合作社为了争取嵌入环境中的自治性，维护自主决策的能力，会采取反控制策略。其反控制行动在具体的实践中是以能人和组织两种主体层面进行的，因此，下文在具体分析时会做区分。

一、地方政府对农民合作社的控制关系

赵晓峰和孔荣（2014）采用"行政—结构"的分析框架，发现嵌入到制度环境中后，很多合作社"会私下与地方政府形成合谋，地方政府部门帮助合作社申请到相关项目，而合作社则反馈给地方政府利益"。而且在嵌入环境中，农民合作社相关的多元主体，包括地方政府、企业、农村能人和普通社员之间"形成了复杂的庇护关系，这种庇护关系导致合作社的本质规定性发生变异"（赵晓峰、付少平，2015）。因此，在嵌入制度环境，吸纳政治资源的同时，农民合作社也会被政府所控制，极大地威胁农民合作社的自治性，最终会形成政府主导型合作社，进而产生农民合作社异化的路径依赖。本小节根据桑梓合作社的现实经验，讨论地方政府对农民合作社的控制关系。

（一）控制农民合作社的业务类型

地方政府对农民合作社的业务发展的控制主要体现在对业务的合法性，业务进程中遭遇情况时的态度等方面。桑梓合作社的业务包含农村中的社会服务和经济业务两大类，对于农民合作社中常规的农资统购、有机农业方面，地方政府基本上没有关注。但对于有争议的领域，特别是存在风险的领域，即使社员的需求量大，农民合作社也尽力做好风险防控，地方政府依然非常谨慎。资金互助就是在法律制度模糊的领域开展的合作业务，虽然存在自治空间，但在外部环境发生变化的情况下，农民合作社被地方政府控制的关系就凸显出来。

桑梓合作社的小额信贷业务源于2006年与富平学校的合作，富平学校不仅为农民提供免费的农业技术服务，还进行小额信贷的试验。双方关于小额信贷业务的正式合作开始于2009年成立的富平小额贷款有限公司。由于有知名经济学家的支持，地方政府对小额贷款业务也充满了期待，在申请注册富平学校时，需要到省里填材料，每次坂渠市分管金融的市场都会过去帮忙申请，在得到可以做的意见后，然后马上派出人行行长到合作社考察，最后回

到省里，由省长亲自审批。之后，桑梓合作社停止与富平小额信贷公司的合作，独立开展信用合作业务时，需要启动资金，香港的福爱基金会承诺可以有偿提供，此时，地方政府将这一事件看作招商引资性质，因此，也非常积极地推动。因此，地方政府的认可为农民合作社的业务提供了合法性，其积极的态度促进了业务进程向前推进。

但地方政府对农民合作社的信用合作业务也不是一直支持的，这需要看在怎样的背景下，面临怎样的问题。2017年福爱基金会在北京的一个项目出现资金问题，由于资金量大，同时当时国家对社会组织的态度已经开始谨慎，有关部门对这一问题开展深入调查后，由于桑梓合作社的信用合作部的初始资金是由福爱基金会提供的，虽然是有偿，但两者之间也有关联，因此有关部门将对桑梓合作社信用合作部的调查逐级发到地方。虽然最后调查的结果证明桑梓合作社没有问题。但这件事情在地方政府看来影响重大，因为已经惊动了上级部门，不能保证未来不再出问题，因此这个业务风险极大，这已经不单纯是资金风险的问题了，更重要的是会影响地方治理的绩效。因此，地方政府在这个事情上态度变得十分坚决，要求桑梓合作社能够关停信用合作部，虽然张翠贤多次找政府沟通，依然不被同意。

（二）控制农民合作社的业务规模

信用合作出现问题后，张翠贤等人觉得既然社员有资金存借的需求，现有的金融机构提供的服务又无法与社员需求匹配，那么做信用合作还是有空间的。而且桑梓合作社做信用合作多年的经验也说明了在村庄社会一定的范围内做信用合作是可以控制住风险的。但这次事件并不像之前遇到状况时通过各种方式都可以化解，桑梓合作社面临成立以来，地方政府最强硬的态度。

这个事件发生后，也引起了信用合作部的挤兑潮，一些人开始谣传桑梓合作社倒闭解散了，之后又发生一系列的连锁反应。一些村庄的村干部站出来希望桑梓合作社停止在他们村庄开展服务，因为桑梓合作社的公共服务涉及20多个行政村，这在一些村干部看来是抢夺他们的"权力"，侵占他们的领域。但事实上，正是因为村两委没有为村民提供有效的公共服务，但村民又有这方面的需求，所以桑梓合作社的这些业务也才能够持续存在。在此之前，因为桑梓合作社发展得如火如荼，村干部并没有表现出特别的不满，而信用合作给桑梓合作社带来一系列冲击后，一些村干部就开始落井下石。而且由于桑梓合作社在此之前将重点放在了组织农民上,没有特别注意发展与政府之间的关系。因此随着它的合作业务范围扩大,一些政府官员也开始产生警惕心。

> 一些人就觉得我们合作社对他们产生威胁了,他们甚至说你们想干嘛,你们想自己搞独立吗?(XFZ—202105)

地方政府无法强制让桑梓合作社停止相关业务,就调动多个部门到桑梓合作社去审查,干扰其正常运行,迫使桑梓合作社让步。

> 今天是工商局审查,明天是民政局审查,还有教育局,因为我们有幼儿传统教育,相当于幼儿园。比如教育局来的时候,他就说按照规定,你们的学校不合格,幼儿园必须是楼房,不能是民房。工商局来就是查各种资料,调档案,要了解各种情况。这么多部门隔三岔五地审查,我们的工作受到很大影响,根本没法正常开展工作。(ZCX—202012)

最终,从长远考虑,2017年10月份,桑梓合作社停止了信用合作业务,以及社会服务类业务,只保留了农资统购、生态农业、日用品统购三项经济类业务。

其实,对于业务发展范围,在信用合作部出现风波前已经能够看到政府对合作社的控制关系。桑梓合作社之前做的互助养老非常出色,从老年人的状态和子女的反馈来看,的确是非常有效的养老模式。桑梓合作社作为一个中介为老人们招聘看护人员,这些看护人员多数都是村庄里面清闲的身体还不错的中老年人,老人集中到一起后,一起吃饭和娱乐,桑梓合作社在老人们中间挖掘各自的特长,剪纸、唱戏等,集体生活丰富多彩,充分发挥了农民的组织性和互助性。然而,在农村整体面临着养老问题时,国家开始在各村推进幸福院的模式,地方政府就让桑梓合作社停止了互助养老,由村两委来负责,国家提供大量资金支持,但从全国范围来看,这一模式成效甚微。

虽然迫于形势,桑梓合作社不得不做出业务调整,但经过20多年的发展，他们认为在农村的公共服务领域，依然需要激发农民的组织性，由农民合作社开展这类服务是最有效的。因为这些活动的逻辑与政府的行为逻辑存在偏差。政府即使投入再多资源，由于无法从农民的视角出发，也无法真正到农村内部解决细碎微小的事情，其提供的公共品只能被浪费。而村两委虽然扎根在农村，但目前村两委几乎已经成为乡镇政府的派出机构，其工作重心在与配合乡镇政府工作，完成乡镇政府安排的任务，还有大量时间用于填表留痕等形式主义的工作上，因而很难进行耗时长、细致入微的组织农民的工作。

(三) 地方政府对农民合作社控制关系的特点

桑梓合作社业务的调整充分显示了地方政府对农民合作社的控制关系。而在政府与合作社的互动过程中，可以发现地方政府对农民合作社控制关系的特点。

1. 控制关系受官员个人的态度和认识的影响

组织特别是生存于村庄社会的农民合作社这类组织，主要受到基层政府的影响，其合法性与地方政府的态度关系密切。虽然中央政府针对各类组织，以及基层治理中的问题都出台了相关的法律和政策，但由于中国地域广阔，基层情况复杂多样。这些法律和政策多数都是"总体性"法律和政策，而且由于现实经验复杂，很多法律之间是相互矛盾的，这对于政策执行机构，即地方政府来说，就难以完全按照中央政策文件处理问题，因此，政策在基层通常具有变通性。而这种变通性通常是由政府官员在执行过程中根据情况决定的，这就导致政府官员个人对农民合作社的态度和认识在其中起很大作用。

> 我们刚开始组织活动时，我们的政府都是很支持的，特别是坂渠市书记、副市长、农经局局长、妇联主席，还有几个部门的领导，都对我们很宽容，我们只要专心把事情做好就行了。之后，我们还是把重心放在做事上了，没注意与政府的沟通，导致后来上任的几个领导对我们合作社不了解，出现问题后沟通也比较困难。不过现在好了，现在新上任的几个女领导，我跟她们沟通得来，现在她们对我们的态度也挺好的，我们以后确实需要多向政府汇报工作。

(ZCX—202012)

这种受政府官员认识和态度影响的组织与政府间关系,导致组织的制度环境缺乏稳定性,组织需要根据制度环境的变化,甚至官员的升迁调整做出策略行为,进而争取按照组织目标和理念行事的空间和机会。

2. 控制程度受业务风险大小的影响

《合作社法》中规定的农民合作社的业务范围主要包括经济方面的业务。包括"农业生产资料的购买、使用;农产品的生产、销售、加工、运输、贮藏及其他相关服务;农村民间工艺及制品、休闲农业和乡村旅游资源的开发经营等;与农业生产经营有关的技术、信息、设施建设运营等服务"。因此,对于桑梓合作社开展的农资统购、日用品统购、生态农业,这种完全符合法律规定的,风险较小的业务,地方政府的控制程度低。但对于信用合作,这种没在法律规定内,但在政策文件内倡导的,且具有较大风险的,政府的控制程度高。

此外,在张翠贤等人刚开始组织技术培训、舞蹈队、村庄环境整治等社会服务的活动时,由于他们当时只是一个并不规范的社会组织,其社会影响力并没有太大,风险也不高,所以地方政府对其并没有严格控制。而随着桑梓合作社涉及的范围越来越大,业务越来越多,组织规范化制度化,更重要的是有越来越大的学者、社会组织等外部力量支持,地方政府对其警惕性增加,桑梓合作社甚至可以直接与省级官员联系,这对于地方政府来说,监管起来难度增加,因此,地方政府的态度逐渐发生变化,控制越来越严。事实上,在不同时期,地方政府会根据政策目标和风险控制,对社会组织采取"浮动控制"(徐盈艳、黎熙元,2018)。这就可以说明地方政府对桑梓合作社前后态度的变化。

3. 控制强度随治理绩效需要而调整

桑梓合作社组织农民合作初期,由于村两委瘫痪,难以为农民提供有效的公共服务,也难以组织农民解决村庄内部事务。而张翠贤等人开展的各类服务解决了村庄公共品供给不足的问题,这一问题也是地方政府基层治理的任务,桑梓合作社的行动恰好帮助地方政府很好地解决了这些问题,因此,当时地方政府对桑梓合作社的态度非常宽容,这为桑梓合作社的发展提供了良好的制度空间。而之后随着国家整体发展战略的调整,开始实施城市支持农村，工业反哺农业，大量资源向农村输入，并取消农业税，采取各种措施减轻农民的负担。此时，地方政府的任务是将以项目制形式输入的资源落地到农村。因此，很多地方出现地方购买服务，由第三方来落实承担项目的实施。此时，桑梓合作社的业务越来越多，发展也越来越好。但他们坚持不接收政府资金，不承担政府项目，完全靠组织农民自身的力量发展，这与政府的需求不符，导致地方政府官员出现不满情绪，地方政府对桑梓合作社的态度不再特别友好。随后，桑梓合作社开展信用合作，资金规模庞大，涉及社员数量多，范围广。桑梓合作社本身也成为地方治理中需要注意的问题，当桑梓合作社受到外部风波冲击时，其风险增加，地方政府开始采取强硬态度，对其控制程度增加。

事实上，作为理性的行动者，地方政府必然会考虑到自身的利益，为追求治理绩效，维护地方社会的稳定，维护政府官员的仕途和政绩，就必须将潜在的风危险控制在最小范围内。而作为生活在这种制度环境中的农民合作社来说，要争取组织自治性，就需要获得政府拥有的各类资源，特别是良好的政策和态度，获得组织合法性，争取有利的制度空间。那么，就必须与地方政府进行交易，让渡一部分自治权，尊重地方政府的意志，受地方政府的控制，形成嵌入于特定制度环境中的自治性。这种控制关系其实是政府与组织关系的体现，组织的自治性必然是更具现实性的嵌入性自治。

二、农民合作社对地方政府的反控制

通过上一节的讨论，我们发现虽然农民合作社通过嵌入于制度环境中，可以吸纳政府资源，获得信息、人才、技术的支持以及有利的政治空间，这有助于合作社自治性的实现。但在嵌入制度环境的同时，为获得政府资源，农民合作社对地方政府形成了依赖关系，导致地方政府对农民合作社产生控制，这种控制是在资源交易过程中产生的。"单纯依赖政府的资源，会影响到合作社原本的规划和发展方向"（Dessie et al., 2019；Rao, 2020），所以为了农民合作社的长期健康发展，需要避免对地方政府资源的过度依赖（崔宝玉等，2012），也即是，为了避免被政府完全控制，失去自治性，农民合作社需要采取策略应对地方政府对其形成的控制关系，形成对地方政府的反控制。农民合作社在采取反控制时，从能人和组织两个角度进行，因此接下来将具体分析这些反控制策略。

第三章　吸纳与控制Ⅱ：农民合作社与地方政府之间的关系

（一）建立与学者及媒体的关系

1. 与桑梓合作社相关的主要学者及媒体

桑梓合作社虽然是由农民自发组织形成，是农民自我组织性的体现，整个发展过程都由农民自主决策和规划，但它的生长和发展也与很多学者和媒体的支持和帮助分不开。在其长达20多年的发展过程中，她得到了很多高校学者的关注，包括中国社会科学院、中国人民大学、中央党校、国家行政学院、中国农业大学、西北农林科技大学等多所著名高校的著名"三农"专家和学者的关注，部分高校也在当地设置了学生实习基地。关注桑梓合作社的媒体更多，最主要的有《中国妇女报》《南风窗》《南方周末》《澎湃新闻》《21世纪经济报道》等知名媒体，这些媒体通过采访合作社的主要工作人员，都做出了很多深度报道。这些学者及媒体都是因为张翠贤和她带动起来的整个团队以及桑梓合作社的独特性而进行持续关注的。

最先关注到张翠贤及发起的组织活动的是《中国妇女报》。张翠贤发动农村妇女跳舞，进而发展到跨越几十个村庄的规模，并在坂渠市进行了千人秧歌表演。之后，由于村庄环境卫生和交通条件落后，张翠贤又号召村民们出义务工参与清理村庄垃圾，硬化村庄道路，这两个事件的成功产生了更大的轰动和影响。这充分显示了农民的组织性，以及农村妇女的力量。因此2005年，张翠贤被坂渠市妇联推荐到中国妇女报副总编辑谢丽华组织北京农家女学校举办的"农村妇女参加市场经营培训班"。之后谢丽华到永兴村采访，她对张翠贤组织的活动的整个发展过程和特点都进行了了解，对这些农村妇女们的组织力和行动力大为称赞，这也对农民形成了极大的鼓舞。

> 当时能有北京来的报纸采访，那真是天大的新闻了，我们当时都很激动，很自豪。从来没想到我们还能有（被）记者采访（的机会），还能上报纸。（WSQ—202006）

之后，张翠贤和其他几个妇女骨干又参加农家女学校举办的培训，并结识了中国人民大学关注"三农"问题的温铁军教授，参加了温铁军组织的晏阳初乡村建设中心组织的培训课，后来也结识了中国社会科学院的杨团老师，杨团老师关注的是农村合作事业，她将全国发展不错的合作社召集到一起，成立了"农禾之家",为农民合作社提供培训。之后中国人民大学、国家行政学院等越来越多的学者关注到桑梓合作社,张翠贤都与这些老师建立了联系。通过这些老师,张翠贤等人知道了"合作社"这种农民组织,也知道了他们自己所做的将农民组织起来为农民利益服务的活动,本身也与农民合作社的内容相契合,且具有重要的社会意义。

张翠贤等桑梓合作社的很多骨干通过这些专家学者了解了农民合作社,也对农民合作社的认识越来越深。虽然张翠贤等人做的事情已经与农民合作社的业务很相似,但参加学者们组织的培训课程,让他们的组织目标更明确,组织行动也更加规范化。这些专家学者还经常为桑梓合作社社员提供学习培训的机会,让他们了解国际上的农民合作社,包括日韩以及中国台湾地区综合农协的发展,以及当前中国农村的情况。可以说在桑梓合作社发展的20多年里,专家和一些媒体都发挥了重要作用,他们持续关注着桑梓合作社的发展。当然,专家学者并没有直接指导桑梓合作社的发展,社员的动员是张翠贤等人自发开展的,桑梓合作社的业务内容以及桑梓合作社结构和方向也是在发展过程中,根据需要不断调整确定的。

2. 信息与知名度:学者及媒体的作用

虽然这些学者及媒体无法直接给予桑梓合作社资金、技术等资源,也不能为桑梓合作社提供政府所能提供的制度环境,但他们的重要作用在于为桑梓合作社提供了信息,扩大了桑梓合作社的知名度和影响力。

学者及媒体成为桑梓合作社新的信息源,他们可以为桑梓合作社提供更多样化的信息,使桑梓合作社可以在多样化的信息中筛选出对自己有利的信息,争取自主性,避免被政府的单一信息所主导。因为对于农民合作社来说,当拥有更多的信息源时,就可以获得丰富的异质性资源,"这种异质性的信息结构有助于社会组织获得竞争优势"(Peteraf,1993)。

此外,一些学者还在永兴村举办大型的学术会议,邀请学术界关注"三农"问题,以及社会上关心农村的人参加,扩大桑梓合作社的知名度,媒体的报道和宣传更扩大了它的影响范围。为农民合作社与更多的社会力量建立联系提供平台,更使得桑梓合作社的社会关系网络得以扩大,处于更具优势的结构位置。与专家学者和社会媒体建立起丰富多样的社会联系也提高了桑梓合作社的市场地位和谈判能力,据此,它更有能力坚持自己的自治性。因为桑梓合作社的自治性正是其得到社会关注的重要原因,如果地方政府或者个别能人想要将桑梓合作社转变为自己的施策工具和逐利工具，那么就可能受到社会舆论的压力。因此，这类社会力量成为桑梓合作社坚持自治性的重要支持，也成为桑梓合作社重要的反控制手段。

其实，桑梓合作社本身具有特殊性，其业务范围涉及公共服务和经济活动两大类，是一种综合性质的农民合作社。这种形式的农民组织在日韩以及我国台湾地区被称为"综合农协"。杨团和孙炳耀（2012）通过对我国台湾和日韩综合农业的考察，发现"综合农协是应对'三农'问题的一种手段"，这种组织形式可以保持高效的土地生产效率，并生产出优质的农产品。习近平对农民合作社也有研究，他强调要借鉴日韩经营，"走组织化的农村市场化发展路子"，并提出了"积极探索建立农民专业合作、供销合作、信用合作'三位一体'的农村新型合作体系"（习近平，2001：174）。温铁军（2011）也认为"综合农协是一种发展趋势，未来中国农村经济组织的主流就是综合农协"。但他同时也发现很多综合农协都是"政府推动型"，即使是日本、韩国的综合农协也都具有半官方的性质，"政府提供包括税收、金融、贷款、法律等全方位的支持"，在政府的支持下，综合农协形成了其特有的管理模式和目标。而我国的历史经验和教训又表明如果由政府来推动农民合作社的发展，或者使农民合作社具有官方的性质，都不可行，农民的利益无法得到维护，村庄社会民主受到威胁，因此农民合作组织需要在借用政府资源的同时保持自身的自治性。

但我国目前有关综合农协的法律法规仍不完善，仅在2017年的"中央一号"文件中有所涉及。2017年修订通过的新版《中华人民共和国农民专业合作社法》里对新型农民专业合作社的经营范围进行调整，但仍没有增加关于金融业务和农村公共服务的内容，也就是说依然没有对综合性农民合作社进行明确的法律规定。这种合作社通常可以在农民的经济和社会生活中发挥多方面的作用，并得到农民的认可，但当前仍然缺乏法律合法性，"主要表现为没有一部统一的法律法规能够对具有综合功能的农民合作组织进行规范和管理"（李振刚、张丽娟，2009）。在这种情况下，很多综合性农民合作社只能采取各种策略手段去减少运行中的阻力。最重要的就是借用政府力量以外的学者、媒体、社会组织的力量，借用这些力量获取更多的资源，这为"农民公共服务的供给注入了充满活力的组合力量"（乔运鸿、杜倩，2015），同时也增强了农民合作社的市场谈判能力和社会地位，避免被地方政府控制，形成政府主导型农民合作社。

因此，通过与多样化、异质性的主体建立起关系，可以避免合作社陷于被某一单一主体所控制的局面（Alho，2015）。为维护社员利益，坚持农民合作社的自治性，坚持自我决策和规划的能力，避免被地方政府所控制，农民合作社需要在开放的系统中，与包括学者、媒体在内的主体建立联系，使自己处于类似"结构洞"的位置上，获取更多的资源和信息，弱化在单一的关系中，地方政府对农民合作社的控制关系。

（二）建立与社会组织的联系

只有这些专家学者的知识供给和媒体宣传，并不能保证桑梓合作社可以根据农民的需要自主运行。要坚持桑梓合作社的自治性，现实的问题是资金、技术等要素的缺乏。尤其是在开展信用合作业务时，由于社员们对这项业务不了解，加上强烈的风险规避意识，没有多少社员愿意投入资金。但很多社员在日常生活中也的确有小额借款的需求，资金互助业务因此而有开展的必要性。这就需要在市场上寻找合作伙伴。

桑梓合作社在组织农民活动时，也得到了很多社会组织的关注。在由于启动资金不足而难以有效开展资金互助业务时，福爱基金会表达了愿意为桑梓合作社提供资金的想法。虽然后来桑梓合作社想提高自身的力量，而极力减少福爱基金会的资金比例，但福爱基金会的参与的确推进了桑梓合作社的资金互助业务的开展。而也正是福爱基金会愿意投入资金，当地政府才从招商引资的角度同意桑梓合作社开展资金互助业务。如果桑梓合作社不借用外部力量开展资金互助，而单纯用社员的资金开展这项业务，一方面其资金量的确不足以支撑资金互助业务的运转，另一方面，地方政府基于维护社会秩序稳定的考虑也很难同意和承认这项业务的。但借用第三方力量，在名义上改变资金互助的性质，借助招商引资的名义，就可以满足地方政府的要求，获得政治合法性，而非被特定的制度环境和地方政府所控制和限制。

而在独自开展信用合作业务前，桑梓合作社还与富平学校合作，为农民开展技术培训，并试点做小额信贷。合作三年后，正式成立的富平小额贷款有限公司，继续与桑梓合作社合作，主要是在桑梓合作社内部开展小额信贷，由于张翠贤等人对社员的情况非常熟悉，在富平小额信贷公司的劝说下，她们参与到该公司，担任信贷员职务。但双方的合作以及小额贷款公司的成立必然会对当地的金融生态产生影响,可能产生金融危机,并形成维稳压力,因此地方政府不能拿定主意。但这些经济学家以及学者在社会上的知名度很高,其试点的组织在国际上也是一种有效的模式,他们与省里领导都熟识,基于这种关系,这一工作的推进非常顺利。

在开放性的社会系统中,"自组织具有开放性、非平衡性、非线性的特征"(葛忠明,2016),这些特征有利于其"与其他社会主体建立更广泛的网络联系"(Kramol et al., 2020)。作为市场主体,广泛的关系网络有助于获得所需的资源,进而增加其追求自身利益的能力(Hale, 2013),也即是说虽然地方政府拥有决策审批权,但通过与更多社会组织建立联系,一方面可以获得组织自治所需要的具体资源,另一方面可以增强组织的谈判能力,甚至可以在地方政府的可操作空间内使其同意给予农民合作社有利的制度空间。因此农民合作社必须加强与外部环境的联系,积极与其他组织进行互动合作。

(三)借用多样化的政府资源

1. 借用政策文件等资源

桑梓合作社组织社员积极学习历年的中央一号文件,以及其他与合作组织相关的政策文件,筛选整理出支持农民合作社的内容,以此作为与地方政府谈判,争取农民合作社自治性的依据。中央一号文件等其他国家层面的文件是由国家发布,因此权威性最高,地方政府必须遵守,这就为农民合作社借此争取自己的发展空间提供了支持。但另一方面,也正是因为这些政策文件是由国家层面出台的,面向的是全国各地区,所以必须为各地区的实施留有空间,因而这些政策都是模糊粗略的,只是规划了大方向,表明了国家态度,但具体怎样实施还是因地制宜。所以地方政府在处理相关问题时就拥有了一定的弹性空间,可以根据具体情况,选择是否执行,以及执行的力度。

例如在农民合作社开展信用合作方面,中央一号文件中,虽然有鼓励发展信用合作业务,但并不是强制性的任务,没有成为地方政府的"中心任务",对于这类可做可不做的工作,地方政府就需要权衡利弊。同意农民合作社发展信用合作业务,做好了不一定能为政府官员赢得政绩,但做不好就一定影响政绩。一旦出现借贷不还,挤兑潮,资本"跑路"等问题,就会成为社会问题,地方政府必然会被追责,因此,对于这种情况,地方政府的态度一般非常谨慎,但有些地方政府也会考虑到既然中央一号文件有这样的提议,那也就有创新的空间，少数地方政府也愿意进行尝试和探索。

2. 借助更高层次的政治力量

2015年，山西省农业厅领导视察桑梓合作社时，听取了合作社有关资金互助的汇报，对农民组织的创新性表示了肯定，并建议合作社在工商管理部门登记备案，接受社员自愿入股的资金，扩大合作社资金合作的规模。由于桑梓合作社的组织有效，在社会上的知名度高，即使没有主动去找政府资源，但一些领导也会主动去视察参观。而省级政府作为地方政府的上级，其指导意见很多时候对地方政府来说就是命令。因此，在政府的科层结构中，不同层级政府之间行动逻辑的差异，权力结构的存在也成为农民合作社与地方政府博弈的资源。事实上，由于"分化型政社关系"（朱光喜，2019）的存在，在具体实践中，不同层级，不同部门的政府对待农民合作社的态度是不同的，这反而成为农民合作社进行反控制的有效策略。

3. 借助政治影响力更大的力量

中国人民大学的一位教授曾到过桑梓合作社调研，他对桑梓合作社相对更了解，对其发展理念非常熟悉。而这位教授之前在国家部委工作，并对农村改革和农村经济发展具有很高的话语权，且其本人社会影响力较大，其与很多地方官员都有私人关系。因此，这种政治影响力更高的力量成为桑梓合作社的资源，在一定情况下，桑梓合作社可以借助这种外部力量维护自身利益。事实上，由于有关农民合作社开展金融业务的法律法规和政策文件不完备，有些文件提到鼓励有条件的农民合作社开展资金互助，但是新修订的《合作社法》对此却没有规定，这种政策的不对称、不规范使得地方政府在管理这方面工作时也比较为难，不知道到底该以哪个文件或法律为准。

2016年，当有人起诉桑梓合作社的资金互助是非法的时候，当时地方政府的态度也比较犹豫，因为，修订后的《合作社法》没有提到农民合作社可以开展资金互助业务。此时合作社就求助了这位教授，教授跟省农业厅沟通了自己的看法，认为农民合作社可以进行资金互助的探索，只要能将资金互助的范围限制在村范围内部，做好风险防控就好，而且告诉地方政府桑梓合作社是自己设立的学生调研基地。地方政府基于对专家的信服站在了桑梓合作社这一方，同意桑梓合作社继续开展资金互助。

在国家法律不健全的背景下，地方政府的态度成为农民合作社获得政治合法性的主要依据。而如果只存在农民合作社与地方政府的互动，很多地方政府通过综合各方面的考虑，都会选择保守的态度，那么农民合作社就无法获得有利的制度环境，必然无法坚持组织的自治性。所以在农民合作社与地方政府的权力结构中，农民合作社"就不得不与地方政府展开权利与权力的博弈"（赵晓峰，2017），借助更高层次的政治资源为自己赢得自治空间。

（四）建构有利的结构关系

桑梓合作社采取与更多社会主体建立联系的做法成为其有效的反控制策略。农民合作社相关的主体包括合作社、各级政府、专家学者及其他社会组织等社会力量，这组成了农民合作社的组织场域。农民合作社本身就处于这样一个场域环境，由于政府是权力中心，各类组织的生存都离不开政府的影响，社会各组织都要受到政府部门的监管，因此它从一开始就与政府存在着联系。且由于政府拥有包括授予政治合法性的独特权力，在与政府的互动关系中，农民合作社为了吸纳这些资源必然会产生对地方政府的依赖。这导致很多农民合作社选择依附于政府，向政府让渡农民合作社的自治发展的权力，以换取项目资金、政策优惠、政府扶持等资源。但这种依附关系导致农民合作社的发展受限，特别是涉及农民合作社的创新性行为时，很多政府行为直接威胁到农民合作社的自治性。因为"地方政府在创新行动中有风险规避和行政绩效获取两个具体目标"（冯猛，2020），而即使为获得行政绩效进行创新，但对地方政府来说，更需要考虑的是基层的创新行为是否会带来风险。因此，在这种结构中农民合作社难以根据社员的需求自主开展组织活动。

为打破这种结构困境，农民合作社就需要在组织场域中与更多主体建立起有效联系，进而对地方政府的控制关系进行反控制。虽然组织场域中本身就存在着多元主体，但如果不能建立起有效联系，农民合作社依然无法实现外部控制。基于共同的认知，长期的交流沟通，以及处于相同位置的"共情"，农民合作社逐渐与其他社会主体形成新的关系结构。通过这些关系结构，农民合作社可以获得多样化的信息与资源，获得类似"结构洞"位置的有利地位。这种有利位置为农民合作社争取组织的自主性提供了条件，使得农民合作社可以对自己外部的组织环境具有一定控制力。事实上，国外农民合作社基本上处于"多中心治理"的政治结构，这为农民合作社的发展提供了良好的政治环境，"不会被个别主体所主导"（Hendrikse，2011）。而我国农民合作社面临的最主要的主体就是地方政府，这种组织环境通常使农民合作社面临着"政府在微观管理和激励机制上的无效性"(敬义嘉，2007)问题的干扰。最终不仅影响农民合作组织的自治性，无法真正激发农民的组织性，使得乡村治理依然困难重重，还导致政府的大量资源被浪费，被变异的农民合作社转变成个别人或部分人的私人利益。

DI-SIZHANG
第四章

组织内部的自我控制

第四章　组织内部的自我控制

前面两章我们论述了在嵌入性过程中,会出现其他主体对组织的控制关系,而为了争取自治,组织会针对其他主体的控制关系进行反控制。事实上,组织还会在内部形成自我控制,这也是组织争取自治的策略手段。因此,本章的主要任务是分析组织内部自我控制的实现逻辑。而我们在前面几章已经讨论过农民合作社内部存在不同利益和行动逻辑,需要将农民合作社分为能人和组织进行分别讨论。首先,我们将讨论能人的自我控制的实现逻辑。其次,我们将讨论组织自我控制的实现逻辑。最后,结合前面的内容以及本章的组织内部的自我控制,总结农民合作社的嵌入式自治及其吸纳与控制的实现机制。

第一节　能人的自我控制

能人是组织的代理人,因此组织的行为在多数情况下都是由能人的具体行动体现的。我们在前文分析过,在农民合作社发展过程中,很容易形成能人对农民合作社的控制关系。农村能人在吸纳农民成为社员时会在村庄中强化自己的威信,增加农民对能人的信任,这成为能人自身的资源。在农村能人与政府官员互动时,虽然农村能人代表的是农民合作社,但建立起来的事实关系是农村能人与政府官员的私人关系。除此之外,农村能人还可以借助组织的名义获得其他各类资源。在这种情况下,出现能人领办的农民合作社的可能性就极大。能人很可能将这些资源据为己有,利用这些资源独自运营农民合作社，形成类似私人企业的农民合作社。

能人控制的农民合作社也就是能人领办型合作社的特点在于能人有突出的优势和绝对权威。他们通常可以"依靠其拥有的在经济、社会、政治等方面具有的资源禀赋优势，而参与到社会治理中，包括组织发展中，进而对组织的规划和目标产生重构，影响组织或社会原本的计划和目标"（Crook，2010）。而且由于农村能人具有突出的市场能力和丰富的资源，由此形成的能人主导型合作社甚至看起来发展得更好，因此被多数人认为是真农民合作社，但其内部是被少数人所主导的，所以"从内部主从关系来看，又不是真正的合作社"（Lammer，2012：169）。基于这些分析，我们可以发现能人在个人权力和关系信任上占有优势，所以为了追求整个组织的自治性，而非个别能人的利益基础上的组织自治性，能人通过会在这两个优势方面进行自我控制。接下来本节将结合桑梓合作社的案例进行具体分析。

一、建立规则约束能人

（一）能人的认知对组织权力结构的影响

能人的个人认知很重要，在农民合作社中，只有具有合作理念的能人才能遵守合作规则，约束个人权力。天津大邱庄曾经是享誉全国的"首富村"，其鼎盛繁荣的发展水平离不开村庄带头人禹作敏的作用。但村庄迅速壮大后却形成了能人控制和浓厚的"家族"色彩的村庄权力结构（王佳宁，2008）。能人不愿意限制个人权力，而是追求更集中的权力。华西村成为"天下第一村"也与吴仁宝的个人能力和人格魅力具有极大的关联性。但在发展过程中却也出现了严重的阶层分化，干部收入甚至一度达到普通农民收入的1000倍，"权力操纵着整个村庄的分层，权力把持者使自己成为村庄最大利益获得者，权力直接充当经济分化的载体"（周怡，2006a）。吴仁宝作为村庄精英，凭借其在村庄内部的号召力和个人人格魅力，"将曾经是国家赋予他的法理权威回移到传统权威的位置"（周怡，2006b：251），村庄中所有重大抉择都基于他的个人意志。之后吴仁宝的儿子成为村书记，其家族成员在华西集团占据重要职位，家族色彩也越来越浓厚。虽然村庄内外存在各种规则约束能人，但如果能人没有自我约束的认知，即使再完善的规则也无法发挥作用。

桑梓合作社的成功也离不开其发起人张翠贤，然而与大邱庄和华西村不同的是，张翠贤本人对合作理念非常认同，她认为农民合作社的生存与壮大不是个人的力量，不能突出个别人的作用，合作事业需要大家共同参与才能长久。因此，她一直坚持在农民合作社中培养出更多优秀社员，并尊重社员们的意见，以社员们的需求为农民合作社的发展方向。这就使得桑梓合作社没有出现能人控制的现象，而显示出合作社组织的自治性。

> 我做这个事(合作社)真不是靠我个人能力，也不是靠我一个人，一直都是我们这帮姐妹们在一起做。我们做事情的宗旨就是为社员服务，我们的各个部门都不是谁拍脑袋想出来的，我们整个合作社的发展都是看社员有什么需求，我们征询社员意见先小范围试验，最后才发展到现在这种规模的。(ZCX—202012)
>
> 我们合作社是大家的力量，这么大的规模，这么大的摊子，不是靠一个人的，我们每个人都有分工，每个人都有自己主要负责的工作，我们现在就是要分工更明确，要是单独让一个人做这些事情，肯定会累死也做不好的。(LYF—202006)

但由于张翠贤的个人能力强，人格魅力大，且经过20多年的锻炼，在很多事情上发挥了重要作用。所以，桑梓合作社的工作团队也会无意识地依赖张翠贤，在很多事情上征询张翠贤的意见。为了避免出现个人权力过大，形成"一言堂"的局面，张翠贤还采取了有意躲避的办法。在桑梓合作社拥有了一支相对稳定的工作团队后，各部门也已经分工明确。有段时间张翠贤就完全脱身出来，提前告知大家她要休息一段时间，桑梓合作社所有的事情按照程序来做就行，不要找她。其他干事们刚开始并没有把这当真，但当有事去征询意见时，张翠贤直接回绝了，让团队自己商量解决。事实证明，桑梓合作社已经形成了比较完善的规章制度，个别能人在桑梓合作社并不起决定性作用，当张翠贤脱身出来时，桑梓合作社依然能够按照规则正常运行。刘志超是毕业不久的大学生，目前对合作社的工作非常熟悉，每天按照流程来工作。正是因为桑梓合作社建立了有效的规则制度，才能避免个别人主导桑梓合作社现象的出现。

> 我们每天都有自己的工作流程，每天工作程序都差不多，我们从早上就开始下乡，下午还是下乡，但回来之后就需要总结，晚上就需要把一天的记录梳理好。张老师要求我们每个人都要有自己的主动性，我们要从自己的工作找出社员们的需求。现在分工明确，各部门配合，不能单靠一个人决策。（刘志超—202105）

（二）建立规则制度的条件

规范是人们行动的准则，很多研究把规范作为既定条件，科尔曼对此并不认同，他认为这显然是本末倒置，规范的建立是先于行动的。而规范的建立是需要条件的，即"需求有效规范的条件和满足这一需求的条件"（科尔曼，2008：223）。

1. 需求有效规范的条件

桑梓合作社规范制度的建立经历了漫长的过程。最初，张翠贤组织农民参加农业技术培训课程，之后组织大家跳舞。这些活动参与成本低，也刚好符合农民生产和生活的需求，因此，农民的参与积极性非常高，通过张翠贤等人的努力，这些活动很快就覆盖到两个乡镇，五十多个村庄。前期的这些活动为桑梓合作社的建立提供了社会基础，也使桑梓合作社嵌入到村庄社会中。通过长期的交往互动，农民对张翠贤越来越信任，对组织起来的活动也越来越积极。在连续多年的组织活动中，也逐渐锻炼出了一些骨干和积极分子。这些骨干多是需要在家照看老人和孩子，而无法外出打工，所以能够持续地参与到组织活动中，这为农民合作社的建立提供了所需的人才。

而在之后义务清理村庄垃圾和硬化村庄道路中，张翠贤等人看到了农民组织起来的可能性。因此从专家那里了解了农民合作社后，他们开始尝试建立了多个农民合作社，开展农民之间的经济合作。但当时国家还没有出台相关的法律，他们成立的组织一直处于未登记注册状态，只有一部分业务是以妇女协会的名义在民政局登记。之后，由于没有有效的规则制度可以参考，也缺乏管理经验，刚成立的几个合作社都失败了。而恰好此时，国家通过了《合作社法》，她们在休整思考一年后根据《合作社法》重新成立了农民合作社。随着桑梓合作社规模的壮大，业务的增多，单纯依靠张翠贤等个别能人根本无法运行，在此背景下，就需要建立有效的规则制度对个人职责和业务范围进行规范。因此,稳定的农民基础、人才队伍、有效的制度环境以及不断壮大的规模成为桑梓合作社"需求有效规范的条件"。

2. 满足有效规则需求的条件

除了"需求有效规范的条件",科尔曼认为规范的形成还需要有"满足这一需求的条件"。桑梓合作社最开始的组织的一系列活动,锻炼了一批骨干力量,他们的组织能力和号召力大大提高,这些人大部分成为桑梓合作社的理事会成员。但作为农民,这些农村能人的见识度和思考力毕竟有限。因此,专家学者在桑梓合作社规则制度的形成上也发挥了很大作用。当然,这些外部力量并不是干预桑梓合作社的发展,而只是为桑梓合作社管理团队的人员提供学习参观的机会,让他们看到更多,学到更多,提高他们的辨识能力和判断能力。这些农村能人从桑梓合作社的萌芽阶段到制度化阶段,在跌宕起伏的经历中,更能够认识到怎样的规则制度是有效的,再加上专家、学者提供的各种参观学习的机会,他们更能够制定出有效的规则制度。这些都为建立规范合理的规则制度提供了条件。

与此同时,很多农民在参与各类组织活动过程中,对张翠贤等人的各方面能力都非常认同,对他们开展的合作业务活动的认识也逐步深化,这为桑梓合作社建立有效的规范制度,吸纳并约束社员提供了基础。当然桑梓合作社各种规范的形成与其所处的社会环境也有关系。在国家整体经济发展水平大大提升的背景下,国家开始了"城市反哺农村,工业反哺农业"的战略,希望通过资源输入解决农村面临的公共品供给不足等问题,改善村庄现状,实现乡村振兴。然而现在对农村来说最大的问题不是资源短缺,而是由谁来接收这些资源,如何利用这些资源改善村庄面貌。而当前农村更大的问题是农民组织性不足的问题,村两委完全以上级任务为工作指导,悬浮于村庄之上,无法为农民提供有效的公共服务,这就为农民组织的出现提供了制度空间。《合作社法》的出台,也是中央政府在充分调研的基础上,借鉴国内外经验,顺应农民需求而提出的,这也为桑梓合作社的制度化和规范化提供了法律保障。

(三)建立有效的规章制度

由于拥有建立规则制度的需求和条件,桑梓合作社逐步进入制度化阶段,建立起了有效的规章。

1. 根据法律法规建立规则制度

《合作社法》对农民合作社的组织结构有明确规定，登记注册的桑梓合作社必然需要建立起规范的组织架构和规则制度。2012年，桑梓合作社内部设立了社员大会、理事会、监事会，并依据法律规定对桑梓合作社入社条件、经营活动、利益分配等基本规则有了规定。同时，经过长期的实践和学习，张翠贤等人也认为桑梓合作社必须走向规范化、制度化。桑梓合作社规模庞大，业务越来越多，涉及的范围也越来越多，因此，必须建立规范的制度，做好信息透明，进行规范化才能得到社员们的信任，并对能人形成监督。

事实上，也有社员对骨干人员提出质疑，"当时就有社员觉得我们合作社做得这么大，肯定赚了不少钱，我们这些人肯定也从中间拿了不少钱。这就是制度不透明造成的"（ZCX—202012）。社员们的质疑是对桑梓合作社的稳定性和凝聚力的威胁。尤其是在村庄社会中，关系网络相对密集，信息传播速度快，个别人的质疑就可能最终导致大多数人态度的转变。因此，桑梓合作社成立后，严格按照法律法规设置各部门，并对财务等相关信息做公开化、透明化处理。各种规章制度建立起来后，所有社员都需要依照规章制度来行事，所有社员都有权知晓桑梓合作社的各项事务，即使是核心社员也需要听取社员大会的意见，社员之间形成了一种普遍主义的规则制度，这在规范社员行为的同时也约束了能人的权力。

2. 根据实际需求完善规则

张翠贤等人认为桑梓合作社不是单纯由一个人或几个人主导的，而应该是为了维护所有社员的共同利益服务，那么就应该建立起规范的制度，避免桑梓合作社内部形成权力集中于个别人的权力结构。因此，桑梓合作社通过各种途径吸引了一批优秀人才，形成了一个管理团队，又分成几个小团队，分别负责不同业务部门，有个别人是在几个部门同时工作的。桑梓合作社的事务由整个团队负责，而不是由个别能人决定。业务团队每周开一次会议，理事会每个月开一次会议交流讨论工作情况。而普通社员的意见则由每七户一组的组长反馈，组长在会议上表达社员们的意见。这种衔接严密，分工有效的制度设计在一定程度上削弱了农村能人在桑梓合作社中的控制能力。

规则制度的形成是也是一个持续改进，动态变化的过程。而且规则制度的设置也不仅仅是针对领办人的，其目标是使所有社员都能够避免对农民合作社的主导性。

桑梓合作社里还有一个辅导员制度，该制度在桑梓合作社里发挥了重要作用。合作社将其所涉及的村庄范围划分为 16 个片区，每个辅导员负责 4—5 个自然村，其日常工作就是完全融入自己负责的几个村庄内部，获得社员及时、全面的信息。因而辅导员对农民合作社了解社员的需求，社员的资源规模等信息进而去提供相应的业务、资源等具有重要作用。然而辅导员制度也导致社员与辅导员之间形成了紧密的关系网络，甚至在社员看来，辅导员就是桑梓合作社的代表，社员只承认本片区的辅导员，而对桑梓合作社的认可度非常低。这就威胁到桑梓合作社的自治性，而可能产生几个各自独立的小团体，因此，在考虑后，桑梓合作社将辅导员制度改成了小组长制，7 户社员产生一个小组长，共有 550 个小组长，小组长以上是 5 位社长，社长们组成理事会，这就突出了组织的作用。

3. 村庄社会资本对能人的约束

农村的社会资本也会对农村能人的行为产生一定的约束和监督作用。虽然赵晓峰（2015）认为农村阶层分化的社会结构决定了农村能人与普通社员之间的关系，双方形成"支配性控制与依附性获益"的关系。也就是说在农村能人与普通社员的关系结构中，农村能人必然处于支配性地位。但农村是一个关系网络社会，农民之间存在着或近或远的血缘和亲缘关系，在当代社会中，这些关系虽然有所松散，但相比其他类型的社区，依然比较突出。因此，生活在农村社会中的人在日常生活中必须考虑这些关系的影响。曲成乐和任大鹏（2018）认为"人情、关系等所发挥的信息传递作用会打破理事长与社员之间信息不对称的局面，对理事长的行为产生约束力"。也就是说农村的社会资本会对农村能人产生监督和约束作用，避免其借助资源禀赋优势而将农民合作社转变为类似私人企业性质的组织，为自己谋取各种利益。

二、建构制度理性弱化能人的影响

在村庄社会中依靠传统的关系网络，农民之间相互形成了特殊信任，这是建立农民合作社初期的社会基础。但是，这种特殊信任，是一种"情感型信任"，在资源禀赋存在差异的农民合作社中，很容易产生社员对能人的信任，而"将特殊信任转换为以契约、制度为基础的普遍信任才是自发性合作社建设的方向"（韩文龙、徐灿琳，2020）。也就是需要形成"认知型信任"，即基于对农民合作社中合作理念的认知产生的信任（Hansen et al., 2002）。学者们讨论的"认知型信任"和普遍信任类似制度理性。"制度理性,可以定义为一种自我依据普遍主义的制度规则,平等公正地对待他人的原则"(汪和建、段新星,2020)。也就是说通过制度理性的建构,可以增强社员对组织的信任,而避免不断增加的对能人的信任导致能人在组织中处于绝对地位,这也是能人自我控制的途径。

而农民合作社内部社员之间关系的模式化和规范化,合作社组织的制度化和合法化,对农民合作社的持续发展具有关键影响(Amersdorffer et al.,2015)。组织制度化也是避免被能人控制,实现农民合作社理念,维护农民合作社自治的重要条件。既然制度理性至关重要,那么就需要对如何建构制度理性进行研究。汪和建和段新星(2020)讨论了两种制度理性的形成机制:"自上而下的强制性制度认同",以及"自下而上的诱致性制度认同"。他们讲的强制性制度认同主要指"改革教育,也就是改革者教导参与者如何参与改革、如何争取其权益以及如何履行其义务",但对于完全自发的农民合作社来说,虽然可以采取改革教育,但要形成强制性是比较困难的,反而更多的策略性和引导性。诱致性制度认同是指参与者从合作组织中获得收益,事实上,农民合作社不一定只能为社员提供经济收益,社员也可以从中获得多方面的资源。基于此,本节将结合桑梓合作社的案例分析制度理性的形成机制。

(一)柔性引导的制度认同

赵泉民(2009)从文化信念这种非正式制度安排考察中国农民合作社异化的原因时,认为中国缺乏"具有自主独立个性的市场化力量",而要在中国发展合作社,就需要培育起社员的合作意识,尤其是以契约为纽带的陌生人之间的合作,以及对组织的信任(曹阳、姚仁伦,2008)。事实上,农民的受教育程度和文化水平对其参与农民合作社,成为社员具有显著的正向影响(Jitmum et al.,2020)。张翠贤等人在开展组织活动中,也明显注意到村民的认知水平和知识水平限制了合作业务。因此,她们在组织农民合作时也开始采取措施引导社员学习。虽然社员文化水平低,从农民合作社的角度来说,需要让社员参与到学习活动中才能推进合作业务的发展。但是,从社员的角度来讲,他并没有足够的动力参与学习,因此,就需要外部力量的推动。但农民合作社在推动社员学习的过程中,无法采取强制措施,因为双方不存在权力结构,农民合作社没有权力强制社员学习。如果在社员没有认识到学习重要的情况下，采取强制措施，很可能会导致社员"用脚投票"，退出农民合作社。因此，只能采取柔性引导的机制，借助各种策略方法，逐渐提高社员的认知水平和知识素养。

在桑梓合作社的发展过程中，柔性引导的制度认同，是从张翠贤等人开展的各类文化活动开始的，其目的是让农民接受一种新的理念和文化，这与村庄社会中传统的文化理念是两套认知系统，因此对习惯于原来文化理念的农民来说去适应改变非常困难。张翠贤刚开始办技术培训时比较顺利，是因为农民极度缺乏这些技术和信息，她可以请来老师，而不用农民承担任何成本，所以这种信息的输入没有遭遇太大困难。但之后组织农民学习舞蹈，在起步阶段却困难重重，因为舞蹈作为日常娱乐方式对当时的农民来说还是新鲜事物，舞蹈在农村中只会在大型活动和节日仪式中出现。而把这种具有象征性和仪式性的事物转变成日常生活中普遍性的事物，就剥去了其原来的意义光环，这与农民的传统观念形成冲击。虽然当时村民也了解到城市生活中舞蹈的普遍性和现实性，但由于城乡二元结构的存在，两种社会中的观念在初次接触时仍会让农民产生不适感。因此，跳舞活动成了农民们的笑柄和冷嘲热讽的对象。但观念本身又是会发生改变的，张翠贤等人忽略环境的干扰，借助妇联给出的官方证明，并利用关系网络中的信任将这一活动坚持了下来。在这些活动的开展过程中，农民们看到了新的可能性，即参与到农民自己的组织中，去改变原来的相对落后的生活方式。

1. 能人的示范引领

农民合作社的自治性和规范化虽然需要建构制度理性，但在建构制度理性过程中，能人的作用是不可忽视的。特别是在对社员的认知和观念进行教育改革过程中，能人可以发挥重要的示范引领作用。张怀英等（2019）从企业家精神的视角出发认为农村能人作为核心社员具有"创新精神、冒险精神和合作精神等企业家精神，这对农民合作社形象的塑造产生很大的正向效应，会进一步促进员工参与农民合作社的意愿，参与合作社管理的专业能力"。

此外，能人在村庄中的地位和威信很高，由于普通农民们资源禀赋不足，其理性选择是信任农村能人，由农村能人来把握组织发展的大方向。农村能人作为村庄社会的一种权威，"权威代表着制度安排，对权威的信任，也许会最终导致认为权威所代表的制度是合法的"（泰勒、迪高伊，2003）。因此，"组织成员对能人的权威信任与对组织的制度信任之间存在着转换关系，原本是对能人的关系性信任会在组织的发展中转换成对合作文化与组织理念的价值性信任"(赵晓峰，2018b)。也就是说，关系信任与制度信任之间存在着转换关系。然而，这种转换并不是自然而然形成的，需要农民逐渐习得能人所代表的制度规则，强化制度规则的作用。在现实实践中，这种习得体现在农民参与到体现规则制度的农民合作社的业务活动中。

桑梓合作社的业务活动都蕴含着合作的规则制度，在推动社员参与这些活动的过程中，桑梓合作社也以新的文化规范教育着社员。张翠贤在开展农民组织活动初期是从各种文化活动和社区公共服务开始的，包括农业技术培训、舞蹈队、辩论会和读书活动，之后的老人服务、儿童夏令营等。这些合作活动进入成本低，很多是村民极度需要，而村集体没有提供的公共服务，因此虽然一些人在刚开始时由于文化冲击的存在，会对合作业务产生抵制甚至是破坏行为，但村民对这些活动的整体满意度和接受度是很高的。在对农村能人信任的基础上，通过对组织活动的长期参与，组织成员之间长期沟通和交流进而形成了信息网络，"这对于组织信任的产生，组织成员对组织忠诚度的提升具有重要影响"(Permadhi & Dianpratiwi, 2019)。在这个过程中，社员们对桑梓合作社的活动的理解也更加深入，对其背后的理念也逐步接受，这为桑梓合作社内部的制度理性的建立创造了条件。

为了适应农民的生活，张翠贤等人选择在农闲时间组织社员学习，或者集中在晚饭后。学习的内容也非常丰富，包括农业技术，家庭教育，国家的农业政策等，这些也与农民的生活非常相关。张翠贤等人也开始做表率作用，几个骨干社员每天吃完饭都坚持到一起学习。而且为了增加学习的趣味性，张翠贤等人还采取辩论、小品的形式，吸引农民们参加。因为当地农民经常吵架，采取辩论的形式，一方面将大家组织起来形成热闹的氛围，并为他们提供了发言的机会和平台，另一方面，辩论过程中需要遵守辩论规则，不能像平常吵架争论一样，一窝蜂全发言。在长期参与过程中，社员们就形成了遵守规则的习惯，这也进一步改变了农村的风气，提高了农民们的知识水平和个人素质。

但在动员农民参与学习上，单纯依靠能人的示范带动作用并不完全有效。因为虽然在农村地区很多农民都承认学习的重要性，但农民本身并没有学习的意识，他们只是寄希望于下一代通过学习改变命运，或者他们以功利性的心态看待学习，只有在学习能给他们带来看得到的回报时，他们才愿意参与。

因此，在开展这项学习初期，农民们对组织这样的活动非常不解，一方面他们不了解张翠贤组织大家学习的目的是什么，另一方面觉得学习这件事太受限制，不如聊天自由轻松，因此都不愿意参与，甚至有人说"学啥习呀，你给我发钱吗"。村庄社会中公共性不断消解，个体化、原子化趋势加强，导致的结果就是村民只关注个人的事情，除此之外，都需要支付资金或是其他好处才能解决。甚至有人认为张翠贤把大家组织起来学习，一定是她可以从中获得什么好处。

面对农民的这种想法，张翠贤非常生气，她认为必须把道理讲清楚，才能让村民们重视学习。因此，她就反问要钱的那个人"你要钱干什么"，有个妇女说"要钱给我娃上学用呀，我娃星期天回来要拿钱"。"那你供你娃上学干吗"，"我娃上学可以学知识就可以考大学，考上大学以后出息了，就可以挣大钱"。"那你娃上学可以增长知识，还要交学费，咱们这个学习就不可以增长知识吗，你也应该交学费才对，现在我让你免费学习，你还不抓住机会"①。相对封闭的村庄社会也禁锢了农民的思想，很多农民只关注于家庭生活和农业生产，对于新事物的学习能力和接受能力有限。但通过能人的示范作用，参与到农民合作业务中，使得他们接触到了新的思想，新的规则，这为提高农民的认知水平，形成遵守规则的习惯，继而培养制度理性提供了条件。

2. 关系网络的带动作用

但单凭企业家精神或农村能人的个人魅力并不能完全改变社员的认知，还需要利用村庄内部的关系人情等传统资源。王曙光（2010）认为西方农民合作社是建立在一定的社会基础上的。但我国农村市民社会基础薄弱，农民的自我意识、合作意识和民主意识不足，因此就会影响到农民合作社制度理性的形成。但我国村庄社会中的关系网络以及人情面子等传统资源可以在培养农民合作社的制度理性中发挥作用。

提高农民的素质需要纠正很多问题，但这不是简单向农村输入文化知识就可以实现的，还必须借助农民易于接受的形式和途径。其中很重要的就是关系网络的作用，人情面子是在村庄的社会关系网络中存在的。因此，当一个农民看到自己的亲戚邻居参与到这些新活动中，基于村庄中的信任关系，

---

① 人民食物主权论坛：《(连载一)蒲韩故事：今天如何让中国农民组织起来》，2016-08-25，https://mp.weixin.qq.com/s/gPiaDjLWFr89qhCjd0BFRg。

他也就有了尝试接触新事物，参与新的业务活动的动力。而且村庄社会中共的信任在促进农民交流的基础上，还会通过相互间的"多次合作形成信任机制，使社员在参与合作的过程中充分认识合作社的理念"（王生斌，2020）。

在参与各种合作活动的过程中，通过多次长期的高频率的交易，社员逐步习得了合作文化和合作社理念，这种观念的变化是"惊险的一跃"，其变化涉及方方面面，包括"价值观念、家庭关系等诸多要素的变迁与总体重构，在这种趋势影响下，原有的伦理共有的产权，逐步向合作社会主义转型"（潘建雷，2015）。桑梓合作社的社员在前期对各种活动都存在疑虑，在开展舞蹈活动时，有人会冷嘲热讽；在开展学习教育活动时，有人会不理解甚至拆台；在关于是否去争取资金项目，并完全以完成项目为目标时，有些人甘愿退出桑梓合作社自己重新再组织桑梓合作社去获取政策资源；在进行土壤转化发展生态农业时，有些农民会犹豫迟疑，甚至以假"生态作物"冒充，让桑梓合作社帮助销售。这些问题在前期都影响到桑梓合作社工作的推进，但借助于村庄内部的关系网络，通过长时间，多频次的交易过程中，社员的观念逐渐改变，对这些活动以及其背后的理念逐步认同，这些问题也就逐步解决，制度认同也是在这个过程中逐步产生的。事实上，这是农民合作社的"软嵌入"（张雪、甘甜，2019）的方式，即通过互动过程的柔性化，参与方式的灵活性，以及组织责任边界的有限性，逐步渐进使社员建立起制度信任。

3. 规则制度的约束和强化

但除了依赖农村能人的示范引领、村庄社会中关系网络的带动推进，促使农民的观念认知发生变化还需要其他显性规则的作用。

前文谈到桑梓合作社内部形成了业务嵌套，那么相应地，也形成了规则嵌套，这些规则嵌套一方面对社员形成了约束作用，降低其违约风险，例如减少社员不还信用合作部的贷款的可能性；另一方面也增加了其退出的成本，保障农民合作社组织规范和结构的稳定性。除此之外，还有一个很重要的作用在于教育和引导社员观念的转变，例如，要想享受桑梓合作社提供的农机服务的优惠，就需要拿出一亩地做土壤转化，做生态农业。这看起来是组织农民开展生态合作，是一种农业生产方面的选择，但也是为了改变农民的思想，使其重视农业生产中的生态问题。

> 我参加土壤转化好几年了，刚开始转化时候，产量不高，因为

你不上化肥了嘛，但过几年土壤就调整过来了，自己感觉这样种出来的果子确实好吃。我们种生态农产品最重要的不是卖多少钱，我们就是要让自己吃得健康，现在人吃得的东西都是药喂大的，那我们就自己种些生态的给我们的小孩吃。（YAL—202006）

随着近些年社会整体对食品健康的重视，桑梓合作社对社员的教育改革也逐渐产生效果，社员们这些理念也越来越认同，这进一步推进了制度理性的形成。

桑梓合作社改革辅导员制度后，目前实行的小组长制度也有利于强化制度理性的培育。小组长制是指每 7 户为一个小组，7 户社员是因为居住在一起而形成的，通常是一个巷道的，这 7 户社员再自己选出一位小组长。小组长与社长沟通，负责社员与桑梓合作社之间的信息交换。目前共选出 550 个小组长。小组长的选择是完全由社员决定的。

当时在确定小组长时，我们天天开会，到社员家去开会。让社员自己选出来谁当小组长，因为选出来的小组长必须是社员承认的，他的人品、能力都得到组员承认。有的小组长沟通能力不行，还得协助他开会选出来组员，当时嘴唇都磨薄了，连开了几个月的会，最后选出来 550 个小组长。（ZCX—202012）

小组和小组长都确定好后，每个小组每三个月都要到合作社的办公楼召开一次小组座谈会，理事长和各位理事及桑梓合作社的骨干人员参加。会议内容是理事长向大家说明桑梓合作社当前的情况，并强调一些合作社的理念，例如生态种植，要讲诚信，社员要做好对小组长的监督，也会向社员传达最新的农业政策，桑梓合作社的发展方向。最后的环节是组员之间相互沟通自己最近的工作，家里果园的情况，相互交流经验，这个环节要求每位社员必须发言。笔者在访谈时发现小组座谈会的氛围很好，特别是交流环节的技术交流，非常契合社员的需求。

小组制能充分显示制度理性的建构，社员对组织信任的形成的过程。小组长的确定，完全由社员协商决定，体现了程序民主和结果民主，更重要的是这个过程让社员习得了规则的重要性。而小组座谈会中，社员直接与桑梓合作社互动，理事长对桑梓合作社信息的汇报，增强了社员对组织的了解，为增强对组织的信任提供了条件。而在座谈中，规定每个人必须发言也很重要。因为很多农民文化水平低，语言表达能力不足，在日常生活中可能可以交流，但让做归纳性、总结性的发言对他们来说存在困难，但小组座谈会要求必须发言，经过多次锻炼后，社员们的认知能力和文化素养都有明显提升。

事实上，农民合作社中制度理性的形成一直存在问题。费孝通发现开弦弓村的"合作工厂"实施后，与社员有关的只是生产方面的变化，社员的观念没有发生任何变化。晏阳初在河北定县开展的乡村建设活动中，也发现农民最大的问题是"愚、贫、弱、私"，他认为"要培养农民自己的自发的力量，唯一的途径就是办教育，否则表面的粉饰的是不能生根的"（晏阳初，2013：343），因此他和其他一些知识分子开始了平民教育运动。桑梓合作社在组织农民开办各类活动，以及农民合作社进入制度化阶段开展的各项业务，也是在对农民和社员进行的教育。

事实上，柔性引导的制度理性建构机制对能人也可以发挥作用。在建立制度认同和制度理性之前，由于农村能人是农民合作社的代理人，社员参与的各项合作业务都与农村能人有关，再加上农村能人本身就在村庄中具有威望和地位，因此，社员们形成的是对能人的特殊信任。这种特殊信任成为农村能人在组织中行动的基础，缺乏约束机制，这就可能产生能人领办合作社，影响农民合作社的自治性。为了避免这种现象的出现，农村能人借助各种措施建立起社员对农民合作社的制度认同，这种制度认同要求农村能人也需要按照农民合作社的规则制度行动，因此，在一定程度上也可以弱化能人在农民合作社中的绝对权威性，也是能人自我控制的方式。

（二）利益诱导的制度认同

农民合作社具有惠顾者与所有者同一的特点，即社员"是融会员、顾客、所有者、惠顾者四种身份为一体的"（王名，2004：259）。社员从顾客的视角出发，基于经济理性，判断所得收益的大小来认识合作社。因此，作为一个理性人，当农民们可以从农民合作社中获得利益，同时"采取搭便车的行为，而不用承担过多投资和风险"时，他们对农民合作社的依赖程度会逐步增加。此时，农民合作社对这些社员的吸引力也会随之增加，制度认同也在这个过程中逐步产生。而通过利益诱导建构组织内部的制度认同不仅是指经济利益，也包括文化、卫生等公共服务方面的获益。

1. 健全社会服务的诱导

因为城乡差距的存在，村庄社会在很多方面都供给不足，包括文化、卫生、公共服务、基础设施等，而这些方面直接影响到农民的生活质量，因此农民对这些社会服务的需求度也很高。张翠贤从农业技术培训开始为农民提供技术服务；之后组织妇女跳舞，让农村妇女接触到新的娱乐方式；带领村民清理村庄常年堆放的垃圾，改善村庄公共卫生；组织村民硬化村庄道路，各家出义务工，在短时间内修建好了全村的主干道。通过这些活动为社员们提供了有效的公共产品。

事实上，这些公共品一般都是由代表国家力量的村两委提供的。但该村村两委长期处于瘫痪状态，加上在大的制度环境中，村两委资金、资源有限，缺乏充分的组织能力和协调能力来提供有效的公共服务。这就导致村庄公共品供给严重不足，需要寻求村两委以外的力量去解决。而且通常来说，村两委普遍关注的是农民一般化的需求，例如水、电、路等基本的基础设施。但还有很多隐性的需求并未受到村两委的注意，例如农民的娱乐文化活动，农民的知识水平和个人素质的提高等。这些需求通常需要在日常生活中去挖掘和动员，然而以完成上级布置的任务为导向的村两委是很难满足农民们这些细致微小的需求。而农民组织本身没有行政压力，且通过锻炼和培训更具专业性，因此通常来说更能发现农民的隐性微小的需求，并将其付诸实践。农民组织的这种特点可以与村两委之间形成"在公共服务供给方面的优势互补"（董明涛，2014）。因此，村民们从桑梓合作社提供的更全面细致、针对性更强的服务中，也获得多方面的资源和利益，进而对桑梓合作社更加信任，也对他们开展的活动更加认同，积极参与其中。

2. 发展农业经济的诱导

桑梓合作社除了提供这些公共产品性质的服务，也开展多方面的经济活动。因为在市场经济中，农民们迫切需要在市场中获得经济收益，以支付家庭的各项开支。桑梓合作社首先在农业产业发展方面为社员提供了支持。2012年由于对生态农业比较看好，也认识到环境保护的重要性，桑梓合作社鼓励社员进行生态种植，因此，要求社员将自家土地拿出1—2亩进行土壤转化，如果效益慢慢转好，有进一步扩大生态种植的想法，可以再自行决定扩大规模。而在生态种子的提供方面，桑梓合作社则与香港一家公司合作，为农民提供两种，后来由桑梓合作社自己培育出良种提供给社员。此外，还为社员提供质优价廉的农资，也包括普通作物需要的农药和化肥。在销售渠道方面，桑梓合作社从三种渠道解决，一是社员内部交易，由于桑梓合作社倡导多样化种植，避免大规模种植，遭遇市场风险，所以社员种植的品种各不相同，这就形成了一个内部市场，相互之间可以进行交易。二是，通过桑梓合作社的城乡互助部，配送给城镇居民。三是，通过桑梓合作社的消费店销售。桑梓合作社也有一些公司的固定的订单，也可以消化一部分农产品。

> 当时让我们种生态棉花，我们那时候哪听过生态棉花了，棉花不都是一样从地里长出来的，那有啥区别，所以我们当时都不想种。但是合作社说可以拿一亩试验，而且他还提供种子，有机肥，还说好了销路，我们就种了，那要是没有说好这些，我们肯定是不敢种的。（HPY—202005）

3. 提供小额贷款的诱导

桑梓合作社很重要的一点是为农民提供资金服务。桑梓合作社通过信用合作为农民提供资金服务。李昌金在山东日照上蔡庄村调研时，发现"该村农民仅在信用社存款就达7000多万元"，而"河南省全省金融机构人民币各项存款余额约7万亿，其中60%的存款来自于农村"[①]。这些数据说明农民家庭货币收入大大增加，所以从整体来说的话，农村并不缺少资金。但问题存在"资金需求具有结构性矛盾"，也就是说农户之间经济收入差距大，资金拥有量差异大，小额资金具有较高的需求。而且，目前农民还面临的是普通大田作物种植收益低，经济作物种植规模有限，信息和技术不足，无法获得可观的经济收益。因此，桑梓合作社设立了信用合作部，为社员提供小额信贷业务。

2009年桑梓合作社与富平小额信贷公司开展合作，为当地农民提供小额信贷业务。该公司的决策层和监督层多数都是经济学家，而张翠贤等11位桑梓合作社的工作人员只是该公司的信贷员。在双方合作过程中逐渐产生矛盾，富平小额贷款公司决定将贷款月息提高到1.75%，这意味着已经接近高利贷

---

① 李昌金：《中国农民合作社深度调研报告》，《中国扶贫》杂志社，https://baijiahao.baidu.com/s?id=1690035720787887568&wfr=spider&for=pc。

边缘，但富平小额贷款公司认为在市场经济中，这样更有效率。而张翠贤等人反对再提高利息，而应当考虑农民的还款能力，应当在做信贷时考虑为农民服务。而且之前富平小额贷款公司口头承诺会将30%的利润返还给合作社，但最终没有返还，小额贷款公司的理由是他们在给合作社的老人买礼物，儿童教育上已经投入不少，所以不需要再给。而张翠贤认为富平小额贷款公司之所以能够做到总额庞大的贷款居然没有一笔坏账，正是依靠桑梓合作社，或者说依靠桑梓合作社的工作人员与社员之间的密切联系的作用，因此，富平小额贷款公司应该考虑社员的利益，并需要将一部分利润返还给桑梓合作社，支持桑梓合作社的发展。双方的分歧没有得到解决，桑梓合作社的工作人员就退出了小额信贷公司[①]。

2012年，桑梓合作社成立了自己的信用合作部开展资金服务业务，月息1.5%，低于富平小额贷款公司。根据社员们的普遍需求，设定了几个档次的贷款额度，并设定相应的贷款利率。同时为了避免社员的资金被拿到村庄以外发展，导致村庄资源流失，也为了降低贷出资金的监管难度，桑梓合作社要求资金只能用于社员的农业生产和经营，个别的或者急用的，可以用于日常生活，例如给孩子娶媳妇，或者给孩子交学费，但需要在规定的时间内还清借款。信用合作业务由于只在社员内部开展，并通过辅导员（后来改成小组长），以及信贷员的监督制度设置，加强了对借款社员的了解和监督，降低信息不对称情况，进而保证了桑梓合作社资金互助业务的安全有效。而且，为了强化社员对桑梓合作社的认同，也为了维护社员利益，桑梓合作社一直避免公司化运营，将借款利息维持在较低水平。因为公司化运营的合作社"往往会出现组织内部信任降低，制度滞后和福利减少的状况"（Bergman，1997）。而桑梓合作社从社员利益出发的制度则增强了社员对桑梓合作社的依赖，促进了桑梓合作社内部制度认同的建立。

4. 利益诱导基础上的制度认同

社员通过这些业务，获得了细致的、多方面的服务和利益，对桑梓合作社的认同持续增加。有学者认为在农民合作社中，社员的行动逻辑"更容易受经济理性的影响，农民更愿意相信或者信赖规模宏大、管理规范、科学运营，

[①] 王峰、马永涛：《当乡村精英遭遇经济学家：两家明星农村机构的互斥性分手》，《21世纪经济报道》，2013-12-30，http：//www.p5w.net/news/gncj/201312/t20131230_434268.htm。

并为农民带来利益的组织"(万江红、耿玉芳，2015)。而桑梓合作社作为一个综合性的农民自治组织，不仅通过经济合作，让社员们获得经济收益，让他们直观地感受到农民合作社的力量，而且通过公共产品的合作，改善社员的居住环境和生活感受，让社员们认识到组织起来的重要性。桑梓合作社越成功，社员们获益也就越多，因此，社员们会将个人利益与合作社的组织利益视为一体，积极参与到桑梓合作社中，这在一定程度上也增加了社员对桑梓合作社的信任。而在对桑梓合作社信任程度增加的同时，支持合作社发展的合作理念和合作文化也得到了社员的认同，因为"合作组织的价值导向及熟人社会的彼此影响会对其所在社区奠定了互助、利他的合作氛围"(梁洁、张孝德，2014)。因此，通过与桑梓合作社的长期交易，不断获得合作带来的各种利益，社员对这种制度认同逐渐形成。

综上，为追求农民合作社的自治性，避免被个别人控制，偏离农民合作社的本质规定性。农村能人会产生自我控制的力量，促使农民合作社向规范化和制度化方向发展，进而约束个人权力的扩张。这种自我约束是建立在农村能人对农民合作社的本质规定性有足够认同，以及不以单纯的个人利益为导向的基础上的。此外，农村的社会资本，包括紧密的人情、关系网络也使得农村能人需要考虑与自己具有各种关系的普通社员的利益，避免行为过分扩张，导致其在农民合作社之外的村庄社会中受到村庄评价体系的惩罚。当然，农村能人的自我控制以及对自我权利的限制，并不是最终要实现农民合作社内部成员的均质化，抹平农村能人在合作社中的特殊性。任何组织内部必然存在核心人物，其资源禀赋优势使得其在组织发展中的作用更大，承担的责任也更多。农村能人的自我控制只是为了避免农民合作社陷入被能人完全支配的局面，为了保证农民合作社的嵌入性自治，并能以农民合作社社员的利益为主，而非被绑架为农村能人的牟利工具。

三、社员共治的实现

当前为改善农民的生活水平，大量资源输入农村，但由于农民普遍缺乏自主性意识，在维护自身利益，表达自身需求方面存在困难。因此"建立一种代表农民自身利益，且不被行政力量减弱主体性的利益表达渠道是转变农民群体弱势地位的关键"(徐蕾、李洪栋，2007)。也就是要建立一个由农民自发建立，能够调动农民主体意识，维护农民利益的具有自治性合作社。然而，即使是由农民自发形成了农民合作社,但其内部的社员间依然存在着异质性,农村能人相对于普通社员来说,具有资源禀赋优势。所以,多数情况下,农村能人成为农民合作社的核心社员,他们虽然比普通社员承担更多成本,但在农民合作社内部的权力结构和利益分配方面也都更具有优势,甚至很容易出现能人主导,农业大户对农业小户"俘获"的现象。此时的合作社虽然依然可能具有自治性,但这种自治性只是能人领办合作社的自治,它并不以社员共同利益为目标,而是为了维护能人个人利益坚持的自主性。

这种能人领办型合作社存在很大问题。由于农村能人往往拥有更广泛的社会关系,因此,通常处于结构洞位置,为追求个人利益,能人会运用这种结构优势采取各种手段开展活动,进而导致村庄出现"道德风险、信任危机、制度缺位等问题"(刘伟、彭琪,2020)。而"在相关制度供给和权力约束尚不完善、普通村民主体性尚未得到有效发挥的状况下,农村能人在乡村发展中的深度介入会影响乡村治理的公平性"(拜茹、尤光付,2019),在能人领办的合作社中,最终不仅没有改善社员的处境,反而产生更多问题(韩鹏云、刘祖云,2014)。

针对这一问题,周慧颖等人(2019)认为"需要通过将农民性、组织性融入农民合作社的治理目标中,形成合意治理的逻辑,如此才能实现农民富裕,优化农民合作社内部治理结构,最终实现社员共治"。社员共治是农村能人和普通社员在农民合作社中共同决策,是一种合作共治的状态。而合作共治是指参与合作社治理的主体间地位平等,普通社员也拥有充分的自主权(张博,2016)。事实上,这种社员共治的状态也维护了农民合作社的组织自治性,当然这是从农民合作社内部的权力结构的角度来看的,针对的是能人领办的农民合作社。接下来,本节将结合桑梓合作社讨论社员共治的实现机制。

(一)培育制度理性机制

桑梓合作社通过学习教育的柔性引导和合作业务的利益诱惑,即在村庄中同时开展公共服务等涉及人们文化认知的合作活动和为社员带来经济收益的经济合作活动,共同加强了社员对农民合作社的组织信任,进而建构组织内部的制度理性。制度理性的建构不仅改变了社员的文化认知,也有助于建立农民合作社内部民主化的权力结构。因为这种制度理性是一种合作理念,而非主导理念,这是一种互惠合作的制度规范。这种互惠性也因为前文所讨论能人与社员之间的相互控制而增强。两者的相互控制达到一种结构平衡就可以产生一种共治的规范，因为"当人们都意识到自己既是行动者也是行动后果的承担者时，规范就产生了"(Coleman，1988)。也就是说能人和普通社员明白农民合作社的持续运作是需要双方的共同参与的，从博弈论来看，关系的持续性是能人和普通社员合作的基础。制度理性的培育有助于能人和普通社员对持续的农民合作社关系的关注，进而促使能人进行自我控制，避免凭借自己的优势，侵占普通社员的利益。

(二)建立产权共享机制

对于集体事务的治理，奥斯特罗姆(2012：108)认为需要"绝大多数受操作规则影响的个人应该能够参与对操作规则的修改"。而桑梓合作社最重要的特点就是"坚持民主管理，避免少数人控制农民合作社，以社员需求为中心，以维护大多数社员的利益为导向(陈建华，2017)。也就是桑梓合作社能够坚持合作社的原则要求的产权共享，无论是核心社员还是普通社员在组织决策中都能表达自己的意见。桑梓合作社产权的产权共享机制主要体现在两个方面：

1. 桑梓合作社治理结构的形成

桑梓合作社有3850户社员，涉及22个行政村，为坚持产权共享的原则，尊重所有社员的意见，桑梓合作社形成了一定的治理结构。桑梓合作社每三年进行一次选举，选出550位小组长，再从这些小组长里产生35位理事，5位监事，最后选出理事长和总经理，合作社的日常运行和管理都由这些人负责。由理事长、总经理、理事以及部分工作人员组成了合作社的工作团队，2020年11月桑梓合作社重新调整后工作团队有29人。所有社员的意见和想法都可以通过从小组长到理事长和总干事这条路径进行表达出来。桑梓合作社工作团队的这些人都是由社员选举产生的，通过这种选举方面的民主集中制，桑梓合作社能够更好地维护社员的利益。当然很多时候这样选举出来的结果不一定符合所有社员的想法，但这是民主选举后多数人的意见，并不由单个人的想法决定。因此，这种选举制度的设置，平衡了普通社员与核心社员之间的权力和利益，避免核心社员对决策权的垄断。

> 我们工作团队的人都是经历过锻炼和考验的，也是社员们选出

来的，因为这些人一直以来都在合作社工作，他们已经有了丰富的经验，所以才选他们。（WAQ—202006）

桑梓合作社的决策制定过程基本程序是，会长先把活动的内容通知协会成员，让协会成员讨论，然后由协会成员推举出的代表最终决定这一活动是否可行。因此桑梓合作社是一个具有一套完整的民主决策制度的合作组织，所有社员的利益都可以在其中得到表达，合作社的发展也由社员的民主决策决定。

2. 桑梓合作社的信息收集与整合

桑梓合作社信息收集与整合方式也是其一大特色。信息并不是单纯的数据，更是表达了社员们的态度和意见。桑梓合作社的信息收集包括几种形式。第一，农业技术人员的收集。2020年桑梓合作社重新对整体的结构部门进行了调整，专门设立了技术保障部，该部门计划招聘12名工作人员，目前有6位，这些植保员每人负责对300户社员土地的病虫害和农业设施的合理使用进行指导，而在这个过程中，也要收集社员的农业生产资料的信息，并听取社员们在农业生产中技术方面的意见和需求。第二，小组长制度。这一制度规则的设置为社员共治的实现提供了条件。因为小组长与社员生活密切，在地理位置上一般是同一个村庄中的邻居，所以他们对这些社员的各种情况和信息都非常熟悉。而正是凭着这种熟悉，小组长可以更好地代表社员，维护他们的利益。因此，桑梓合作社的整体发展不仅有核心社员，如张翠贤等农村能人的作用，普通社员的意见和建议也具有重要作用。此外，在配送农资和生活用品过程中，桑梓合作社的工作人员也注意与社员之间的沟通，了解社员最近的生活、农忙，以及家庭成员的情况。通过这种朋友间随意聊天的形式让社员表达自己的意见和需求。

（三）形成多重利益分配机制

费孝通（2007：191）认为"所谓合作原则其意义主要在于分配"。桑梓合作社的利益分配制度也非常注重公平和效率。由能人主导的农民合作社通常是以能人个人利益为追求的，因此在利益分配环节，农村能人会极力压缩普通社员的利益而为自己争取更大比例的利益。但桑梓合作社的利益分配是着眼于组织整体利益的，形成了多重返还机制。

1. 依据社员资格，按比例获得分红。

桑梓合作社规定，将净利润的60%用于社员分配，5%作为风险金，20%用作公积金，15%用于优先股的分红。这种利益分配将社员与非社员区分开来，只要是桑梓合作社的社员都可以享受利益分红。这也是基于社员是桑梓合作社的所有者进行的分配，突出了社员的优势，可以增强社员的凝聚力。

2. 二次返还

除了按照股权分红，桑梓合作社还按交易额对社员进行二次返还。桑梓合作社会利用经营利润集中采购粮油、日化、果蔬、餐具、被褥等生活必需品，以成本价按社员的交易额进行返还。这是基于社员是桑梓合作社的惠顾者，也就是交易对象的基础上进行的分配，二次返还促使社员增加与桑梓合作社的交易。

因此，桑梓合作社内部形成了多重利益分配机制，形成了一次返还与二次返还相结合，资金返还与实物返还相结合的方式。这种分配方式突出了社员的优势，也突出了市场机制，即按交易额进行返还。但采取实物返还又进一步增加了桑梓合作社的交易量，因为这些实物是从桑梓合作社的生活用品统购中拿出的。这种多重利益分配的机制避免了能人垄断分配权，侵占普通社员的利益。

（四）实现内部良性再生产机制

桑梓合作社将经济合作与社会服务合作相互结合，这两方面的相互推进为桑梓合作社的制度化建设和持续发展提供了坚实的保障。这种制度创新实现了桑梓合作社内部的良性再生，经济合作业务为社会服务业务提供了资金支持，而社会服务业务则强化了社员对桑梓合作社的组织认同，两方面相互配合形成一个有效率的组织，为桑梓合作社的自治性提供了条件。桑梓合作社"通过相互关联的利益诱发机制，使得不同环节的利益捆绑在一起，共同发展，它的特色在于其综合性发展"（仵希亮，2009）。这种综合性发展形成了内部的良性再生，一方面增加了农民收入，降低了生产成本，也为组织的发展壮大提供了条件，而更重要的是其提供的公共服务，对核心社员和合作社来说无利可图，却改善了农民的生存环境和生活质量。

张翠贤等人在前期主要是先积累社会资本，首先通过让农民参与到低成本、低门槛的文化活动和社会服务中，通过在这些活动中获得利益，提升生活质量，增加日常交流，强化了农民对组织的信任和依赖。这发挥了合作组织的社会功能，在发展经济之外，注重对农民文化水平和观念见识的提高。与此同时，进行各种经济合作，经济合作既可以为农民带去经济收益，也可以推动桑梓合作社的社会服务业务；而社会服务业务则为经济建设提供基础，满足农民的公共文化和基础设施的需求。这种满足社员多方面需求的合作模式，使得桑梓合作社嵌入到村庄社会中，能够更好地与社员互动，并为桑梓合作社的自治性提供了现实条件。

通过各种制度设置，桑梓合作社内部形成了一种社员共治的结构，社员共治是合作理念的体现。陆倩等人（2016）基于产权理论和合作社理论，认为真正的农民合作社应该是"所有权分散、控制权民主、剩余索取权公平"的。在农民合作社的多种产权治理结构中，"产权民主型"可以实现"社员共同拥有、共同经营、共享利润"。这种真正的农民合作社就是社员共同参与治理，维护社员的共同利益，这是一种具有自治性的农民合作社，它不必依赖于个别能人而陷入能人领办的困境。这种基于"公平偏好和互惠偏好的合作理念，使得农户之间更容易产生自发的合作行为"（浦徐进等，2014）。也就是说，通过合作共治、互惠互利，农民合作社的社员更容易组织起来维护自己的利益。依前文所述，通过柔性引导和利益诱导，建立了社员对农民合作社的制度认同。在此基础上，降低了农村能人个人在农民合作社中的影响，坚持了合作理念，维护了农民合作社的自治性，这些机制的综合作用产生了一种自主运行的农民合作社。这种农民合作社是在市场经济快速发展下，让农民享受经济增长成果的一种有效组织形式，政府应该为这种农民合作社的形成提供有效的途径。

第二节　组织的自我控制

通过前文的论述，我们发现，为吸纳农民合作社自治所需要的政治资源，农民合作社需要嵌入到政治环境中，这就形成了对地方政府的依赖，导致地方政府对农民合作社控制关系的产生。这种控制关系会进一步影响农民合作社的自治性，要求农民合作社按照政府的规划区发展，进而产生政府主导型合作社。为避免依附于政府，被政府所控制，农民合作社采取策略行动，对政府的控制关系形成了反控制。但这种反控制相对于地方政府的权威来说，并不完全有效。因此，组织在实践中会采取自我控制，减少与政府的利益关联。

首先，农民合作社需要确定好自己的边界，包括与地方政府之间互动的边界和农民合作社自己业务范围的边界。农民合作社与地方政府互动边界的确定体现在现有管理体制中，社会组织坚持自治性的边界。农民合作社业务范围的边界则体现了社会组织参与社会治理的程度。通过自我控制，可以有效地调整与政府的关系。这不仅体现出农民合作社维护社员利益，坚持组织自治性的逻辑，也可以推动农民合作社的制度创新，为其他农民合作社的发展提供空间，并为推动乡村基层民主提供借鉴。本节将结合桑梓合作社的现实实践，讨论农民合作组织如何通过自我控制保持组织的自治性。

一、确定与政府互动的边界

农民合作社对地方政府的依赖具有普遍性，很多农民合作社与政府互动的边界模糊，甚至过于紧密。由于农民合作意识不足，集体行动能力有限，我国多数农民合作社是"政府主导下内部需求诱导型制度变迁"的结果，"政府具有较大的干预优势和作用空间"（徐旭初，2014）。事实上，这种情况的出现具有深厚的历史原因，由于近代以来的中国"没有经历一个西方所谓的无国家的'市民社会'阶段，国家不仅从来就有，而且愈益强大、愈益深入地渗透到农村社会"，所以从某种程度上来说，"当下农村社会状态，在相当程度上正是国家塑造而成"（徐勇，2006）。而"政府的优先目标与合作社的优先目标不一致，所以当合作社得到国家支持时，国家必将其目标强加于合作社之上"（许建明、李文溥，2015）。而要维护社员的利益，就需要坚持农民合作社的自治性，发展"不依赖于地方政府的农民合作组织"（疏仁华，2021）。

任强（2014）通过对英国、法国、美国、德国等国家农民合作社的考察，区分了农民合作社与政府的四种关系类型，认为"处理好合作社与政府关系的前提是保证合作社的资源性、独立性、自主性以及民主治理的内部结构"，且最需要注意的是"可以用合作社来承担某些政府的公共服务职能，但却决不能用政府部门去承担合作社自身的职能"，也就是要限制政府对农民合作社的控制权力，但在政府部门权力变迁缓慢的情况下，农民合作社需要主动避免过度依赖于地方政府。通过确定与政府互动程度的边界，避免受到政府过多的控制。

桑梓合作社与其他农民合作组织最大的不同在于，它的生存和发展并不是依靠政府的项目资金和政策优惠实现的。桑梓合作社是一个根据农民自身需求自发形成的组织。根据农民需求的发展和市场的变化，桑梓合作社不断调整规则制度，逐步实现规范化、制度化。它的整个组织生长过程，都主动避开政府提供的各种机会甚至是直接的资金支持，它将重心放在组织农民上。它通过充分发挥农民组织的优势，降低交易成本，发掘内部市场，并根据桑梓合作社每个阶段所拥有的资源确定适当的合作内容和业务规模，在资源增加的条件下逐步拓展合作领域、扩大合作规模。在桑梓合作社的策略行动中，农民的合作优势和组织能力得以凸显，在此基础上，拓展了农民合作社的自治的空间。桑梓合作社的整个生存过程都体现了其如何确定与地方政府互动的边界，它主要依据四个原则确定与政府互动程度的边界。

(一) 确定互动程度边界的原因

1. 确定合作组织的社会角色

桑梓合作社避免在频繁长期的互动中，受到政府过多的干预，其实也是"合作社准确定位自己的角色"（乔运鸿、杜倩，2015）的表现。农民合作社作为农民自己的组织，其根本目的是维护农民利益，提高农民的市场谈判能力，增强农民的组织性和合作能力，在此基础上提高农民表达自己意愿的权利。虽然农民合作组织作为资源不足、天然具有弱质性的农民的集合体，在市场竞争中缺乏资金、技术、知识等各类资源，需要争取其他社会主体的支持。但是农民合作组织要想维护农民的利益，就不能完全依赖地方政府，被政府所主导。

2. 政策的实践逻辑与理论逻辑存在偏差

中央政府虽然出台了很多鼓励农民合作社发展的政策，希望通过农民合作社将农民组织起来，提高农民地位，并增强基层民主治理水平。但政策的落实需要靠地方政府的配合，因此，农民合作社相关政策的实践逻辑就与中央层面的理论逻辑有了不同。地方政府在配合中央政策培育农民合作社的同时，也要考虑自身的利益。财税制度改革后，地方经济发展导向发生变化，在项目制的制度下，地方政府间形成了普遍竞争的"锦标赛"体制。为了在同级竞争中能够争取到更多项目，地方政府需要展现出自己完成项目的可能性。因此，很多地方政府就将重心放在打造亮点上，通过亮点的典型性、特色性，展示出地方社会的水平，进而展示出地方政府承接项目，完成项目的基础条件和潜在能力。当然除了争取获得项目的目的，地方政府也期望通过这些典型和亮点能够在同级竞争中表现突出，获得上级领导的关注，以及在任期内形成政府官员个人的政绩，为个人的仕途前景打好基础。其实，地方官员是人格化的地方政府，地方官员的行动逻辑会极大影响地方政府的行动逻辑。地方政府对农民合作社的态度也遵循以上这套逻辑，因此，很多地方政府愿意直接给组织性强、业务开展有效的农民合作社以项目资金的支持，也就是"扶大不扶小"的逻辑。

但是地方政府的扶持对农民合作社来说并不完全有利。首先，农民合作社为了完成项目，得到项目资金，就需要以项目标准为目的，有些项目需要调整农民合作社组织结构进行配合，而且很多项目的考核耗时长，材料多，农民合作社需要花费很大的精力去完成。而在这个过程中，项目资金也会有所损耗，最终到手的并不是足额的项目资金，而且合作社在完成项目考核时还要牺牲自己的独立性，接受政府的规定和考核。其次，很多农民合作社出现变异的重要原因就是以追求项目资金为目标，这种获取利益的方式对比农民合作社自我经营来说相对容易，因此，在成本收益的权衡下，多数农民合作社就选择了项目资金，而不再考虑农民合作社的自身运转和持久发展。此外，由于在争取项目资金过程中，农民合作社的核心社员付出了更多的成本，例如通过熟人关系找到政府官员所需要的礼物、差旅费等，因此，政府项目下拨后，核心社员往往获得更多的利益，甚至全部利益，而普通社员基本上与此无关，这种利益分配模式必然导致农民合作社的变异。因此，与地方政府互动过于频繁，嵌入过度的农民合作社最终的结果只能是异化为被政府主导或者被能人主导的合作社，失去农民合作社应有的价值和意义。

（二）根据政府态度变化确定互动边界

由于桑梓合作社在组织农民合作方面表现突出，很早就受到全国一些知名学者的关注和知名媒体的跟踪报道，在社会上的影响力和知名度非常高。地方政府对桑梓合作社的关注度也随之增加，经常有政府领导到桑梓合作社参观视察，桑梓合作社都非常热情地接待。在合作社发展前期，即2012年成立信用合作部之前，一些政府官员经常会表达自己对桑梓合作社发展的看法，并经常为桑梓合作社提供建议。对于政府提出建议这个事情，桑梓合作社都表现得非常诚恳谦虚，表示会根据桑梓合作社的情况进行考虑。我们在前面讨论过，由于桑梓合作社发展初期主要涉及的合作业务比较常规，风险较小，且符合地方政府的治理目标。所以当时地方政府对桑梓合作社的态度比较友好，也为其提供了探索创新的空间。所以当时桑梓合作社对地方政府的各种提议并没有特别重视，而是按照自己的目标进行探索。

2005年，桑梓合作社将社员的土地合并起来形成千亩生态园后，为了避免市场风险，没有种植统一的品种，而是规划了8种不同的农作物，领导视察后就都开始为桑梓合作社提供建议。张翠贤表示会考虑建议，但最后还是按照之前合作社的规划推进的①。

在桑梓合作社发展成熟期，即2012年成立信用合作部之后，由于桑梓合作社开始独自建立了信用合作部，其资金规模和社员规模都十分庞大，这具有很大的市场风险，地方政府面临维稳压力。而且此时地方政府的任务是将国家向基层输入以项目制形式运作的大量资源落实到农村。这就需要有社会主体去配合。但此时合作社仍然按照原来的回应逻辑行事，独立开展自己的业务，不接收政府项目。另外，合作社开展的一些社会服务的合作业务也影响到村两委的落实。因此，此时地方政府对农民合作社态度开始变得冷漠。农民合作社在争取一些业务的政治合法性时，开始转变态度，增加与政府的互动，汇报工作。但此时，仍然没有接收政府项目和政府指导，保持与政府互动的界限。

在农民合作社面临重大冲击时，由于直接威胁地方政府的治理任务和地方官员的政绩和仕途，地方政府对桑梓合作社的态度变得十分强硬，要求直接停止那些存在风险的合作业务，甚至故意干扰农民合作社的正常工作。此时，合作社选择停止业务，并加强与政府的沟通。

> 看到你有外部资金支持，就说你是境外力量渗入；看到你合作社办资金互助，就说你是非法集资；看到你做公共服务就说你是颠

---

① 《永济蒲韩乡村社区资料汇编》(内部资料)，2013年7月。

覆基层政权，这些帽子都扣得太大，哪个帽子压下来我们都活不下去。那我们就只能把这些先停止了，以后政策变化，我们有些业务还是要做的。（ZCX—202105）

（三）根据发展阶段确定合作业务

在正式成立桑梓合作社之前，张翠贤等人及其他一些农村精英们将农民的合作集中在农村文化和公共服务方面的事务上。通过多年的合作经验和组织经验，农民们对组织起来依靠大家合作满足自身需求的行动已经比较熟悉，村庄精英们的组织能力和管理能力也得到很大锻炼。此时，农民的合作能力已经为更高程度的合作提供了基础，单纯进行文化娱乐和公共服务方面的合作也无法满足农民增加收入，提高生活水平的需求。因此2005年，有社员提议将农民合作拓展到经济方面，以增加社员们的经济收入。在了解了农民合作社的相关知识后，张翠贤等人就成立了7家农民合作社，因为当时还没有农民合作社的相关法律，所以这些农民合作社并没有正式登记注册，部分合作业务以农民协会的社团形式登记。此外，在与香港某生态企业进行过详细沟通和了解后，张翠贤等人动员了175户农民，将他们的800多亩土地整合到一起，规划开发千亩生态园。

这种大规模的土地流转和土地整合在当地还是比较少的，而且由于历史方面的经验教训，很少有人敢重新尝试集中土地，因此这一举措在当时是令人震惊的，在媒体和地方社会上都产生了极大的反响。这一举动也惊动了当时的坂渠市领导，市长和农业局局长到桑梓合作社调研，市长参观了千亩生态园后，担心后续产生重大问题。但桑梓合作社认为农民既然有这个需求，就可以做出这个尝试。而且之前的几项社会服务项目已经将农民的组织性激活，因此，最后还是建设了千亩生态园。

政府又对千亩生态园的种植结构进行了建议。但桑梓合作社还是根据自己常年销售农产品的市场经验进行了规划。针对千亩生态园的种植管理，由社员们中的种田能手组成了千亩生态园种植管理委员会讨论。管理委员会集中讨论后认为大面积单纯种植同一种作物不太合适，可能会有市场风险，因此根据社员们讨论后的意见，千亩生态园最后采取了分散种植，而没有采纳政府的建议。

地方政府还希望能够通过政府扶持把桑梓合作社快速做大做强，打造成地方亮点，也可以作为政府官员的政绩。但桑梓合作社不希望不切实际的发展，因此没有听从政府的发展建议，没有进行各种吸引眼球的工程。张翠贤认为作为农民合作组织，必须依靠农民，不能寄希望于外部力量，不然就无法长久。

>农民合作起来非常容易，一个活动就能组织起来，甚至往里面砸钱也能组织起来，但这个组织持续发展下去就很难。很多人一上来就想迅速发展起来，就想到处要钱做大，打出来名声，但我们这么多年的发展(经验)，总结下来就是在农村做事一定要慢，一定要稳扎稳打。(ZCX—202012)

桑梓合作社没有按照政府的意见发展，也没有接收政府提供的资金项目等资源，一直在坚持自己的发展节奏和发展理念。其实，这主要是两者的行动逻辑不同，地方政府的逻辑是从政绩角度考虑的，自上而下进行规划，社会主体需要服从政府的指导，做大做强，打造出亮点。而桑梓合作社的逻辑是从社员的角度考虑的，自下而上逐步推进，不能跨越式发展。桑梓合作社按照自己的逻辑行事，保持两者间的界限，避免进入政府的逻辑后就要受政府的指导，而影响合作社的自治性。

(四) 以组织需求为标准争取政府支持

虽然千亩生态园的社会反响度很高，但由于统一种植和生产，生产过程中出现很多社员磨洋工的想象，道德风险高，因此最终又把这些土地全部归还给农户自己种植。这也让张翠贤等人明白，农民合作社应该主要做农业服务，对于农业生产，尤其是需要精细管理的经济作物最好还是由社员自己种植。虽然这次生产合作的尝试失败了，但由于他们在多个领域进行了合作，开展的农民组织活动丰富多样，且效果明显，地方政府对桑梓合作社仍然抱有很大期待。而且学者媒体的关注也让政府觉得桑梓合作社是个典型，可以进行打造。政府官员会经常到桑梓合作社视察，每次视察都表示会极力支持桑梓合作社，政府一定会帮助合作社解决问题，但每次都被张翠贤等人委婉拒绝。

> 政府领导今天走，可能明天马上就有人过来让我们填表格，给(合作社)钱。我们一是觉得这个钱得得这么容易，心里会不踏实，这也跟我们追求的自主发展不符合。二一个呢，拿政府的钱，也不是那么容易的，需要完成考核任务，有些任务跟我们的工作可能有偏差，这到时候我们做起来事情还很多；第三，还考虑到，钱下来后，这个钱怎么用，社员们的意见会很不一致，这会给合作社本身带来麻烦。所以我们基本上都委婉拒绝了。当时很多领导都来过，包括省财政厅厅长，人家都说是财神爷驾到了，正常情况下都会张口要钱的，我们不喜欢这样。有些人就觉得奇怪，还有说得难听点的就说我们清高，精神不正常。①

在一次会议上，坂渠市领导甚至当着很多人的面直接跟张翠贤说，桑梓合作社需要钱就可以随便开口，只要在能力范围内，政府都会支持。在当时国家大力提倡发展农民合作社的背景下，各级政府对农民合作社都提供了非常好的制度环境，地方政府也愿意主动给桑梓合作社各类资源，提供各个方面的支持，也希望能够在辖区范围内培育出典型的农民合作社，赢得政绩。但一直依靠农民自发形成的合作社，并不想将组织发展成以争取政府项目为目标的合作社，担心与政府的关系过于紧密会威胁到合作社的自治性。因此张翠贤等人不仅没有接受政府的各种优惠政策，甚至很少主动找地方政府。

不过，桑梓合作社在发展过程中也承接过一个项目，主要是关于职业农民的培训的项目。由于桑梓合作社一直都在开展农业技术培训，这与农民合作社的目标一致，完成起来也不会太耗费精力。更重要的是，当时地方政府对桑梓合作社的态度一直非常友好，也为桑梓合作社发展提供了很好的制度空间。职业农民的培训项目是当时的热点，政府有这方面的任务要求。因此，桑梓合作社也需要考虑到政府的处境，最终申请了这个项目。

在此之后，桑梓合作社没再承担过政府的项目。但2017年经历风波后，政府对桑梓合作社的态度变得十分强硬，双方关系紧张。作为制度的供给方，地方政府拥有权力和能力决定社会主体的政治合法性。因此，为了缓和与地方政府的关系，2020年桑梓合作社主动向政府汇报工作，并申请了一个政府

---

① 《永济蒲韩乡村社区资料汇编》(内部资料)，2013年7月。

项目。不过这个项目也与当前桑梓合作社的发展需求相匹配，由于桑梓合作社的社员规模大，每年的水果数量庞大，在水果成熟季节，一直都是零散的客商过来收购。因此，桑梓合作社想建立一个水果交易市场，也就申请了与这一想法契合的项目。

事实上，地方政府非常重要的一个作用就是为农民合作组织提供有利的制度环境，在此基础上对农民合作组织进行监督。"政府需要将职能转变到管理和服务上，在基层形成责任与权力匹配的结构"（邹农俭，2016）。而农民组织在宽松的制度环境中可以充分发挥其所拥有的丰富的社会资本，并利用乡村文化和传统，根据农民需要进行制度创新。桑梓合作社一直在政府提供的制度环境中专注于做组织内部的事情，集中做好把农民组织起来，开展满足农民需求的合作业务，对于政府则一直保持一定的距离。这种行动逻辑可以避免被地方政府主导，能够坚持合作社的目标和理念。但对于政府也不能过于疏离，在经历过一些风波后，桑梓合作社也逐渐调整与政府的关系，增加与政府的互动，不过在这个过程中，它依然以农民合作社的需求为标准来筛选争取的政府项目，坚持保持农民合作社的自治性，与政治保持合适的边界。

> 合作社现在也很注意处理与政府之间的关系，很多事情是绕不开政府的，那就要在这种环境中学会怎么与政府更好地相处，所以我们现在也开始申请政府项目了，配合政府做一些事情，但是这些还是得跟我们的理念一致，我们才做。（MH—202105）

（五）在政府供给不足的领域开展业务

桑梓合作社在开展合作业务时会选择农民需要，但政府供给不足的领域开展。首先，因为农民在这一领域有需求，那么从维护农民利益的角度出发，就应该在这一领域合作。其次，政府在这一领域供给不足，那么桑梓合作社在这一领域开展合作业务，就会减少政府的阻力。政府在某一领域供给不足，很多情况下不是政府没有注意到，而是因为由政府提供这方面的服务，成本非常高，非常不经济，甚至做起来成效也不好。例如为农民提供农业技术培训、互助养老等服务，这些是地方政府即使投入极大成本也很难做好的。因为这些服务是需要融入农民生活中，涉及非常细碎的事情的协调，而地方政府的工作涉及方方面面，无法把精力集中到这一事情上，最多只能输入资源，包括资金、硬件设施等，但这并不能解决问题。

以农村养老问题为例。养老服务并不是在农村中修建起"幸福院""老人公寓"就可以了，老人需要的不是简单的住处和饭食，更重要的是有人陪伴，需要集体活动，在群体中寻找安慰。此外，即使是饭食，不同老人因为身体条件和个人偏好的差异，其需求是不同的，所以统一提供饭食经常出现问题，这些都需要供给者进行调解。如果由政府部门来提供这类公共服务，虽然可以提供，但效果必然差强人意，最终必然像现在多数村庄一样，"幸福院"成为没有老人，只有几张空床铺，成为应付上级检查的空壳。而如果由农民合作组织提供，则可以调动社员力量，由身体健康的社员为老人提供服务。由于都是熟人，相互间可以形成情感共同体，且对于社区有着共同的经历，更能让老人体会到集体感。而对于老人的差异化需求，社员们也可以在一定程度上进行满足。因此，注重为农民提供公共服务的农民合作组织，可以凭借自己的社区优势，而不必依赖政府组织进行发展。

> 老人在一起矛盾很多，比如有人跟我说"我跟XX交的钱一样，那他吃得比我多，我就亏了，这不公平"。后来又有人跟我说"XX把馒头偷偷塞到口袋里带回去了"，那我就给他们开会，我就不点名，我就说咱们住到一起咱就是一个大家庭，就跟在咱屋里一样，你能吃多少拿多少，吃不了你就放那，你什么时候饿了就什么时候吃。你不要把馒头装口袋里，你装进去再掏出来吃就不卫生了。（RSL—202006）

综合以上讨论，桑梓合作社为争取自治，避免依赖于政府，很重要一个策略就是确定与地方政府互动程度的边界。主要通过四种原则确定与政府互动程度的边界：根据地方政府的态度做出回应，但又不过于依赖地方政府，根据组织阶段性需要确定是否申请项目，并根据自身资源确定组织决策，在政府做不好但农民需要的领域合作。

二、确定合作业务的边界

当农民合作社已经制度化、规范化后，农民合作社庞大的规模和多样化的业务可能影响到地方政府的态度和判断。因为此时农民合作社在乡村社会中的影响和在乡村治理中的作用会挑战政府的认知，政府一直处于一元化的治理体制中，即社会治理的合法主体是政府。农民合作社形成的挑战会让政府陷入困境，一方面农民合作社的确在乡村治理中的一些领域占有优势，这对于改善乡村公共品供给水平，提升农民生活质量具有重要作用；但另一方面，政府担心给予农民合作社足够的自主性空间，让渡乡村治理的部分权力会影响政府的权力，导致社会秩序混乱。事实上，农民合作社的自主性与政府部门的权力，两者间的张力是农民合作社自治的无法回避的问题。面对这一必然困境，在特定的制度环境中，农民合作社采取策略性手段尽力坚持组织的自治性，为其自治性争取必要的空间。避免侵入政府的职责范围，引起政府的警惕和限制，避免被政府吸纳，这也是组织通过确定合作业务的边界进行自我控制，为自身的独立自治争取运作空间的方法。

桑梓合作社为追求组织的独立自主性发展，除了减少依赖政府的策略，避免与政府有过多互动，而被政府吸纳，也采取了确定合作业务边界的策略。即在法律规定模糊的，而农民合作社做起来比较有优势，但目前还主要被认为是政府职责的合作业务领域，限制或者规范自己的行为，避免与政府有过多冲突。这类合作业务主要表现在村庄公共品领域和社员资金互助领域。接下来，本节将结合桑梓合作社的实践，讨论农民合作组织是如何在一定的制度环境中通过合作业务方面的自我控制，争取自治空间的。

（一）确定公共服务合作业务的边界

1998年，张翠贤最开始是组织农民参加农业技术培训课程，这次组织活动得到了村民们的一致好评，因为农民对农业技术有强烈的需求，传统的农业技术已经无法解决农业生产中面临的新问题。而村民委员会作为村民利益的代表，作为村庄社会中公共品的法定供给者并没有为农民解决这一问题。因此，当张翠贤开展这一组织活动时，农民表现出了极大的热情，组织活动也很容易开展起来。2004年，张翠贤采取各种方法动员村民们清理村庄长期堆放的垃圾，之后动员村民们出义务工硬化村庄道路，并以极低的成本完成。这两个事情传开后让地方政府感到震惊和赞叹。市委书记立刻到永兴村视察，并对张翠贤等人大为赞扬，夸赞其真正发挥了村民们的力量。同时，市委领导问张翠贤等人"你们做这么多事，都是村委里的(人)吧？"，在得知他们只是普通农民后,政府领导更加震惊。

自从这次领导视察结束后,处理与村两委的关系问题就成为桑梓合作社必须面对的重要问题了。因为当地农村派系斗争激烈,经常出现的情况是即使当选上村主任,其他派系也会想方设法使绊子,不配合甚至阻挠当选派系的工作,而村支书的特殊位置和复杂心理,又让村庄政治更加混乱。村主任一直没选出来,村两委也长期处于瘫痪状态,村庄公共品的供给一直存在问题。所以,村里的土路成为当时村民最头疼的问题,一到下雨天就成为"猪圈巷",而到了艳阳天又是尘土飞舞。这种状况严重影响村民的出行以及村庄的环境卫生。出于个人生活体验,张翠贤等人首先想到的就是硬化村庄主干道,在张翠贤等人强大的动员能力以及村民们共同的急迫需求下,2004年道路硬化很快就完成了。但合作社与村两委的矛盾也逐渐显现出来。

因为村两委是国家承认的提供村庄公共品的合法组织,通常情况下,村庄内部的道路、水利、电网等都由村两委主导通过自筹资金或者申请项目来完成。而桑梓合作社却直接动员活跃分子,再联系之前参与过活动的人参与,为村民提供公共品,包括硬化道路、养老服务等,这虽然解决了长期困扰村民的公共品供给不足问题,但另一方面就相当于争夺了村两委的权力范围。因此,村两委对此颇有意见,而市领导干部的询问则使这种矛盾更加激化。由于农民合作社以社员为交易对象和服务对象,其涉及的合作业务就需要围绕社员的需求进行,因此合作业务就呈现出多样化的状态。而其桑梓合作社的社员范围跨越两个乡镇,这也的确引起了一些村干部的警惕,尤其是因为涉及公共品的供给合法性上,一些村干部认为合作社威胁到了他们的权力,经常到乡镇反映这一问题。

而面对这种村庄政治环境,桑梓合作社采取了自我控制的策略。事实上,关于村庄里面的事情,必须尊重村两委的态度。有的村干部嫌桑梓合作社做事太细致太麻烦,但是桑梓合作社要做的事情是要改变农民的观念想法,必须从生活中一点一滴地进行影响,那么其工作必然琐碎缓慢。但如果某村干部不喜欢这种工作方式,那桑梓合作社就可以先不在该村做。

> 我们一般不和村干部他们争论,他们有他们的道理,我们有我们的想法,我们并不试图立刻改变别人的观念。我们可以绕过他,先到其他村做,其他村都做得好了,他认可了,我们就再回来和他

谈。(ZCX—202012)

而关于村两委对权力边界的质疑，桑梓合作社也选择暂时妥协，限制在该村的合作业务范围。有些村委干部认为老人服务、儿童服务、村庄公共品都应该由村两委提供，那么桑梓合作社就暂停在这样的村庄的相关服务。事实上，村两委的这种态度是与相关法律制度不健全联系的，国家法律和政策对综合性社区农民组织的职能边界界定不清。"由于缺乏法理依据的支持，在涉及乡村社区农民组织与村两委关系认定方面就缺乏客观依据"（唐兴霖等，2012）。虽然农民合作社开展公共品性质的合作业务受到社员的支持，这使其具有社会合法性，但的确由于法律法规的不健全，农民合作社的合作范围与村两委的业务工作范围就可能存在冲突，导致两者关系的紧张。而特别是在村两委没有能力提供有效的公共品，却又不愿意分享这一权力给农民合作社，这也影响乡村治理的民主化水平。

而且村庄里面的派性竞争都比较强，一些村干部担心桑梓合作社进入后会导致当前的权力格局发生变化，使得村庄政治环境更加复杂。所以面对组织能力强、社会关注度高的桑梓合作社，很多村两委都表现出担忧。而因为桑梓合作社在不同村庄都有专业合作社的设置，所以一些村两委也希望拉拢桑梓合作社，利用其力量增强自己派系的力量；而另一些村两委干部则担心桑梓合作社会借着规模庞大，社会声誉高的优势，与自己的派系形成竞争。

一到换届时候就热闹了，多少人看着我们呢，我们社员多，我们一参与，肯定就会影响结果。(ZCX—202012)

但桑梓合作社并不希望参与村庄政治，不希望参与村庄派系斗争。因为村庄关系复杂，很多时候不经意的行为就会对桑梓合作社整个工作产生重大影响，处理不好甚至影响桑梓合作社在该村工作的开展。所以，桑梓合作社内部达成一致意见，禁止打着桑梓合作社的名义参与村庄选举，禁止参与村庄竞争，但也要了解村庄内部的政治关系，之前就发生过桑梓合作社不了解某个村庄内部的政治关系，而被人暗地里造谣"非法集资"的事情发生。桑梓合作社之后就要求其工作团队中每个人都要负责一个村的农民合作社，并弄清楚村庄内部政治关系，避免农民合作社在村庄政治格局中受到排斥。

桑梓合作社为避免村庄内部政治结构的影响，以及村两委的影响，还借用法律制度的规定，进行了策略性应对。《合作社法》规定农民合作社可以将注册单位设置在乡镇，因此，2012年，桑梓合作社在河东镇政府进行了备案，在农业经济经营管理站登记，在河东镇工商所注册。事实上，很多农民合作社都是以某村为单位，只涉及该村范围的社员和生产。而桑梓合作社则将注册单位提升到乡镇层级，这就可以绕开单个村庄的村两委，减少单个村庄内部的干扰。因为单个村里面关系复杂，村两委也有各种困难，在这种政治结构中，农民合作社必须以村两委的意见为主，因为村民自治委员会是国家合法的公认的村民自治单位，且在当前行政性越来越强的情况下，村民自治委员会几乎成为乡镇政府的派出机构，所以农民合作社必须接受村两委的指导。这就影响到农民合作组织的自主能力，影响其自主决断能力等。而在乡镇层面成立合作社就将社员范围放大到更广的领域中，即使某个村庄不支持桑梓合作社的业务，或者存在很大问题无法开展业务，桑梓合作社也可以绕开该村，先到其他村庄推进工作。因此，这种策略工作强化了农民合作组织的自主性，遇到符合桑梓合作社理念的事情，以及接受桑梓合作社做法的村两委，就可以积极推进，不符合的就不做或者退出。

地方政府对于桑梓合作社发展公共服务业务的态度是模糊的。因为地方政府并不负责村庄中的具体事务，它只希望所辖范围内的村庄建设能够完善起来，这样不仅有利于其政策的落地，也有利于提升村民的生活水平，并可能成为地方政府的政绩。而对于谁是提供公共服务的主体，地方政府并没有特别的偏好。事实上，很多地方政府都采取向第三方购买服务的措施来解决一些公共服务问题。而且国家政策也鼓励培育社会组织，增强基层民主。在这种情况下，桑梓合作社积极向地方政府汇报工作，展示自己的工作成效，包括对村庄公共产品的提供，以赢得政府的承认和支持。但也避免因为业务范围的争夺，与个别村两委产生冲突，形成社会不稳定因素，给地方政府造成麻烦，而避免争端的办法还是控制自己的合作业务范围。其实，目前一些地方政府对于农民合作社参与公共服务的态度是松动的，因为农民合作社等农民组织在提升农民组织性方面具有明显优势，在这种情况下，一些地方政府与合作社之间会出现"调适性合作"（郁建兴、沈永东，2017），即一方面，政府在微观制度上进行调整，为与社会组织合作提供了空间；另一方面，社会组织积极地向地方政府展示自己，争取地方政府的有力支持。

事实上,《合作社法》中对合作社业务进行了细则规定,要求以社员为对象开展业务,其业务范围涉及农资购买,农产品加工、销售、运输等其他服务、乡村文旅业务,以及与这些相关的信息、技术等服务。新修订的《合作社法》取消了有关"同类"农产品或者"同类"农业生产经营服务中的同类限制。这些范围并没有涉及农村的公共服务,而仍然是与农业经济相关的各类业务,村庄公共服务仍然是政府的职能范围。因此,桑梓合作社把公共服务放在农民协会的平台上来完成。但这事实上还是由桑梓合作社来完成的,所以,在法律制度不健全,没有有效的法律支持的情况下,面对村两委和社会的质疑,桑梓合作社只能要么在一个村减少公共服务的种类,要么避开不愿意配合的村庄。

然而,农民合作组织提供的公共服务是自下而上产生,与农民的需求高度契合的,因为农民合作组织是以服务社员,即服务农民为导向的。农村村两委提供的公共服务则是自上而下派发的,并不能完全适应农民的需求。奥斯特罗姆(1999:69)对政府公共服务的供给绩效进行考察,认为"如果政府公共服务在没有公民个人偏好信息的情况下采取行动,由此政府支出与消费者的效用没有什么关系,这种消费者效用缺失下的生产者效率是没有经济意义的"。因此,农民社会组织适当参与村庄公共服务的提供,对于那些村两委做起来费时费力的事情,则可以由农民合作组织发挥强大的动员能力完成。这既可以提高公共服务的质量,也可以推进基层民主的建设。

(二)确定资金互助业务的边界

2012年,桑梓合作社开始开展资金互助业务,因为采取了"辅导员",以及之后的"小组长"的制度设置,桑梓合作社对资金借贷的风险防控做得非常好。社员的个人信息以及日常生活中的变化等方方面面的情况都可以通过小组长传递到桑梓合作社中,桑梓合作社可以准确有效地判断某个社员的还款能力、人品性格。而且加入桑梓合作社也是有一定门槛的,必须诚实守信,声誉良好。这种偏重心理和性格的评判标准主要以日常交往中的主观印象为主。入社门槛的设置帮助桑梓合作社筛选了合适的社员,降低了桑梓合作社资金互助业务的风险。因此,虽然桑梓合作社从来没有要求社员提供抵押物,但其资金互助业务依然运行得很好。2016年桑梓合作社辐射的43个村庄共产生了5000万的资金量,2017年有1000多户社员参与到资金互助业务中,同时也有 1000 多户在资金互助中进行了借款，即使有这么大的资金量，这些年发生的呆账、坏账也非常少。桑梓合作社还采取了其他措施控制风险，在 2012 年开展资金互助业务时，社员从资金互助部借款的最高额度是 3 万元，其借款不能超过 20%，之后额度降低到 2 万元，借款利率也不断下降。而 2017 年后严格执行最高额度 1 万元，一次性借款不能超过 1 万元，只有把当次借款还上之后才能再进行借款。

桑梓合作社最早的资金互助是由福爱基金会提供的启动资金，而为了避免出现金融风险，桑梓合作社逐渐增加社员资金量，降低福爱基金会资金的使用量。同时，桑梓合作社发现社员们从合作社借款到城镇地区做生意的比例比较高，这并没有对村庄发展产生效益，因此，桑梓合作社对借款要求进行了调整，对借款用途进行了严格规定，要求社员从资金互助部得到的借款必须用于村庄内部的种植和养殖等农业经济活动，短期借款可用于盖房娶妻等农村生活。因为很多社员参与资金互助并不是为了社员间的合作互助，而只是将其视为一种投资行为，投资必然具有风险，因此，桑梓合作社必须做好风险防控。

桑梓合作社的资金互助业务规模不断壮大，但 2017 年之后却逐步把资金量压缩在 3500 万的规模，并制定了各种限制性规则。这一方面是为了弄清楚农民真正的资金需求在哪里，探索出安全有效的资金互助模式。另一方面是为了在一定的制度环境中探索有效的自主发展空间。

> 合作社的业务规模已经够大了，不管从管理上还是风险上都不能无限制扩大，我们的目标是为社员更好地提供服务，而不是盲目追求规模。更重要的是我们需要让政府放心，过大的规模会引起政府的担忧。（ZCX—202012）

桑梓合作社资金业务的制度环境一直不断变化，甚至可以说桑梓合作社整个组织环境的跌宕起伏，都与资金互助业务的制度环境变化有重要关系。由于农民合作社的资金互助涉及到农村的资金问题，特别是桑梓合作社这类社员规模庞大的合作社，一旦出现资金风险，很可能产生巨大的社会问题。尤其是近些年有关民间非法集资，农民财产损失重大的案件和新闻非常多，地方政府对此都非常敏感。因此，桑梓合作社的信用合作部刚成立时，省政府、省农业厅、财政厅的人经常会来考察资金互助业务的运作。另外，由于桑梓合作社的社员规模庞大，自从其开展资金互助业务后，社员们将原来在银行开办的存借款业务转移到了桑梓合作社的信用合作部，这严重影响到银行的工作和业绩，当地的银行甚至起诉桑梓合作社是非法集资。也就是说桑梓合作社的民间金融业务已经冲击到国家银行的业务，这让地方政府感到危险，担心会产生社会问题，影响管辖范围内的社会稳定。因此，虽然目前很多农民合作社都根据农民的需求开展了资金互助业务，但制度环境仍然不明朗，资金互助依然没有得到法律法规的有效支持。即使一些政策文件，包括"中央一号"文件都对农民合作社开展资金互助进行了松口，但修订后的《合作社法》依然没有将该项业务纳入进去，其最大的担忧就是监管困难，产生巨大社会风险。

事实上，在法律模糊的背景下，资金互助是可以探索的，因为农民的确有小额和短期的资金借款需求，有些农民合作社也的确可以做好风险防控。因此一些高层官员或者学者认为可以尝试探索，毕竟农村的很多创新性制度变革都源于农民自发的探索行为。刘河庆和梁玉成（2021）提出"政策内容再生产"，即"中间政府对上级政府发布的政策文件进行的细化和更新概念化"，也就是对上级政府发布的政策进行因地制宜式的调整，他们认为"地方政府对上级政策原型进行何种程度的内容再生产更多是基于自身内部因素的考虑"。地方政府需要根据自身的经济发展水平，社会治理能力，资源禀赋条件等因素对政策进行调整细化。特别需要考虑到的是，调整的边界在哪里，过于宽泛会不会引发社会问题，过于紧缩会不会限制地方发展的活力。而这种边界不是一个明确的客观的界限，是需要在实践中适时调整出来的，而且针对具体事件，确定边界的影响因素很多，会受到很多社会因素的影响，包括人际关系、文化观念。因此，在桑梓合作社被人举报时，由于有权威的学者对其表示肯定，政府官员考虑与学者的关系而选择为桑梓合作社提供宽松的制度环境。当桑梓合作社借用其他社会组织的资金做起步资金时，地方政府从招商引资，拉动地方经济增长角度，允许其开展。但随着桑梓合作社的资金规模和合作业务越来越大，越来越触及政府可以有效控制的边界，地方政府就开始对此警惕起来。

虽然桑梓合作社的合作业务一直运转不错，极力控制风险，从来没有产生大的社会问题，但其很多业务是不在《合作社法》规定的范围内的，即便是有些重要政策文件提到可以尝试，地方政府也还要从社会稳定的角度考虑。而且政府的态度也因社会环境的变化"而发生、维系或消减"（孟庆国等，2021），也就是说当地方政府感受到社会环境的变化，为避免产生问题而担责，原来模糊犹豫的态度立刻就变得坚决。因此，当国家对社会组织的政策普遍收紧时，地方政府也希望桑梓合作社能把资金互助业务暂停，避免以后产生风险。此外，邓燕华发现（2019）虽然"社会组织的声誉高，名气大，有利于其获得自主性和议价能力，但一旦这种优势超过地方政府或者权力精英的容忍程度，就会对双方之间的关系产生负面影响，进而影响到其社会建设，社会组织的情景合法性就会逐渐流失"。这也就是说，政府为维护其利益，能对其管辖范围的社会组织进行有效监管和控制，必然会要求其不能规模太大。而桑梓合作社开展的合作业务越来越多，规模越来越大，在社会上的影响力也越来越大，其对社员农业生产和经济收入的作用也越来越强，另一方面，很多专家、记者及社会组织不断对其关注。这让地方政府感受到了压力，在地方社会中，地方政府也有自己的权力和利益追求，因此，地方政府对其越来越警惕。由于这些问题的存在，桑梓合作社通过减少放贷额度、缩短回收周期、加强审查考核和沟通等方式，为避免被政府取缔叫停，并争取桑梓合作社自主开展资金互助的空间。

事实上，农民合作组织自我控制的过程，也是与政府建立起理性关系的过程，是农民合作组织争取独立自主发展空间的一种方法。政府行政下乡虽然使得国家对农村的渗透程度越来越深，国家基层监管能力大为提升，但这种自上而下的治理方式并不能很好地与乡村需求对接，自上而下的资源输入方式也无法有效解决农民的需求问题，因此乡村社会内部很多问题依然没有得到解决，甚至因为治理方式的变化而产生了一些新的问题。这些问题的解决依赖于农民自己的社会组织，也就是"需要发挥基层社会的自治性，需要注意行政与自治的边界"（赵晓峰、魏程琳，2018）。

为了避免政府过度干预基层社会，应该为基层社会、农民组织的自主性提供制度空间。但由于制度变迁缓慢，制度环境相对稳定，农民组织为争取自己的独立自主空间，只能采取"曲线救国"的方式，即在法律规定模糊，但又直接影响地方政府利益的领域，通过限制自己的规模和业务范围而减少与地方政府的正面冲突，之后再在合适的时机争取自己的独立自主性。这种控制自己的规模和业务范围，是与地方政府形成一定程度的脱耦关系，这种脱耦的过程是放松与地方政府联系的过程，通过"将某些网络子集脱离的过程，脱耦能释放大量的时间和资源，可用于弱连带的拓展，从而创造更多的机会"（曾凡木，2017）。也就是说，农民合作社避免与地方政府形成强关系的行为是为了扩展更广阔的关系网络，避免在单一关系中被地方政府所主导，同时通过自我控制，将业务范围和规模限制在政府能够容忍的程度内，也是为了在特定的制度环境下争取合作组织的自主运行空间。

第三节 农民合作社的嵌入式自治

我们在上文的分析中可以看到，在农民合作社相关的主体互动博弈过程中，如果没有形成嵌入式自治，那么很有可能出现能人领办型合作社和政府主导型合作社，这两类农民合作社在当前正常运转的合作组织中比较常见。因此，通过简单对比嵌入式自治的合作社与能人领办型和政府主导型两种农民合作社的运行逻辑，可以更加明确农民合作社的嵌入式自治的内涵。

一、能人领办型合作社：有自治无嵌入

我们在前文的具体分析中，将农民合作社区分为能人和组织，能人虽然是组织的成员，但能人有其个人利益，即个人利益与组织利益并不完全一致。正是这种原因，农民合作社在与外部主体的互动博弈过程中才可能出现能人领办型合作社。嵌入式自治的实现依靠的是吸纳与控制机制。在组织吸纳外部资源时，能人也参与了对资源的吸纳。组织通过关系网络和资源利益吸纳农民成为社员，并在嵌入于制度环境的背景下，吸纳政府资源。而能人作为组织的代表，与外部行动主体进行交易，也就是说能人与组织之间存在着委托—代理关系，这就有可能因为信息不对称的存在，导致能人借助其特殊的角色和位置，垄断资源，谋取个人利益。能人代表组织与农民互动，借用组织资源与更多的农民建立起联系，使得农民对能人产生信任。能人代表组织与地方政府互动，可以借助组织的名义与地方官员建立私人关系，吸纳有效资源。能人吸纳的资源占据为个人资源，也可以维持组织的运转，实现组织

的自治，但此时的自治是以追求能人个人利益的自治。

嵌入式自治的实现还存在控制关系。组织吸纳资源的前提，是嵌入到村庄社会和制度环境中，这就产生两类外部主体对组织的控制关系。社员以拥有的退出权控制着组织的决策；地方政府则控制组织的发展方向，业务范围等，这些控制关系针对的都是组织。因此，可以说能人获得了资源，但没有受到同样的控制，或者说能人获得的资源的成本由组织所承担。因此能人领办型合作社是有自治无嵌入的农民合作社。

嵌入式自治合作社当然也要吸纳资源，追求自治，但这种自治是组织自治，而非能人个人的自治。这就要求其必须嵌入于村庄社会和制度环境中，承担组织自治所需要的成本，也就是接受外部主体对组织产生的控制关系，但组织可以发挥能动性，借助其他资源，采取策略行动，对外部主体进行反控制。因此，吸纳和控制机制是实现嵌入式自治的重要机制。

二、政府主导型合作社：有嵌入无自治

政府主导型合作社是一种有嵌入无自治的合作社类型。组织嵌入于外部环境中，会形成外部环境对组织的控制关系，包括村庄社会内部农民的控制和制度环境中地方政府的控制，但这两种控制有强弱之别。由于政府的特殊角色和资源，其对组织的控制能力更强，程度更高。此时，虽然嵌入于外部环境中，可以吸纳自治所需要的资源，但假如组织没有能力对地方政府的控制关系进行反控制的话，它所吸纳的资源也难以支撑其实现自治，无法维护组织的利益。最终只能形成有嵌入无自治的政府主导型合作社。

因此，对于追求嵌入式自治的合作社来说不仅要嵌入于外部环境中，吸纳自治所需要的资源，也需要通过与更多社会主体建立联系等其他策略增强对政府控制关系的反控制。当然由于政府的角色和位置的特殊性，这种反控制能力是有限的，那么为了维护社员的共同利益，追求组织的自治性，避免被政府控制，就需要进行自我控制。自我控制是通过明确自己与政府的互动边界，业务边界，进而明确自己的社会定位，避免与地方政府关系模糊，导致被地方政府主导，失去坚持组织目标和理念的能力。

三、嵌入式自治合作社：嵌入与自治并存

在具体的社会环境和制度环境中，社会组织的生存和运行必然与地方环

境和政治结构存在联系，当然这种关系有程度之分，以及范围之别。所以社会组织不可能实现完全的与社会、政府毫不相关的自治，在这种背景下，社会组织形成一种"嵌入式自治"。嵌入式自治是在互动博弈过程中实现的。但作为一个组织，也不能完全强调嵌入性，而忽视自治性，只有拥有自治性才能追求组织利益，换句话说，只有拥有自治性，组织才能真正存在。我们所强调的自治是一种嵌入式的自治。事实上，追求能人领办型与政府主导型之间的某种平衡，才能实现我们讨论的嵌入式自治合作社。

我们在前文中强调过在争取嵌入式自治的过程中，政府对组织的控制能力更强。而农民合作社采取的反控制策略通常是借助外部力量平衡地方政府对一件事物的决定性和影响力。这种策略不一定完全有效，农民合作社也需要进行自我控制，这种控制表现为确定与政府之间的边界。而由于农民合作社生存在村庄社会中，其合作业务也基本上都是村庄内部的合作业务，因此，与政府之间界限的确定就是明确农民合作社在乡村治理中的角色。在村庄社会中，内生的农民合作社更能够激发农民的组织性，并有更贴近农民生活的治理手段去为农民提供社会服务。因此，在乡村治理环境中，应当重视农民合作社的作用。

很多学者在讨论农民合作社的自治性时，是根据国际上通行的合作社规则来做判断的。但是我国合作社的制度环境与国外的制度环境存在差异，直接以规章条文为标准是毫无意义的。另外，农民合作社的自治性，强调的是维护社员的共同利益，形成产权共享，利益有效分配的制度，其坚持自治是为了能够按照维护社员共同利益的目标去做决策和行动，而不是为了排斥与其他主体互动，排斥外部资源。因此，我们需要明确的是，这种自治是更真实的自治，是为了争取自治性所需要的资源而积极嵌入到外部环境中的。因此，综合来看，农民合作社的自治性是嵌入式的，是通过在嵌入环境中与多元主体的博弈实现的。嵌入式自治不是理想状态下乌托邦式的自治，而是在特定的制度环境中更具有现实性和可行性的自治。

第五章

结论与讨论

第一节 总体性结论

通过对桑梓合作社这个典型案例的分析，本研究证明了与农民合作社嵌入式自治相关的三个理论假设，认为嵌入式自治是通过组织与外部的吸纳与控制机制实现的。也就是说，组织在嵌入于村庄社会和制度环境的背景下，对外部环境进行吸纳和控制。吸纳与控制是农民合作社的嵌入式自治的实现机制。我们将这种实现机制概括为以下三个命题。

命题1：吸纳—自治命题：农民合作社为争取自治需要吸纳农民和地方政府之资源。

组织要实现自治性，就必须拥有充分的资源，这样才能在市场上生存和交易，才能按照组织自身的理念确定发展方向和实践活动。因此，组织需要吸纳资源来实现自治。具体到农民合作社中，作为一个组织，它必须拥有一定的组织成员，也就是社员，才能维持组织的生存，进而争取组织的自治。而农民作为潜在的社员，拥有认同农民合作社和参与合作社的选择权，这种社员基础正是农民合作社所需的资源。因此农民合作社需要吸纳农民参与到合作社中成为社员，同时需要争取社员对农民合作社的认可，减少社员退出的情况，保持农民合作社的稳定性。在这种情况下，农民合作社通常利用关系网络，借助关系性资源，吸纳能人的亲戚朋友，继而是更广泛的农民参与其中。农民合作社还会通过利益诱惑吸纳社员，为农民提供农业信息、技术知识等，让农民参与到农民合作社中。

农民合作社作为由弱质性的农民构成的组织，其资源非常匮乏，在信息、技术等资源要素上严重不足，因此，要争取自治性，它还需要从外部环境中吸纳有效的资源。而地方政府作为公共品的提供者，拥有丰富的信息、技术等资源，这正契合农民合作社自治性发展的需求，因此，为争取组织自治，农民合作社需要从地方政府中吸纳相关资源。此外，地方政府作为政策提供者，拥有独特的政治资源，包括对组织合法性的承认，为组织的业务开展提供制度空间。为吸纳这些资源，农民合作社会采取各种措施，包括与地方官员建立私人关系，维护地方政府利益，为地方政府争取荣誉和政绩，在不同场合强调地方政府的支持作用。

命题二：嵌入—控制命题：农民合作社在嵌入与吸纳村庄社会和地方政府的资源的同时，既会受到村庄社会和地方政府的控制，也会受到能人的控制。

农民合作社吸纳社员资源和政治资源是通过嵌入性获得的。如果没有嵌入在村庄社会中，就无法有效地利用村庄社会中的关系网络、人情面子等吸纳社员。因此，嵌入性为农民合作社吸纳资源提供了条件。但嵌入性也会导致农民合作社被其他主体所控制。农民合作社作为一个组织需要有稳定的社员力量，这是争取自治的基础，但农民不仅有选择加入农民合作社的权力，也有选择退出的权力，一旦农民不再认同农民合作社而选择退出，农民合作社的稳定性就会受到威胁，其自治性也受到影响。特别是在关系网络密集的村庄社会里，一个社员退出就可能带动与他关系密切的其他社员退出。农民凭借着拥有农民合作社所需要的资源而形成了对农民合作社的控制关系。

农民合作社对地方政府的吸纳也是建立在嵌入性基础上的，如果不能嵌入于地方政治环境，就无法顺利获得政府资源，进而会威胁到农民合作社的自治。但嵌入于地方政府，也意味着地方政府可以借助它所拥有的农民合作社所需要的资源对农民合作社形成控制关系。如果这种控制程度高，农民合作社就需要按照政府的想法运行农民合作社，其自治性受到威胁，出现政府主导型合作社。

此外，在嵌入过程中，还有可能出现能人对农民合作社的控制。因为能人的个人利益与农民合作社的组织利益并不完全一致。而农民合作社作为一个组织无法与具体的人直接互动，因此，其嵌入性过程是由能人作为代理人与其他主体进行互动实现的。在村庄社会中，能人借用自己的关系网络、资源优势，吸纳农民参与，能人也获得了社员的认可。在制度环境中，能人通过与政府官员建立私人关系，争取政府对农民合作社的认可，与此同时，能人的关系网络得以扩展，个人资源禀赋增加。如果此时能人借助自己的位置优势垄断这些资源，也可以发展农民合作社，但此时农民合作社是被能人控制的，形成的是能人领办型合作社，此时的自治是以能人个人利益为目标的，而代表组织利益的农民合作社的自治性则受到挤压。

命题三：反控制—嵌入自治命题：为应对嵌入性形成的村庄社会和地方政府的控制，农民合作社会采取反控制。同时还会形成能人与组织的自我控制，弱化农民合作社对能人和地方政府的依赖，在此基础上形成农民合作社的嵌入式自治。

虽然嵌入性产生了其他主体对农民合作社的控制关系，但农民合作社也具有能动性，它会采取策略进行反控制，争取组织自治。为了避免出现社员对农民合作社控制的局面，农民合作社会利用村庄资源设置规则制度，分散农民，避免他们联合起来控制合作社。此外，在农民合作社的建设过程中，农民合作社还注重制度理性的建构，增强社员对合作社的认同。为了避免政府主导型合作社的出现，农民合作社会与更多的社会主体建立联系，形成结构优势，对地方政府形成反控制。

与此同时，农民合作社也会采取自我控制的策略。农民合作社对地方政府的反控制相对于政府的控制关系来说力量较弱。因此，为了降低政府的影响，争取自治空间，农民合作社一方面会与更多社会主体建立联系，增强自己的谈判地位，另一方面会确定与地方政府互动的边界，限制合作社的业务范围，处理与政府之间的关系，明确自己的角色位置。前者弱化了与地方政府之间的关系，避免关系过密导致地方政府的控制和干预。后者限定业务范围，避免业务过多引起地方政府的警惕和控制。

为了避免能人控制，出现能人领办型合作社，农民合作社中也会形成能人的自我控制。一方面，通过设置规则制度来约束和弱化能人权力。另一方面培育农民合作社内部的制度理性，强化能人对合作理念的认同，通过自我控制，避免其威胁到农民合作社的自治性。而在培育制度理性的过程中，社员对组织的认同增加，这在一定程度上也弱化了其对能人的依赖，降低了能人对农民合作社的控制，为农民合作社的自治性提供条件。

农民合作社的嵌入式自治是通过吸纳与控制的过程机制实现的，其中"吸纳"的机制事实上是建立在熟人关系基础上的，即村庄社会或者制度环境中的先赋性关系，以及借助各种事件建立起的熟人关系。在此基础上，农民合作社将熟人关系工具化而吸纳所需要的资源。而能够吸纳这些资源的前提是嵌入到相应的社会环境中,在嵌入过程中因资源质量和数量上的差异,出现了其他主体对农民合作社的控制,这种控制的形成与农民合作社的嵌入过度以及关系过密有关。因此,为了实现自治性,避免或者降低其他主体对农民合作社的控制关系,农民合作社必须降低关系过密产生的影响,在组织内部培育出制度信任。同时需要与更多社会主体建立联系,避免陷入被单一主体所控制的局面。当然最终形成的自治性依然是具有嵌入性的。新经济社会学中的"嵌入性"概念本身就包含着主体能动性的意涵,行动主体并非机械地被个别能人或政府所主导,但很多研究则忽视了农民合作社的能动性,单纯强调了制度和结构的影响。此外,组织内部的制度信任的建立也非常重要,这有助于突破关系信任的局限性,而组织外部与更多社会主体,包括社会组织、学者等建立联系对合作社的规范化以及增强其能动性具有重要作用。

第二节 研究价值与意义

本研究对农民合作社嵌入式自治的实现机制与过程进行讨论,推进了相关的理论研究和经验研究。

首先,丰富了"嵌入式自治"的研究。埃文斯提出"嵌入式自治"的概念,集中讨论了国家与社会的关系,特别是讨论了建立什么样的国家与社会关系才能促进发展型国家的形成,进而更好地推进工业化发展。通过深入的分析,他提出"嵌入式自治"的概念,强调嵌入性和自治性两者缺一不可,两者同时存在才能形成发展型国家。这一观点对建立有效的国家社会关系具有启发意义。然而,本研究采用"嵌入式自治"概念并不是为了讨论组织与其他主体间的关系,而是主张农民合作社的自治性是嵌入式的。农民合作社基于嵌入于村庄社会和制度环境的事实,通过与村庄社会与地方政府三边之间的吸纳与控制获得农民合作社自治所需要的资源。因此,本研究的嵌入性是自治性的环境与条件。

此外,埃文斯通过对几个东亚国家的成功案例进行分析,强调了"嵌入式自治"的重要性,但他事实上只讨论了"是什么"的问题,而没有讨论"怎么办"的问题，没有进一步对"嵌入式自治"的实现机制进行讨论，这就导致这一概念的内涵并不明确。本研究通过对具体案例的分析，关注组织与外部环境的互动产生的影响，概括出组织的嵌入式自治是通过农民合作社与村庄社会和地方政府三边间的吸纳与相互控制实现的，这就强调了"嵌入式自治"中的关系互动和组织能动性的重要作用。

其次，通过对农民合作社嵌入式自治的研究，本研究一定程度上修正了组织分析中的新制度主义研究。即本研究认为组织具有相当强的能动性，其不仅受制度环境的约束，也会为追求自身的自治性而采取各种策略手段。组织分析的新制度主义特别重视制度因素，但本研究发现虽然基于嵌入性，组织会受到制度的约束，但借助嵌入性，组织也可以吸纳村庄社会与地方政府中的资源，争取自治。同时组织为争取自治会采取反控制的策略应对嵌入性过程中其他主体对农民合作社的控制关系。因此，本研究在认识到制度影响的同时，也注意到组织借用文化、理念等资源争取嵌入式自治，强调了制度环境中组织的能动性。

再次，本研究还推进了当前的农民合作社相关的研究。我国农村社会中农民的组织能力普遍不足，市场地位和表达自身利益能力有限，而作为农民的组织，农民合作社又面临着被能人和政府控制，陷入自治性严重不足的困境。因此一些研究者认为制度环境将导致农民合作社必然被政府主导，另一些研究者认为能人在农民合作社中的优势地位必然导致能人领办型合作社的产生。本研究通过对典型案例的分析，可以修正这两种研究偏差。本研究发现组织具有追求自治性的动力，而在社会与政府的控制中，决定了农民合作社的自治是一种更具现实性和适应性的嵌入式自治。同时，本研究研究的农民合作社的嵌入式自治是农民合作社在实践过程中的探索性行为，是在较为宽松的制度环境中进行的，是地方政府对农民创新性行为鼓励的态度成就了农民合作社，因此本研究也可以为政府对农民创新性行为，转型期国家与社会关系提供新的思考。

最后，农民合作社的嵌入式自治推进了基层民主的研究。农民合作社的自治性研究是地方自治研究的一部分。而地方自治是国家民主政治的基础，因此推进农民合作社嵌入式自治的研究不仅有利于增强农民的组织性，更对培育人们的民主意识，提升基层民主治理水平，进而推进国家治理体系和治理能力现代化具有重要理论和现实意义。

第三节 扩展性研究

当前国家虽然向农村输入了大量资源，耗费了巨大的人力和财力，但农村社会依然面临很多问题，乡村振兴依然面临很大的压力。这背后最根本的原因是没有激发农村的内在活力，没有将农民的组织性调动起来，发挥农民的主体性。村庄组织力不足必然导致大量资源无法有效落地，外部力量包括项目和资源难以嵌入村庄，大量政策只是浮于表面。因此推动建设有利于调动组织性的农民合作社具有重要的现实意义。然而当前中国农民合作社根据现实条件形成了各具特色的运行模式，且这些模式已经都被相关利益主体所承认。因此我们对农民合作社的讨论不能依旧集中在"真""假"的辨析上，这对于现实问题的解决没有实质作用。

我们需要做的是研究在特定的社会环境和制度环境中如何才能坚守住农民合作社的底线和原则，也就是如何才能维护社员的共同利益。在政府力量强大的背景下，需要通过各种策略手段坚持农民合作社的自治性，而不能直接采取"政社冲突"的视角来看问题，因此，之后的研究需要关注特定的制度环境对农民合作社本质规定性的影响。当前，中国农村普遍面临的最大问题，是组织性不足的问题，而当前农民仍普遍缺乏现代意义上的、平等合作的理念与实践，各个地方的社会环境和政治环境又存在差异，因此并不是每个地方的农民合作社都可以形成一个类似桑梓合作社的农民合作社增强农民的组织性，所以，如何在特定的环境下坚持农民合作社的本质规定性，是之后仍需讨论的问题。

本研究通过对桑梓合作社的生长过程进行分析，发现该农民合作社通过"吸纳—控制"机制实现了嵌入式自治，在通过吸纳机制争取自治的资源，通过控制机制与嵌入性环境中的控制关系进行抗衡，争取自治。这也就是通过原则性抗争与策略性应对共同作用的办法，争取组织自治性的空间。桑梓合作社的特殊性还在于激发了村庄中的社会力量，也就是说，农民自身力量的组织性才是坚持合作社本质规定性的重要因素。桑梓合作社的成功具有特殊性，这种"嵌入式自治"是与地方社会中较为宽松的政治环境，以及一些地方政府官员敢于承担风险，允许农民社会组织进行创新性探索的有利条件密不可分。同时也与很多专家、学者的关注与支持有关，桑梓合作社也有一批优秀的农村能人，他们形成了一支有效的管理团队，这支管理团队顶住了各种社会压力，发动社员坚持桑梓合作社的理念和原则。因此，农民合作社的自治性，秉持其原则性条件是一个实践性问题，我们需要根据具体现实情况讨论农民合作社的自治性。

此外，地方政府经常采用各种方法希望提升基层的治理能力和治理水平，但最终的结果往往产生相反的效果。而在巨量的政府资源输入后农村也依然没有太大改善，基于这些情况，政府也越来越意识到激活村庄内生动力，调动农民组织性的重要性。因而很多地方政府开始大力培养村庄内部的民间组织，然而，效果差强人意。这背后事实上一方面是政府"角色和职能不清"（苑鹏，2009）导致的结果。但另一方面也可能是农村的问题。梁漱溟在乡村建设过程中，发现存在两大难题，"头一点是高谈社会改造而依附政权；第二点是号称乡村运动而乡村不动"（梁漱溟，2006：368）。那么，在中央一号文件已经连续多年关注农村，各种社会力量、社会组织进入农村的背景下，为何农民合作组织发展得依然差强人意？那么在这之后国家大力推进乡村振兴建设时，是否依然会遭遇"乡村不动"的问题？农村、农民的这种表现是否与特定的制度环境有关？这些都是以后需要进行深入研究的问题。

参考文献

阿克塞尔罗德,2016. 合作的进化[M]. 吴坚忠,译. 上海:上海人民出版社:126.

奥尔森,2011. 集体行动的逻辑[M]. 陈郁,郭宇峰,李崇新,译. 上海:上海三联书店.

奥斯特罗姆,2012. 公共事务的治理之道——集体行动制度的演进[M]. 余逊达,陈旭东,译. 上海:上海译文出版社.

艾云,周雪光,2013. 资本缺失条件下中国农产品市场的兴起——以一个乡镇农业市场为例[J]. 中国社会科学(8):85-101+206.

拜茹,龙光付,2019. 自主性与行政吸纳合作:乡村振兴中基层社会治理模式的机制分析[J]. 青海社会科学(1):72-80.

波兰尼,2007. 大转型:我们时代的政治与经济起源[M]. 冯钢,刘阳,译. 杭州:浙江人民出版社:13-14.

曹海军,韩冬雪,2012. "国家论"的崛起:国家能力理论的基本命题与研究框架[J]. 思想战线(5):58-64.

曹现强,侯春飞,2004. 中国非营利组织成长机制分析——自主治理的视角[J]. 中国行政管理(4):25-28.

曹阳,姚仁伦,2008. 自由退出权、组织稳定、组织效率——兼论合作社为什么难以成为我国当前农村经济的主流组织形态[J]. 华中师范大学学报(人文社会科学版)(4):46-50.

陈家建,赵阳,2019. "低治理权"与基层购买公共服务困境研究[J]. 社会学研究(1)：132-155+244-245.

陈建华，2017. 农民合作社开展"三位一体"服务的实践与思考——基于山西省永济市蒲韩种植专业合作社联合社的调查[J]. 中国合作经济(9)：41-46.

陈剩勇，马斌，2004. 温州民间商会：自主治理的制度分析——温州服装商会的典型研究[J]. 管理世界(12)：31-49+155.

陈诗波，李崇光，2008. 我国农民专业合作组织的"能人效应"解析[J]. 学术交流(8)：99-103.

陈文胜，柳中辉，2019. 小岗村VS华西村：谁高谁下？[J]. 中国乡村发现(1)：31-46.

陈勋，2012. 乡村社会力量何以可能：基于温州老人协会的研究[J]. 中国农村观察(1)：80-88.

崔宝玉，2014. 政府规制、政府俘获与合作社发展[J]. 南京农业大学学报(社会科学版)(5)：26-33.

崔宝玉，等，2012. 内部人控制下的农民专业合作社治理——现实图景、政府规制与制度选择[J]. 经济学家(6)：85-92.

崔宝玉，等，2017. "四重"嵌入与农民专业合作社"去内卷化"[J]. 农业经济问题(8)：25-34+110.

陈锋，2020. 悬浮的社会组织[J]. 文化纵横(6)：78-85+159.

陈义媛，2017. 大户主导型合作社是合作社发展的初级形态吗？[J]. 南京农业大学学报(社会科学版)(2)：30-41+151.

崔凤军，姜亦炜，2018. 农村社区开放式协商机制研究——基于德清县乡贤参事会的调查[J]. 浙江社会科学(6)：96-107+158.

促进农民专业合作社健康发展研究课题组，等，2019. 空壳农民专业合作社的形成原因、负面效应与应对策略[J]. 改革(4)：39-47.

戴志勇，陈建宇，2013. 山西蒲韩综合农协试验[J]. 西部大开发(9)：76-79.

道格拉斯·C. 诺思，2008. 制度、制度变迁与经济绩效[M]. 杭行，译. 上海：上海人民出版社：50-53.

道格拉斯·C. 诺斯，等，2009. 西方世界的兴起[M]. 厉以平，蔡磊，译. 北京：华夏出版社.

邓大才，2021. 积极公民何以形成：乡村建设行动中的国家与农民——以湖北、山东和湖南的五个村庄为研究对象[J]. 东南学术(1)：85-94.

邓衡山，王文烂，2014. 合作社的本质规定与现实检视——中国到底有没有真正的农民合作社？[J]. 中国农村经济(7)：15-26+38.

邓衡山，等，2011. 组织化潜在利润对农民专业合作组织形成发展的影响[J]. 经济学(4)：1515-1532.

邓衡山，等，2016. 真正的农民专业合作社为何在中国难寻？——一个框架性解释与经验事实[J]. 中国农村观察(4)：72-83+96-97.

邓泉洋，汪鸿波，2020. 国家治理视角下社会组织的治理自主性建构——以上海司法社会工作组织为例[J]. 学习论坛(8)：62-69.

邓燕华，2019. 社会建设视角下社会组织的情景合法性[J]. 中国社会科学(6)：147-166+207-208.

董明涛，2014. 基于合作治理的农村公共服务体系改革的研究[J]. 广东农业科学(2)：198-203.

杜吟棠，潘劲，2000. 我国新型农民合作社的雏形——京郊专业合作组织案例调查及理论探讨[J]. 管理世界(1)：161-168+216.

杜赞奇，1996. 文化、权力与国家：1900—1942年的华北乡村[M]. 王福明，译. 南京：江苏人民出版社.

狄金华，钟涨宝，2006. 农村专业合作组织成员经营活动中社会资本的运作研究——对两河社区牛行组织成员的调查[J]. 南京农业大学学报(社会科学版)(4)：12-18+23.

菲德勒，1989. 领导效能新论[M]. 何威，等，译. 北京：生活·读书·新知三联书店：67-68.

费孝通，2003. 试谈扩展社会学的传统界限[J]. 北京大学学报(哲学社会科学版)(3)：5-16.

费孝通，2007. 江村经济[M]. 上海：上海人民出版社.

费孝通，2009. 江村通讯[M]. 费孝通全集(第一卷). 呼和浩特：内蒙古人民出版社：120-121.

费孝通，2012. 中国绅士[M]. 惠海鸣，译. 北京：中国社会科学出版社.

费正清，2000. 美国与中国[M]. 张理京，译. 北京：世界知识出版社.

冯猛，2020. 目标权衡与过程控制：地方政府创新的行为逻辑[J]. 社会学研究(2)：124-145+244.

弗雷格斯坦，2008. 市场的结构：21世纪资本主义社会的经济社会学[M]. 甄志宏，译. 上海：上海人民出版社.

付伟，2020. 农业转型的社会基础：一项对茶叶经营细节的社会学研究[J]. 社会(4)：26-51.

高柏，2005. 全球化与中国经济发展模式的结构性风险[J]. 社会学研究(4)：172-188+245-246.

高柏，2006. 新发展主义与古典发展主义——中国模式与日本模式的比较分析[J]. 社会学研究(1)：114-138.

高柏，2008. 中国经济发展模式转型与经济社会学制度学派[J]. 社会学研究(4)：1-31+242.

高丙中，2000. 社会团体的合法性问题[J]. 中国社会科学(2)：100-109+207.

葛道顺，2005. 镶嵌、自主与弱势群体的社会资本重建[J]. 江苏社会科学(2)：222-226.

葛忠明，2016. 社会自组织研究的主要进展、存在问题和重点发展方向[J]. 东岳论丛(7)：133-140.

管兵，2016. 政府向谁购买服务：一个国家与社会关系的视角[J]. 公共行政评论(1)：131-150+185.

管兵，岳经纶，2014. 双重合法性和社会组织发展——以北京市19个小区的业主委员会为例[J]. 广西民族大学学报(哲学社会科学版)(5)：147-151.

顾昕，王旭，2005. 从国家主义到法团主义——中国市场转型过程中国家与专业团体关系的演变[J]. 社会学研究(2)：155-175+245.

顾忠华，2004. 韦伯学说[M]. 桂林：广西师范大学出版社.

国鲁来，2001. 合作社制度及专业协会实践的制度经济学分析[J]. 中国农村观察(4)：36-48.

韩鹏云，刘祖云，2014. 乡村组织的运作逻辑与村庄民主建设的治理方向[J]. 天津社会科学(1)：83-87+96.

韩文龙，徐灿琳，2020. 农民自发性合作社的组织功能探究——兼论小农户与现代农业融合发展的路径[J]．学习与探索(11)：128-136．

何安华，等，2012．资源禀赋差异与合作利益分配——辽宁省 HS 农民专业合作社案例分析[J]．江淮论坛(1)：11-18+195．

何军，等，2017．中国农业经营方式演变的社区逻辑——基于山西省汾阳市两个农村社区的案例分析[J]．中国农村观察(2)：107-116．

何艳玲，2009．"嵌入式自治"：国家—地方互嵌关系下的地方治理[J]．武汉大学学报(哲学社会科学版)(4)：495-501．

胡鹏辉，高继波，2017．新乡贤：内涵、作用与偏误规避[J]．南京农业大学学报(社会科学版)(1)：20-29+144-145．

黄博，刘祖云，2013．村民自治背景下的乡村精英治理现象探析[J]．经济体制改革(3)：86-90．

黄胜忠，徐旭初，2009．农民专业合作社的运行机制分析[J]．商业研究(10)：121-124．

黄洁，2015．农民合作社企业家如何形成社会创业意向：理论模型及实证[J]．农业技术经济(12)：4-15．

黄金秋，史顺超，2018．地方政府作用对农民专业合作社成长影响的实证分析[J]．统计与决策(19)：121-124．

黄晓春，2015．当代中国社会组织的制度环境与发展[J]．中国社会科学(9)：146-164+206-207．

黄晓春，2017．政府购买社会组织服务的实践逻辑与制度效应[J]．国家行政学院学报(4)：61-66+146．

黄晓春，嵇欣，2014．非协同治理与策略性应对——社会组织自主性研究的一个理论框架[J]．社会学研究(6)：98-123+244．

黄晓春，周黎安，2017．政府治理机制转型与社会组织发展[J]．中国社会科学(11)：118-138+206-207．

黄晓星，杨杰，2015．社会服务组织的边界生产——基于 Z 市家庭综合服务中心的研究[J]．社会学研究(6)：99-121+244．

黄宗智，2012．小农户与大商业资本的不平等交易：中国现代农业的特色[J]．开放时代(3)：88-99．

黄祖辉，2000．农民合作：必然性、变革态势与启示[J]．中国农村经济(8)：4-8．

黄祖辉，徐旭初，2006．基于能力和关系的合作治理——对浙江省农民专业合作社治理结构的解释[J]．浙江社会科学(1)：60-66．

黄祖辉，等，2014．合作社的"理想类型"及其实践逻辑[J]．农业经济问题(10)：8-16+110．

纪莺莺，2017．从"双向嵌入"到"双向赋权"：以N市社区社会组织为例——兼论当代中国国家与社会关系的重构[J]．浙江学刊(1)：49-56．

加塔诺·莫斯卡，2012．统治阶级[M]．贾鹤鹏，译，南京：译林出版社：311．

姜方炳，2018．"乡贤回归"：城乡循环修复与精英结构再造——以改革开放40年的城乡关系变迁为分析背景[J]．浙江社会科学(10)：71-78+157-158．

江华，等，2011．利益契合：转型期中国国家与社会关系的一个分析框架——以行业组织政策参与为案例[J]．社会学研究(3)：136-152+245．

姜亦炜，2020．政治影响力与制度生成——新乡贤组织的演生及其类型学[J]．中国农村观察(3)：72-89．

焦长权，2014．中国的国家与农民关系研究："再认识"与"再出发"[J]．中国农村观察(1)：71-80+97．

焦云霞，李萌，2008．新农村建设视角下的中国农村NGO发展研究[J]．浙江树人大学学报(人文社会科学版)(3)：43-48．

蒋永甫，张东雁，2019．自主与嵌入：乡村振兴战略中基层党组织的行动策略[J]．长白学刊(1)：1-7．

金耀基，1997．行政吸纳政治：香港的政治模式[M]．香港：牛津大学出版社：21-45。

敬义嘉，2007．中国公共服务外部购买的实证分析——一个治理转型的角度[J]．管理世界(2)：37-43+171．

康晓光，韩恒，2008．分类控制：当前中国大陆国家与社会关系研究[J]．社会学研究(6)：30-41．

科尔曼，2008．社会理论的基础(上、下)[M]．邓方，译，北京：社会科学文献出版社．

克罗齐埃，2002．科层现象[M]．刘汉全，译，上海：上海人民出版社：251．

孔祥智，2007．金融支持与农民专业合作社发展[J]．中国农村信用合作(3)：32-33．

孔祥智，2020．产权制度改革与农村集体经济发展——基于"产权清晰+制度激励"理论框架的研究[J]．经济纵横(7)：32-41+2．

孔祥智，等，2018．合作社联合的本质——一个交易成本解释框架及其应用[J]．新疆师范大学学报(哲学社会科学版)(1)：100-106．

郎兴友，2009．政治吸纳与先富群体的政治参与——基于浙江省的调查与思考[J]．浙江社会科学(7)：108-115+129．

李雪，等，2019．为什么社员对加入合作社联社不积极——山东省寿光市的案例举证[J]．农林经济管理学报(1)：72-79．

李学楠，2020．乡村精英机会倾向、生产积累与扶贫绩效——基于豫北Y县13个案例的比价研究[J]．经济社会体制比较(5)：100-109．

李熠煜，2004．当代农村民间组织生长成因研究[J]．人文杂志(1)：162-169．

李振刚，张丽娟，2009．组织合法性的二维分析：农民合作组织的生产与发展——以山西省永济市农民协会为例[J]．学习与实践(11)：104-112．

李周，2020．弱弱合作：起源、演化和展望[J]．中国农村观察(5)：2-10．

梁洁，2014．农村就地城镇化的自组织路径探索——基于对山西蒲韩乡村社区的调查与思考[J]．实事求是(5)：58-61．

梁洁，张孝德，2014．乡村自组织中的社会资本研究——基于蒲韩乡村社区案例分析的视角[J]．行政管理改革(11)：62-66．

梁漱溟，2006．乡村建设理论[M]．上海：上海人民出版社．

梁晓莉，2019-01-28．蒲韩种植专业合作联合社：二十年根植农村 圆梦乡村振兴[EB/OL]．城市化杂志，http://www.ciudsrc.com/new_zazhi/fengmian/yibashiyishierqi/2019-01-28/138007.html．

林星，吴春梅，2018．政府支持对农民合作社规范化的影响[J]．学习与实践(11)：114-121．

林坚，黄胜忠，2007．成员异质性与农民专业合作社的所有权分析[J]．农业经济问题(10)：12-17+110．

刘滨，等，2009．农民行为逻辑与合作能力：一个新的阐释视角[J]．江西农业大学学报(社科版)(2)：30-34.

刘河庆，梁玉成，2021. 政策内容再生产的影响机制——基于涉农政策文本的研究[J]. 社会学研究(1)：115-136+228-229.

刘老石，2010. 合作社实践与本土评价标准[J]. 开放时代(12)：53-67.

刘世定，1999. 嵌入性与关系合同[J]. 社会学研究(4)：75-88.

刘伟，2017. 从"嵌入吸纳制"到"服务引领制"：中国共产党基层社会治理的体制转型与路径选择[J]. 行政论坛(5)：38-44.

刘伟，彭琪，2020. 结构洞理论视角下的乡村精英与乡村振兴[J]. 江汉论坛(11)133-138.

刘西川，徐建奎，2017. 再论"中国到底有没有真正的农民合作社"——对《合作社的本质规定与现实检视》一文的评论[J]. 中国农村经济(7)：72-84.

陆倩，等，2016. 农民合作社产权治理现状、类型划分及社员利益比较——中国为何缺乏有效的农民合作社[J]. 经济学家(9)：86-95.

罗伯特·帕特南，2001. 使民主运转起来——现代意大利的公民传统[M]. 王列，赖海榕，译，南昌：江西人民出版社.

罗大蒙，2012. 农村民间组织的发展：困境、动力与前景[J]. 四川行政学院学报(2)：45-48.

罗家德，李智超，2012. 乡村社区自组织治理的信任机制初探——以一个村民经济合作组织为例[J]. 管理世界(10)：83-93+106.

罗家德，等，2013. 自组织运作过程中的能人现象[J]. 中国社会科学(10)：86-101+206.

罗纳德·S. 伯特，2017. 结构洞：竞争的社会结构[M]. 任敏，李璐，林虹译，上海：格致出版社。

吕新雨，2017. 农村集体经济的道路与制度——从新时期集体经济的三个案例谈起[J]. 经济导刊(6)：48-54.

马克·格兰诺维特，2015. 镶嵌：社会网与经济行动[M]. 罗家德，等，译，北京：社会科学文献出版社.

玛丽·道格拉斯，2013. 制度如何思考[M]. 张晨曲，译，北京：经济管理出版社：69.

马太超，邓宏图，2019. 农民专业合作社理事长的产生机制：经验观察与理论分析[J]. 中国农村观察(6)：32-44.

马彦丽，何苏娇，2019. 对"空壳社"清理中"规范办社"的认识[J]. 中国合作经济(5)：14-16.

孟飞，2016. 农村大户领办合作社：生成、影响及其规制[J]. 农业经济问题(9)：71-79+111.

孟庆国，等，2021. 嵌入性组织为何存在？供销合作社农业生产托管的案例研究[J]. 管理世界(2)：165-184+12.

米尔斯，2004. 权利精英[M]. 王崑，许荣，译，南京：南京大学出版社：2.

倪志伟，郭佩惠，2013. 自下而上的经济发展和国家的作用[J]. 国外理论动态(9)：68-73.

牛若峰，等，2000. 农村合作经济发展概论[M]. 北京：中国农业出版社：7-8.

欧文，1981. 欧文选集：第一卷[M]. 北京：商务印书馆：17.

潘家恩，杜洁，2012. 社会经济作为视野——以当代乡村建设实践为例[J]. 开放时代(6)：55-68.

潘建雷，2015. 合作社：乡村工业的可能模式——费孝通《江村经济》的实质主题[J]. 社会学评论(6)：64-73.

潘劲，2011. 中国农民专业合作社：数据背后的解读[J]. 中国农村观察(6)：2-11+94.

潘劲，2014. 合作社与村两委的关系探究[J]. 中国农村观察(2)：26-38+91+93.

彭勃，杨志军，2013. 发展型国家理论、国家自主性与治理能力重塑[J]. 浙江社会科学(6)：58-65+157-158.

浦徐进，等，2014. 公平偏好、强互惠倾向和农民合作社生产规范的演化分析[J]. 中国农业大学学报(社会科学版)(1)：51-62.

乔运鸿，杜倩，2015. 农村民间组织参与农村公共服务供给的新路径——以山西永济蒲韩乡村社区的实践为例[J]. 理论探索(3)：80-84.

乔运鸿，龚志文，2017. 资源依赖理论与乡村草根组织的健康发展——以山西永济蒲韩乡村社区实践为例[J]. 理论探索(1)：99-104.

乔运鸿，王凌雁，2016. 综合类农村民间组织经济内循环自助模式研究——以山西永济蒲韩乡村民间组织为例[J]. 中国行政管理(4)：47-53.

钱益民，2008. "中国合作运动之大师"——薛仙舟[J]. 中国合作经济(4)：51-54.

青木昌彦，2001. 比较制度分析[M]. 周黎安，译，上海：上海远东出版社.

渠敬东，等，2009. 从总体支配到技术治理——基于中国30年改革经验的社会学分析[J]. 中国社会科学(6).

曲承乐，任大鹏，2018. 合作社理事长的商业冒险精神与社员的风险规避诉求——以北京市门头沟区 AF 种植专业合作社为例[J]. 中国农村观察(1)：104-127+207.

任大鹏，郭海霞，2008. 合作社制度的理想主义与现实主义——基于集体行动理论视角的思考[J]. 农业经济问题(3)：90-94+112.

任强，2014. 政府角色与合作社发展：历史与比较的视野[J]. 浙江学刊(3)：185-193.

上官酒瑞，2009. 从差序格局走向团体格局——农民组织化与乡村和谐社会建设的政治学视野[J]. 政治与法律(1)：59-64.

沈费伟，刘祖云，2016. 政府在乡村治理中的角色分析——基于有限政府的视角[J]. 长白学刊(3)：63-69.

沈费伟，刘祖云，2017. 精英培育、秩序重构与乡村复兴[J]. 人文杂志(3)：120-128.

沈建，史永展，2007. 从管制型政府到服务型政府——建构社会主义和谐社会的一种视角[J]. 山西青年管理干部学院学报(3)：43-45.

疏仁华，2021. 家族博弈、精英行为与乡村治理[J]. 中国矿业大学学报(社会科学版)(3)：112-123.

帅满，2019. 从人际信任到网络结构信任：社区公共性的生成过程研究——以水源社区为例[J]. 社会学评论(4)：62-74.

帅满，等，2020. "小我服从大我"与"个人自主"并存：农村居民的个体与集体关系研究——基于汶川震后灾区调查[J]. 经济社会体制比较(1)：74-83.

斯科特，2010. 制度与组织：思想观念与物质利益[M]. 姚伟、王黎芳，译，北京：中国人民大学出版社：67.

孙亚范，2005．农民专业合作经济组织利益机制及影响因素分析——基于江苏省的实证研究[J]．农业经济问题(9)：48-56．

孙强强，李华胤，2021．乡村弹性化治理：一个概念性框架及其三重维度——基于"国家—社会"关系历史演进的考量[J]．南京农业大学学报(社会科学版)(1)：42-51．

谭银清，2019．中国农民专业合作社组织变异研究[D]．重庆：西南大学博士学位论文．

谭银清，陈益芳，2017．金融可得性与农户适度规模经营——基于CHARLS数据的实证分析[J]．金融发展研究(2)：78-82．

汤姆·R.泰勒，等，2003．对组织权威的信任——动机归因对接受决策意愿的影响[M]//罗德里克·M.德默雷，等，编．组织中的信任．管兵，等，译，北京：中国城市出版社．

唐兴霖，等，2011．综合性乡村社区治理模式：永济蒲韩乡村社区的案例[J]．中国第三部门研究(1)：71-88．

唐兴霖，等，2012．乡村治理创新——基于永济蒲韩乡村社区的考察[J]．行政论坛(3)：79-86．

陶建钟，2013．风险与转型语境下社会秩序的路径选择——控制、吸纳与协作[J]．浙江社会科学(8)：57-66+157．

陶一桃，2000．科尔内与短缺经济学的产生[J]．特区经济(6)：50-51．

田鹏，陈绍军，2016．"公司+合作社+农户"模式运作机制分析——基于新经济社会学的视角[J]．农业经济(6)：15-17．

田毅鹏，苗延义，2020．"吸纳"与"生产"：基层多元共治的实践逻辑[J]．南通大学学报(社会科学版)(1)：82-88．

仝志辉，温铁军，2009．资本和部门下乡与小农户经济的组织化道路——兼对专业合作社道路提出质疑[J]．开放时代(4)：5-26．

托克维尔，2014．论美国的民主[M]．朱尾声，译，南昌：江西教育出版社．

万江红，耿玉芳，2015．合作社的人际信任和系统信任研究[J]．农业经济问题(7)：80-87+111-112．

王道勇，2020．合作研究的社会学转向：中国意蕴与研究范畴[J]．社会科学(10)：3-10．

王峰,等,2013-12-30. 当乡村精英遭遇经济学家:两家明星农村机构的互斥性分手[EB/OL]. 21世纪经济报道,http://www.p5w.net/news/gncj/201312/t20131230_434268.htm.

汪和建,2005. 再访涂尔干——现代经济中道德的社会建构[J]. 社会学研究(1):149-167+247.

汪和建,2013. 自我行动的逻辑:当代中国人的市场实践[M]. 北京:北京大学出版社:36.

汪和建,段新星,2020. "重访"江村实验——差序格局性悖论及其克服[J]. 江海学刊(2):239-247.

汪锦军,2015. 合作治理的建构:政府与社会良性互动的生成机制[J]. 政治学研究(4):98-105.

汪锦军,2016. 嵌入与自治:社会治理中的政社关系再平衡[J]. 中国行政管理(2):70-76.

王吉鹏,2018. 我国农信专业合作社财政扶持政策效应研究[D]. 北京:中国农业科学院博士学位论文。

王佳宁,2008. 大邱庄与华西的颠沛沉浮[J]. 改革(7):1.

王景新,2005. 乡村新型合作经济组织崛起[M]. 北京:中国经济出版社:130-131。

王瑞珍,2012. 乡村治理视野下NGO的功能及限度——以山西省永济市蒲韩农民协会为例[J]. 山西农业大学学报(社会科学版)(3):225-228.

王生斌,2020. 乡村精英参与与合作社治理法治化研究[J]. 西南民族大学学报(人文社会科学版)(8):87-96.

王诗宗,何子英,2008. 地方治理中的自主与镶嵌——从温州商会与政府的关系看[J]. 马克思主义与现实(1):101-107.

王诗宗,宋程成,2013. 独立抑或自主:中国社会组织特征问题重思[J]. 中国社会科学(5):50-66+205.

王曙光,2008. 农民合作社的全要素合作、政府支持与可持续发展[J]. 农村经济(11):4.

王曙光,2010. 论新型农民合作组织与农村经济转型[J]. 北京大学学报(哲学社会科学版)(3):112-117.

王晓路,2007. 对哈里森·怀特市场模型的讨论:解析、探源与改进

[J]. 社会学研究(1)：175-219+245-246.

王小鲁，姜斯栋，2015. 农民合作金融模式探索——山西永济市蒲韩农协合作金融调查[J]. 银行家(7)：107-109.

王旭辉，2007. 结构洞：陷入与社会资本的运作——读《结构洞：竞争的社会结构》[J]. 中国农业大学学报(社会科学版)(3)：188-193.

王旭辉，高君陶，2019. 嵌入性自主：环境保护组织的社会合作逻辑及其限度——S机构内蒙古坝镇项目点的考察[J]. 中央民族大学学报(哲学社会科学版)(4)：58-68.

王名，2004. 民间组织通论[M]. 北京：时事出版社.

王阳，刘炳辉，2017. 宗族的现代国家改造与村庄治理——以南部G市郊区"横村"社区治理经验为例[J]. 南京农业大学学报(社会科学版)(3)：41-52+156.

王阳亮，2019. 自主与嵌入：社会组织参与治理的角色和逻辑[J]. 学术交流(2)：138-146.

王忠林，2019. 以"空壳社"清理行动为契机促进农民专业合作社规范化发展[J]. 农业经济与管理(4)：5.

韦伯，2004a. 经济与历史：支配的类型[M]. 康乐，等，译，桂林：广西师范大学出版社.

韦伯，2004b. 学术与政治[M]. 钱永祥，等，译，桂林：广西师范大学出版社：272.

韦伯，2004c. 儒教与道教[M]. 王容芬，译，北京：商务印书馆.

维尔弗雷多·帕累托，2003. 精英的兴衰[M]. 刘北成，译，上海：上海人民出版社：13-14.

文特森·奥斯特罗姆，1999. 美国公共行政的思想危机[M]. 毛寿龙，译，上海：上海三联书店：69.

吴理财，方坤，2018. 典型何以可能：县域政治视角下的典型治理行为分析——对HF农业合作社典型生成过程的考察[J]. 河南师范大学学报(哲学社会科学版)(2)：9-16.

吴理财，方坤，2018. 经济、组织与文化：乡村振兴战略的社会基础研究[J]. 农林经济管理学报(4)：470-478.

仵希亮，2009. 农民协会发展探析——以山西省永济市蒲州农民协会为个案[J]. 三峡大学学报(人文社会科学版)(3)：48-51.

吴翔宇，丁云龙，2019. 中国农民专业合作社为何迅猛发展——基于"关系产权"的农户产权稀释问题解释[J]. 农业经济问题(6)：37-47.

吴毅，1998. 村治中的政治人——一个村庄村民公共参与和公共意识的分析[J]. 战略与管理(1)：96-102.

习近平，2001. 中国农村市场化建设研究[M]. 北京：人民出版社：174.

西奥多·舒尔茨，2006. 改造传统农业[M]. 梁小民，译，北京：商务印书馆.

"乡村建设研究"公众号，2017-05-31. 了解回应农村和农民的真实需求：学习型幸存的蒲韩探索[EB/OL]. https：//www. sohu. com/a/145015355_ 653202.

项辉，周俊麟，2001. 乡村精英格局的历史演变及现状——"土地制度——国家控制力"因素之分析[J]. 中共浙江省委党校学报(5)：90-94.

谢林，2006. 冲突的战略[M]. 赵华，等，译，北京：华夏出版社.

熊春文，2017. 农业社会学论纲：理论、框架及前景[J]. 社会学研究(3)：23-47+242-243.

熊万胜，2009. 合作社：作为制度化进程的意外后果[J]. 社会学研究(5)：83-109+244.

熊万胜，2010. 基层自主性何以可能——关于乡村集体企业兴衰现象的制度分析[J]. 社会学研究(3)：48-81+244.

邢成举，李小云，2013 精英俘获与财政扶贫项目目标偏离的研究[J]. 中国行政管理(9)：109-113.

许宝君，陈伟东，2017. 自主治理与政府嵌入统合：公共事务治理之道[J]. 河南社会科学(5)：104-111.

许建明，李文溥，2015. 合作社与政府——制度性建构优于物资性支持[J]. 制度经济学研究(1)：21-40.

徐蕾，李洪栋，2007. 内发型农民组织的生成要素分析——以山西永济农民协会为例[J]. 农村经济与科技(6)：15-16.

徐林，吴咨桦，2015. 社区建设中的"国家—社会"互动：互补与镶嵌——基于行动者的视角[J]. 浙江社会科学(4)：76-82+157.

徐勇，2005．村民自治的成长：行政放权与社会发育——1990年代后期以来中国村民自治发展进程的反思[J]．华中师范大学学报(人文社会科学版)(2)：2-8．

徐勇，2006．当前中国农村研究方法论问题的反思[J]．河北学刊(2)：55-60．

徐旭初，2005．农民专业合作经济组织的制度分析——以浙江省为例[D]．杭州：浙江大学博士学位论文。

徐旭初，2012．农民专业合作社发展辨析：一个基于国内文献的讨论[J]．中国农村观察(5)：2-12+94．

徐旭初，2014．农民合作社发展中政府行为逻辑：基于赋权理论视角的讨论[J]．农业经济问题(1)：19-29+110．

徐旭初，等，2019．组织化小农与小农组织化[J]．学习与探索(12)：88-97+2．

徐旭初，吴彬，2017．异化抑或创新？——对中国农民合作社特殊性的理论思考[J]．中国农村经济(12)：2-17．

徐盈艳，黎熙元，2018．浮动控制与分层嵌入——服务外包下的政社关系调整机制分析[J]．社会学研究(2)：115-139+244-245．

徐勇，赵德健，2014．找回自治：对村民自治有效实现形式的探索[J]．华中师范大学学报(人文社会科学版)(4)：1-8．

徐宗阳，2016．资本下乡的社会基础——基于华北地区一个公司型农场的经验研究[J]．社会学研究(5)：63-87+243．

宣朝庆，2011．地方精英与农村社会重建——定县实验中的士绅与平教会冲突[J]．社会学研究(4)：90-104+244．

许汉泽，徐明强，2020．"任务型乡贤"与乡村振兴中的精英再造[J]．华南农业大学学报(社会科学版)(1)：32-43．

杨柳，高建中，2013．社员对农民专业合作社组织信任的影响因素分析[J]．贵州农业科学(7)：236-238．

姚华，2013．NGO与政府合作中的自主性何以可能？——以上海YMCA为个案[J]．社会学研究(1)：21-42+241-242．

严飞，2020．构建乡村基层自治与乡村振兴战略相结合的社会治理新格局[J]．南京社会科学(11)：55-61．

严海蓉，陈航英，2015．农村合作社运动与第三条道路：争论与反思[J]．开放时代(2)：180-200+8．

晏阳初，2013．平民教育运动简史[M]//晏阳初全集(第二卷)．天津：天津教育出版社．

尹广文，崔月琴，2016．能人效应与关系动员：农民专业合作组织的生成机制和运作逻辑——一组基于西北地区村域合作社的实地研究[J]．南京农业大学学报(社会科学版)(2)：36-43+153．

应瑞瑶，2002．合作社的异化与异化的合作社——兼论中国农业合作社的定位[J]．江海学刊(6)：69-75．

于占海，2019．关于"空壳合作社"清理的几点思考[J]．中国农民合作社(9)：52-53．

杨灿君，2010．合作社中的信任建构及其对合作社发展的影响——基于对浙江省Y市农民专业合作社的实证研究[J]．南京农业大学学报(社会科学版)(4)：121-127．

杨灿君，2014．关系运作对合作社获取外部资源的影响分析——基于对浙江省27家合作社的调查[J]．中国农村观察(2)：9-17+92-93．

杨灿君，2016．"能人治社"中关系治理研究——基于35家能人领办型合作社的实证研究[J]．南京农业大学学报(社会科学版)(2)：44-53+153．

杨典，2017．政商关系与国家治理体系现代化[J]．国家行政学院学报(2)：30-35+125．

杨帅，温铁军，2011．农民组织化的困境与破解——后农业税时代的乡村治理与农村发展[J]．人民论坛(29)：44-45．

杨团，2014．综合农协：一条走得通的乡建道路[J]．绿叶(8)：15-21．

杨团，2018．此集体非彼集体——为社区性、综合性乡村合作组织探路[J]．中国乡村研究(1)：394-424．

杨团，李振刚，2008．四个农村合作组织案例的比较分析：发展需要内外机制并举[J]．学习与实践(10)：107-118．

杨团，石远成，2014．山西永济蒲韩乡村社区：农村社区公共服务的新型提供者[J]．中国非营利评论(1)：169-183．

杨团，孙炳耀，2012．公法社团：中国三农改革的"顶层设计"路径——基于韩国农协的考察[J]．探索与争鸣(9)：38-43．

杨善华，2000. 家族政治与农村基层政治精英的选拔、角色定位和精英更替——一个分析框架[J]. 社会学研究(3)：101-108.

郁建兴，沈永东，2017. 调适性合作：十八大以来中国政府与社会组织关系的策略性变革[J]. 政治学研究(3)：34-41+126。

于水，2008. 乡村社会体制吸纳与协同治理的现实之辨[J]. 江海学刊(6)：79-83+238.

袁明旭，2015. 国家治理现代化进程中的政治吸纳功能与机制研究[J]. 云南行政学院学报(3)：4-9.

苑鹏，2001. 中国农村市场化进程中的农民合作组织研究[J]. 中国社会科学(6)：63-73+205-206.

苑鹏，2009. 部分西方发达国家政府与合作社关系的历史演变及其对中国的启示[J]. 中国农村经济(8)：89-96.

袁月兴，等，2012. 社会资本与农户信贷约束缓解——山西蒲韩乡村合作与台湾农会比较研究[J]. 贵州社会科学(6)：53-56.

约翰·迈耶，等，2007. 制度化的组织：作为神话和仪式的正式结构[M]//组织社会学的新制度主义学派. 张永宏，主编，上海：上海人民出版社.

约瑟夫·熊彼特，1990. 经济发展理论——对于利润、资本、信贷、利息和经济周期的考察[M]. 何畏，易家详，等，译，北京：商务印书馆.

约瑟夫·熊彼特，2009. 资本主义、社会主义与民主[M]. 吴良健，译，北京：商务印书馆：386.

曾凡木，2017. 耦合与脱耦的平衡：社会组织进社区的实践策略[J]. 中国行政管理(6)：43-48.

张丙宣，2013. 海外中国地方政府行为研究的几个视角[J]. 上海行政学院学报(1)：53-59.

翟学伟，2003. 社会流动与关系信任：也论关系强度与农民工的求职策略[J]. 社会学研究(1)：1-11.

张博，2016. 合作共治视角下的现代服务型政府建设[J]. 行政论坛(1)：58-61.

张怀英，等，2019. 企业家精神、社员自身能力与合作社绩效[J]. 贵州社会科学(5)：123-129.

张建君,2012. 嵌入的自主性:中国著名民营企业的政治行为[J]. 经济管理(5):35-45.

张静,2019. 基层政权:乡村制度诸问题[M]. 上海:上海人民出版社.

张克中,2009. 公共治理之道:埃莉诺·奥斯特罗姆理论述评[J]. 政治学研究(6):83-93.

张益丰,孙运兴,2020. "空壳"合作社的形成与合作社异化的机理及纠偏研究[J]. 农业经济问题(8):103-114.

张紧跟,2014. NGO 的双向嵌入与自主性扩展:以南海义工联为例[J]. 重庆社会主义学院学报(4):86-94.

张紧跟,庄文嘉,2008. 非正式政治:一个草根 NGO 的行动策略——以广州业主委员会联谊会筹备委员会为例[J]. 社会学研究(2):133-150+245.

张乐天,2005. 告别理想——人民公社制度研究[M]. 上海:上海人民出版社。

张强,2008-04-18. 永济农协探访散记[EB/OL]. https://www.docin.com/p-2010015222.html.

张晓山,2009,农民专业合作社的发展趋势探析[J]. 管理世界(5):89-96.

张晓山,2014. 农民专业合作社规范化发展及其路径[J]. 农村经营管理(12):25-26.

张雪,甘甜,2019. 软嵌入:社会组织参与扶贫的行动逻辑——基于 H 组织的案例研究[J]. 中国非营利评论(1):172-191.

赵泉民,2009. 中国乡村合作经济困境的制度经济学分析——基于文化禀赋比较的视角[J]. 天津社会科学(4):72-80.

赵泉民,井世洁,2016. 合作经济组织嵌入与村庄治理结构重构——村社共治中合作社"有限主导型"治理模式剖析[J]. 贵州社会科学(7):137-144.

赵孟营,2005. 组织合法性:在组织理性与事实的社会组织之间[J]. 北京师范大学学报(社会科学版)(2):119-125.

赵晓峰,2015. 合作社中骨干社员与普通社员的关系研究——以新型农民合作社的生命周期为视角[J]. 中共天津市委党校学报(6):99-106.

赵晓峰,2017. 农民合作社信用合作的生长机制分析[J]. 西北农林科技大学学报(社会科学版)(6)：32-39.

赵晓峰，2018a. 信任建构、制度变迁与农民合作组织发展——一个农民合作社规范化发展的策略与实践[J]. 中国农村观察(1)：14-27.

赵晓峰，2018b. 模糊的边界与组织边界再生产：合作社信用合作的生长机制考察[J]. 学习与实践(9)：95-103.

赵晓峰，2019. 新时代如何推进农民合作社可持续发展[J]. 国家治理(37)：27-36.

赵晓峰，等，2015. 多元主体、庇护关系与合作社制度变迁——以府城县农民专业合作社的实践为例[J]. 中国农村观察(2)：2-12+94.

赵晓峰，海莉娟，2020. 合作社信用合作资金规模扩增与放贷风险防控机制分析[J]. 西北农林科技大学学报(社会科学版)(3)：59-67.

赵晓峰，等，2013. 合作化还是组织化？——"国家、市场与农民"关系框架下农村基层组织制度变革路径的建构[J]. 中共杭州市委党校学报(5)：38-43.

赵晓峰，刘成良，2013. 利益分化与精英参与：转型期新型农民合作社与村两委关系研究[J]. 人文杂志(9)：113-120.

赵晓峰，刘涛，2012. 农村社会组织生命周期分析与政府角色转换机制探究——以鄂东南一个村庄社区发展理事会为例[J]. 中国农村观察(5)：87-93+97.

赵晓峰，孔荣，2014. 中国农民专业合作社的嵌入式发展及其超越[J]. 南京农业大学学报(社会科学版)(5)：42-52.

赵晓峰，魏程琳，2018. 行政下乡与自治下沉：国家政权建设的新趋势[J]. 华中农业大学学报(社会科学版)(4)：110-116+171.

赵晓峰，赵祥云，2016a. 农地规模经营与农村社会阶层结构重塑——兼论新型农业经营主体培育的社会学命题[J]. 中国农村观察(6)：55-66+85+96.

赵晓峰，赵祥云，2016b. 规则意识，合作权能与农民合作社法治建设——社员的视角[J]. 人文杂志(8)：114-120.

赵祥云，赵晓峰，2016. 资本下乡真的能促进"三农"发展吗？[J]. 西北农林科技大学学报(社会科学版)(4)：17-22.

赵祥云，2020. 土地托管中的关系治理结构与小农户的组织化——基于西安市 C 区土地托管的分析[J]. 南京农业大学学报(社会科学版)(3)：44-52.

赵玉石, 2019. 新型农村合作社发展中的政府行为研究[D]. 长春：东北师范大学博士学位论文.

赵秀梅, 2004. 中国 NGO 对政府的策略：一个初步考察[J]. 开放时代(6)：5-23.

折晓叶, 陈婴应, 2000. 社区的实践——"超级村庄"的发展历程[M]. 杭州：浙江人民出版社.

甄志宏, 2006. 从网络嵌入性到制度嵌入性——新经济社会学制度研究前沿[J]. 江苏社会科学(3)：97-100.

郑冰, 2019-01-28. 守护这片土地，合唱农民的喜怒哀乐[EB/OL]. 城市化杂志, http：//www. ciudsrc. com/new_ zazhi/fengmian/yibashiyishierqi/2019-01-28/138010. html.

郑景元, 2018. 论合作社自治的商法机制[J]. 法商研究(2)：93-101.

中国合作经济编辑部, 2014. 乡村治理的新范式——走进山西永济蒲韩乡村社区[J]. 中国合作经济(3)：26-30.

周丹丹, 魏程琳, 2019. 乡村振兴进程中农村文化自组织的发展机制研究[J]. 中共福建省委党校学报(3)：118-126.

周飞舟, 2013. 回归乡土与现实：乡镇企业研究路径的反思[J]. 社会(3)：39-50.

周慧颖, 等, 2019. 农民专业合作社必须从精英治理向合意治理变革[J]. 农业经济问题(6)：48-58.

周利敏, 2007. 镶嵌与自主性：农民工融入城市社区的非正式途径[J]. 安徽农业科学(33)：10861-10863.

周庆智, 2016. 代理治理模式：一种统治类型的讨论——以基层政府治理体系为分析单位[J]. 北京行政学院学报(3)：1-10.

朱晨, 2013-12-29. 杨团的"农村梦"[EB/OL]. 解放日报, http：//roll. sohu. com/20131229/n392588493. shtml .

周霞, 周玉玺, 2018. 能人带动、组织承诺与农民专业合作社社员满意度研究——基于差序格局调节效应的跨层次分析[J]. 经济管理研究(5)：84-96.

周晓虹，2015. 全面深化改革的社会路径[J]. 南京社会科学（2）：9-18+26.

周业安，2000. 中国制度变迁的演进论解释[J]. 经济研究（5）：3-11+79.

周怡，2006a. 寻求整合的分化：权力关系的独特作用——来自H村的一项经验研究[J]. 社会学研究（5）：50-84+243-244.

周怡，2006b. 中国第一村：华西村转型经济中的后集体主义[M]. 香港：牛津大学出版社：251.

周应恒，胡凌啸，2016. 中国农民专业合作社还能否实现"弱者的联合"？——基于中日实践的对比分析[J]. 中国农村经济（6）：30-38.

朱光喜，2019. 分化型政社关系、社会企业家行动策略与社会组织发展——以广西P市Y协会及其孵化机构为例[J]. 公共管理学报（2）：67-78+171-172.

朱广忠，2014. 埃莉诺·奥斯特罗姆自主治理理论的重新解读[J]. 当代世界与社会主义（6）：132-136.

朱天飚，2005. 发展型国家的衰落[J]. 经济社会体制比较（5）：34-39.

邹农俭，2016. 构建现代形态的基层社会治理结构——太仓市基层社会"政社互动"的实践考察及其思考[J]. 江苏社会科学（6）：91-95.

Korman, A. K., 1966. Consideration, "Initiating Structure", and Organizational Criteria: A Review[J]. Personnel Psychology, 19(4): 349-361.

Alho, E., 2015. Farmers' Self-reported Value of Cooperative Membership: Evidence from Heterogeneous Business and Organization structures[J]. Agricultural and Food Economics 3(1): 23.

Altaye, S., Mohammed, H, 2013. Linking Seed Producer Cooperatives with Seed Value Chain Actors: Implications for Enhancing the Autonomy and Entrepreneurship of Seed Producer Cooperatives in Southern Region of Ethiopia[J]. International Journal of Cooperatives Studies 2(2): 61-65.

Amersdorffer, et al., 2015. Efficiency in Microfinance: Financial and Social Performance of Agricultural Credit Cooperatives in Bulgaria[J]. Journal of the Operational Research Society 66(1): 57-65.

Bareille, et al., 2017. Objectives' Alignment between Members and Agricultural Cooperatives[J]. Review of Agricultural Food and Environmental Studies 98(1): 75-91.

Bergman M. 1997. Antitrust, Marketing Cooperatives, and Market Power[J]. European Journal of Law and Economics 4(1): 73-92.

Bian, Yanjie, 1997. Bringing Strong Ties Backin: Indirect Connection, Bridges, and Job Searches in China [J]. American Sociological Review, 62(3): 366-385.

Birchall, J., 2004. Cooperatives and the Millennium Development Goals[M]. Geneva: International Labour Organization.

Bonazzi, G & Iotti, M, 2014. Agricultural Cooperative Firms: Budgetary Adjustments and Analysis of Credit Access Applying Scoring Systems[J]. American Journal of Applied Sciences11(7): 1181-1192.

Brinkerhoff, J. M., 2002. Government-nonprofit Partnership: a Defining Framework[J]. Public Administration and Development 22(1): 19-30.

Browning, et al., 2017. Ecological Networks and Neighborhood Social Organization[J]. American Journal of Sociology, 122(6): 1939-1988.

Chaddad, F., Iliopoulos, C., 2013. Control Rights, Governance, and the Costs of Ownership in Agricultural Cooperatives[J]. Agribusiness, 29(1): 3-22.

Coleman J S., 1988. Social Capital in the Creation of Human Capital[J]. American Journal of Sociology, 94(1): 95-120.

Cook, M L., 1995. The Future of U. S. Agriculture Cooperatives: A Neo-institutional Approach [J]. American Journal of Agricultural Economics77(2): 1153-1159.

Crook, R C. 2003. Decentralization and Poverty Reduction in Africa: The Politics of Local-central Relations[J]. Public Administration and development 23(1): 77-88.

Dacin, et al., 1999. The Embeddedness of Organizations: Dialogue & Directions[J]. Journal of Management 25(3): 317-356.

Alexander F. Day, 2016. A Century of Rural Self-governance Reforms: Reimagining Rural Chinese Society in the Post-taxation Era[J]. Journal of Peasant Stufies40(6): 26.

Dequech, D, 2003. Cognitive and Cultural Embeddedness: Combining Institutional Economics and Economic Sociology[J]. Journal of Economic Issues37(2): 461-470.

Deng, et al., 2010. Policy Support and Emerging Farmer Professional Cooperatives in Rural China[J]. China Economic Review 21(4): 495-507.

Dessie, et al., 2019. Analysis of Smallholder Farmers' Cooperation in Eucalyptus Woodlot Production in Wegera District, NorthernEthiopia[J]. Small Scale Forest y 14 (3): 291 – 308.

DiMaggio, P. Powell, W., 1983. The Iron Cage Revisited: Institutional Isomorphism and Collective Rationality in Organizational Fields[J]. American Sociological Review 48(4): 147-160.

Dobbin Frank, 1994. Forging Industrial Policy: the United State, Britain and France in the Railway Age[M]. Cambridge: Cambridge University Press.

Emersona, et al., 2016. Cooperative learning and personality types[J]. International Review of Economics Education, 21(10): 21-29.

Emery, S. B. 2015. Independence and Individualism: Conflated Values in Farmer Cooperation? [J]. Agriculture & Human Values32(1): 47 – 61.

Fligstein, Neil, 1990. The Transformation of Corporate Control[M]. Cambridge: Harvard University Press.

Fonte, M., Cucco, I., 2017. Cooperatives and Alternative Food Networks in Italy. the Long Road Towards a Social Economy in Agriculture[J]. Journal of Rural Studies53(4): 291-302.

Franklin, et al., 2019. Building African Agribusiness through Trust and Accountability[J]. Journal of Agribusiness in Developing & Emerging Economies9(1): 22-43.

Garnevska, et al., 2011. Factors for Successful Development of Farmer Cooperatives in Northwest China[J]. International Food and Agribusiness Management Review, 14(4): 69 – 84.

Giner, S. C., & Francesco D, A, 2019. Farmers' Autonomous Management or State Regulation? the Consolidation of Local Irrigation Associations in Spain (nineteenth to twentieth centuries)[J]. Rural History 30(2): 197-213.

Granovetter, M, S , 1973. The Strength of Weak Ties[J]. American Journal of Sociology, 78(13): 361 – 366.

Carroll, G. R. , Hannan, M. T. , 1989. Density Dependence in the Evolution of Populations of Newspaper Organizations[J]. American Sociological Review, 54(4): 524-541.

Hale, M. A. , 2013. Tilling Sand: Contradictions of 'Social Economy' in a Chinese Movement for Alternative Rural Development[J]. Dialectical Anthropology 37(1): 51-82.

Hansen, et al. 2002. The Impact of Trust on Cooperative Membership Retention, Performance and Satisfaction: An Exploratory Study[J]. International Food & Agribusiness Management Review (5): 41-59.

Harrison C. White, 1981. Where Do Markets Come From? [J]. American Journal of Sociology, 87(3): 166-200.

Hakelius, K. , 1999. Farmer Cooperatives in the 21st Century: Young and Old Farmers in Sweden[J]. Journal of Rural Cooperation 27(1): 31 – 54.

Li, et al. , 2012. Chain Interdependencies, Measurement Problems, and Efficient Governance Structure: Cooperatives Versus Publicly Listed Firms[J]. European Review of Agricultural Economics39(2): 241-255.

Hendrikse, G. W. J. Veerman, C. P. , 2001. Marketing Cooperatives and Financial Structure: A Transaction Costs Economics Analysis[J]. Agricultural Economics, 26(3): 205-216.

Iliopoulos, C. , Cool, M. L. , 1999. The Efficiency of Internal Resource Allocation Decisions in Customer-owned Firms: The Influence Costs Problem Introduction[J]. Annals of Educational Research, 62(3).

James, et al. , 1997. Customization or Conformity? An Institutional and Network Perspective on the Content and Consequences of TQM Adoption[J]. Administrative Science Quarterly, 42(2): 366-394.

Jean, C. Oi, 1999. Rural China Takes Off: Institutional Foundations of Economic Reform[M]. Berkeley: University of California Press.

Jennifer M. Brinkerhoff, 2002. "Government-nonprofit Partnership: A Defining Framework[J]. Public Administration and Development, 22(1): 19-30.

Jitmun, et al. , 2020. Factors Influencing Membership of Dairy Cooperatives: Evidence from Dairy Farmers in Thailand[J]. Journal of Co-operative Organization and Management 8(1).

John, M. S. 1987. The Structural Characteristics of Farmer Cooperatives and Their Behavioral Consequences[J]. Cooperative theory: New approaches.

John W. Meyer, Brian Rowan, 1977. Institutionalized Organizations: Formal Structure as Myth and Ceremony[J]. American Journal of Sociology, 83(2): 227–238.

Kramol, et al. , 2020. Farmer Organizations in Ubon Ratchathani Province [J]. Economics and Accounting Journal 2(3): 85–99.

Kroeker, C. J. , 1995. Individual, Organizational, and Societal Empowerment: A Study of the Processes in a Nicaraguan Agricultural Cooperative[J]. American Journal of Community Psychology, 23(5): 749–764.

Li, J. , & Clegg, J. , 2006. Rural Cooperatives in China: Policy and Practice [J]. Journal of Small Business & Enterprise Development 13(2): 219–234.

Linda, W , John M. H, 1955. States and Economic Development[M]. Cambridge: Polity Press.

Lin, N , Mary D, 1986. Access to Occupations through Social Ties[J]. Social Networks, 8(4): 365–385.

Lu, Y. , Tao, R. , 2017. Organizational Structure and Collective Action: Lineage Networks, Semiautonomous Civic Associations, and Collective Resistance in Rural China[J]. American Journal of Sociology, 122(6): 1726–1774.

Malo, M. C. , Vzina, M. , 2004. Governance and Management of Collective User-Based Enterprises: Value-Creation Strategies and Organizational Configurations[J]. Annals of Public and Cooperative Economics 75(1): 113–137.

Marwell, G, Oliver, P. E, 1988. The Paradox of Group Size in Collective Action: A Theory of the Critical Mass, Ⅱ[J]. American Sociological Review 53(1): 1–8.

Matthews-Njoku, et al. , 2003. Performance Evaluation of Women Farmer Cooperative Societies in Owerri Agricultural Zone of Imo State, Nigeria[J]. Journal of Agriculture & Social Research, 3(2): 97–107.

Meyer W. John & Rowan, B., 1977. Institutionalized Organization: Formal Structure as Myth and Ceremony[J]. American Journal of Sociology 83(2).

Mazzarol, et al., 2013. Co-operatives as a Strategic Network of Small Firms: Case Studies from Australian and French Co-operatives[J]. Journal of Co-operative Organization and Management1(1): 27-40.

Michael Woolcook, 1998. Social Capital and Economic Development: Toward a Theoretical Synthesis and Policy Framework[J]. Theory and Society, 27(2): 151-208.

Mojo, D., et al., 2017. The Determinants and Economic Impacts of Membership in Coffee Farmer Cooperatives: Recent Evidence from Rural Ethiopia[J]. Journal of Rural Studies50(1): 84-94.

Oliver, et al., 1985. A Theory of the Critical Mass. I. Interdependence, Group Heterogeneity, and the Production of Collective Action[J]. American Journal of Sociology 91(3): 522-556.

Orebiyi, J. S. Fakayode, S. B., 2005. Determinants of Saving Mobilization by Farmer Cooperators in Kwara State, Nigeria[J]. International Journal of Agriculture and Rural Development6(1): 66-73.

Oriana, et al., 2021. Agricultural Cooperatives Contributing to the Alleviation of Rural Poverty. the Case of Konjic (Bosnia and Herzegovina)[J]. Journal of Rural Studies82(1): 328-339.

Paul, H., Kenneth B., 1969. Life Cycle Theory of Leadership[J]. Training & Development Journal, 23(5): 26-34.

Paul J. DiMaggio, Walter W. Powell, 1983. The Iron Cage Revisited: Institutional Isomorphism and Collective Rationality in Organizational Fields[J]. American Sociological Review, 48(2): 147-160.

Pecson, et al., 2019. Developing a Model of Strategic Farming Techniques for Farmers with Small-scale Arable Lands[J]. International Journal of Advance Research and Innovative Ideas in Education 5(3): 1352-1360.

Permadhi, D., & Dianpratiwi, T., 2019. The Implementation of Clique Strategy in Regrouping Program to Increase Farmer's Interest and Loyalty in Sugarcane Farming[J]. Journal of Socioeconomics and Development 2(2): 88-98.

Peter B. Evans, 1995, "Embedded Autonomy: States and Industrial Transformation[M]. Princeton: Princeton University Press.

Peter B. Evans, 1997. State-Society Synergy: Government and Social Capital in Development[M]. Berkeley: University of California.

Peteraf, Margaret A. 1993. The Cornerstones of Competitive Advantage: A Resource-based View[J]. Strategic Management Journal, 14(3): 179-191.

Poterie, et al., 2018. The Implications of Group Norms for Adaptation in Collectively Managed Agricultural Systems: Evidence from Sri Lankan Paddy Farmers[J]. Ecology and Society, 23(3).

Rao, C. A. R., 2020, "Family Farmers' Cooperatives towards Ending Poverty and Hunger in India[J]. Family Farmers' Cooperatives Ending Poverty and Hunger in South Asia.

Robert J. House, 1971. A Path Goal Theory of Leader Effectiveness[J]. Administrative Science Quarterly, 16(3): 321-339.

Royer, J. S. 1999. Cooperative Organizational Strategies: A Neo-institutional Digest[J]. Journal of Cooperatives114(3): 44-67.

Samuel Popkin, 1980. The Rational Peasant: The Political Economy of Peasant Society[J]. Theory and Society 9(3)411-471.

Selznick, Philip, 1957. Leadership in Administration[M]. New York: Harper and Row.

Selznick, Philip, 1996. Institutionalism "Old" and "New"[J]. Administrative Science Quarterly 41(2): 270-277.

Song, et al., 2014. Farmer Cooperatives in China: Diverse Pathways to Sustainable Rural Development[J]. International Journal of Agricultural Sustainability 12(2): 95-108.

Spires, Anthony J. 2011. Contingent Symbiosi and Civil Society in Authoritarian State: Understanding the Survival of China's Grassroots NGOs[J]. American Journal of Sociology, 117(1): 1-45.

Suchman, M., C. 1995. Managing Legitimacy: Strategic and Institutional Approaches[J]. Academy of Management Review20(3).

Thompson, J. D., McEwen, WJ. 1958. Organizational Goals and Environment: Goal-Setting as an Interaction Process[J]. American Sociological Review23 (1): 23-31.

Twumasi, et al., 2021. The Impact of Cooperative Membership on Fish Farm Households' Income: The Case of Ghana[J]. Sustainability, 13(3): 1059.

Ukwuaba, et al., 2021. Assessment of Agricultural Credit Sources and Accessibility in Nigeria[J]. Review of Agricultural and Applied Economics 23(1): 3-11.

U. Jonathan, Chan, A. 1995. China, Corporatism, and the East-Asian Model[J]. The Australian Journal of Chinese Affairs, (33).

Véronique Lucas & Gasselin, P., 2016. Farm Machinery Cooperatives: a New Arena for Agroecological Innovation? [J]. International Symposium on Work in Agriculture, 8(11): 1-10.

Victor H. Vroom, Phillip W. Yetton, 1973. Leadership and Decision-making"[M]. Pittsburgh: University of Pittsburgh Press.

Wardhana, et al., 2020. Farmer Cooperation in Agro-clusters: Evidence from Indonesia[J]. Agribusiness36(2): 725-750.

Wen, H., & Jiang, X., 2020. Category, Characteristics and Influence Mechanism of Farmers' Cooperatives in China——Based on the Analysis of 8 Typical Case[J]. International Business Research, 13(1): 1.

Wiarda, H. J., 1997. Corporatism and Comparative Politics: the Other Great "Ism"[M]. New York: M. E. Sharpe.

Widhiningsih, D. F., Hariadi, S. S., 2019. Young Farmers' Cooperation Behavior and the Role of Social Media in Developing Agribusiness[J]. Knowledge E Social Sciences53(10): 136-145.

Yuliando, et al., 2015. The Strengthening Factors of Tea Farmer Cooperative: Case of Indonesian Tea Industry[J]. Agriculture & Agricultural Science Procedia 3: 143-148.

Zukin, S &DiMaggio, P. J., 1990. Structure of Capital: The Social Organization of the Economy[M]. Cambridge: Cambridge University Press.

附　录

附录1：主要被访者名单与信息（按访谈时间排序）

姓名	访谈时间	身份
LZC	2020年6月	合作社工作人员
RSL	2020年6月、2021年5月	合作社社长
LYF	2020年6月	合作社社长
WAQ	2020年6月、2021年5月	合作社社长
WSQ	2020年6月、2021年5月	合作社社长
ZCX	2020年12月、2021年5月	合作社理事长(发起人)
ZCZ	2020年6月	老社员
HZQ	2020年6月	老社员
SC	2021年5月	生产资料统购部工作人员
YAL	2020年6月	赵家庄村民(社员)
YXQ	2020年6月	下寺村村民(社员)
HZH	2020年6月	下寺村村民(社员)
WSF	2020年6月	合作社总经理

续表

姓名	访谈时间	身份
QYP	2020 年 6 月	祁家庄村村民（社员）
HJS	2020 年 12 月	永兴村村民（社员）
CN	2020 年 12 月、2021 年 5 月	合作社办公室主任（老干事）
LXL	2020 年 12 月	合作社业务经理
LQ	2020 年 12 月	合作社会计
ZPG	2020 年 12 月	合作社工作人员
JC	2021 年 5 月	合作社社长助理
YMH	2021 年 5 月	合作社项目部负责人
YXJ	2021 年 5 月	合作社植保部工作人员
YJZ	2021 年 5 月	合作社植保部工作人员
ZXY	2021 年 5 月	合作社植保部工作人员
YZC	2021 年 5 月	垃圾清理负责人
MH	2021 年 5 月	合作社理事长助理
XFZ	2021 年 5 月	合作社采购经理（理事）
LSX	2021 年 5 月	老干事
XHY	2021 年 5 月	合作社老社员
KH	2021 年 5 月	青年农场工作人员
TLL	2021 年 5 月	谭家庄村村民（社员）
XCS	2021 年 5 月	永兴村村民（社员）
WML	2021 年 5 月	弘道园村村民（小组长）
SCS	2021 年 5 月	鹿峪村村民（小组长）

附录 2：桑梓合作社购买生活资料统计表（2020—2021）

填表时间：___年___月___日　　组长：_____　　社员：_____　　社长：_____

生活用品				茶点礼品			
品种	规格	数量	配送时间	品种	规格	数量	配送时间
大米	10斤/袋			葵花籽	斤		
小米	5斤/袋			大瓜子	斤		
酱油	5斤/桶			阿尔卑斯糖	斤		
白糖	斤			煮饼	5斤/袋		
鸡蛋	30个/盒			蜂蜜	2斤/瓶		
米醋	桶			姜红糖	包		
紫林陈醋	桶			老年奶粉	包		
陈醋	瓶			儿童奶粉	桶		
盐	包			牛奶	箱		
洗洁精	桶			茹果	箱		
洗锅球	包			加多宝	箱		
筷子	包			方便面	箱		
糯米	斤			礼炮	个		
枣	斤			鞭炮	卷		
辣椒面	斤			花生	斤		
碱面	斤			苹果	斤		
花椒面	斤			酒	瓶		
芝麻酱	瓶			红糖	100斤/袋		
面粉	50斤/袋			茶叶	包		
红九九火锅底料	袋			烟	紫云		
牛肉	斤				芙蓉王		
					福云		
					红塔山		
					猴王		

续表

卫生清洁				交通家电			
品种	规格	数量	配送时间	名称	数量	配送时间	推荐品牌
洗衣液	桶			电视			海尔
肥皂	个			洗衣机			海尔
洗衣粉	包			空调			格力
卫生纸	提			冰箱			海尔
牙膏	盒			电磁炉			美的
牙刷	个			电压力锅			苏泊尔
洗发水	瓶			茶吧机			美的
护发素	瓶			智能音箱			小米
染发剂	个			沙发			
沐浴露	瓶			床			
洗面奶	支			衣柜			
乳液	支			书柜			
面霜	支			餐桌			
毛巾	条			汽车			
其他				摩托三轮车			
				电动车			
				电瓶汽车			

附录3：桑梓合作社购买生产资料统计表（2020—2021）

填表时间：___年___月___日　组长：_____　社员：_____　社长：_____

大化肥				有机肥/冲施肥			
类别	名称	数量	配送时间	类别	名称	数量	时间
单质肥	磷肥（三环）			冲施肥	高氮冲施肥		
	半喜尿素				高钾冲施肥		
	三环尿素				优素雷冲施肥		
	昆仑石化尿素				黄腐酸膨果钾宝		
	钾肥（三环）				高钙高钾		
大化肥	中天化 17-17-17			有机肥	稀土		
	中天化 15-15-15				芭田		
	中天化 18-18-18				生物有机肥		
	中天化硝酸磷				微生物菌剂		
	中天化硝酸磷钾			农机具	微耕机		
	红三角 15-15-15				打药机		
	奥磷丹 17-17-17				割草机		
	洋丰 15-15-15				手扶车		
	心连心 15-15-15				农用三轮车		
	史丹利 15-15-15			其他			
	史丹利 17-17-17						
	奥特尔 14-16-15						
	天脊硝酸磷						
	天脊硝酸磷钾						
	三环二胺						
	硝酸铵钙						

类别	名称	规格	数量	配水	备注
杀蚜虫	70%吡虫啉 100g	瓶		800 斤	
	25%吡虫啉 100g	包			
	20%吡虫啉 200g	包			
	10%啶虫啉 500g	瓶		800—1500 斤	
	50%啶虫脒 50g	瓶			
红蜘蛛	24%螺螨酯 100g	瓶		800 斤	
	30%螺螨酯 200g	瓶			
	3%阿维菌素 200g	瓶		800 斤	
杀菌	50%甲基硫菌灵 500g	瓶		1000 斤	
	10%苯醚甲环唑 100g	包		400 斤	
生物药	0.6%苦参碱	瓶			
	1.5%苦参碱	瓶			
	0.5%苦参碱 500mL	瓶		800 斤	
调节剂	橘皮精油	瓶		500 斤	
	芸苔素	瓶		500 斤	
	1000g 多硝唑	瓶			
	500g 多硝唑	瓶			
	200g 多硝唑	包			
叶面肥	400g 磷酸二氢钾	包		1000 斤	
	麒麟玉米倍健 55g	包			
	麒麟37%玉米峰极 2 号	瓶			
	25%三唑锡 100g	包			
	60%戴森联 100g	包			